U1008553

初升高数学衔接

甘大旺　甘正乾　编著

中国科学技术大学出版社

内 容 简 介

作为初中数学与高中数学的衔接教材，在编写过程中对初中升高中数学的脱节知识、初中数学的边缘知识、高中数学的入门知识等进行了浓墨撰写．全书共分为24课，并有6个附录，每课以“知识梳理→基础自测→达标训练→滚动复习”的流程来引导学生稳步学习，还特别编制了大量的递进型、类比型、逆向型、归纳型、抽象型变式题组，力求最大可能地符合数学学科的知识规律与学生内化的认知规律．

本书主要用作中考（或会考、学考）后报考普通高中的新生为迎接入学摸底考试的暑假培训教材，也可以作为初三学生参加重点高中自主招生的复习资料、新疆与西藏内高班预科生的辅助教材、普通高中与培训机构数学新教师的研读文本．

图书在版编目(CIP)数据

初升高数学衔接/甘大旺，甘正乾编著．—合肥：中国科学技术大学出版社，2020.8
ISBN 978-7-312-04934-7

Ⅰ．初…　Ⅱ．①甘…②甘…　Ⅲ．中学数学课—初中—升学参考资料　Ⅳ．G634.603

中国版本图书馆CIP数据核字(2020)第083640号

出版　中国科学技术大学出版社
安徽省合肥市金寨路96号，230026
http://press.ustc.edu.cn
https://zgkxjsdxcbs.tmall.com
印刷　安徽省瑞隆印务有限公司
发行　中国科学技术大学出版社
经销　全国新华书店
开本　787 mm×1092 mm　1/16
印张　14.25
字数　329千
版次　2020年8月第1版
印次　2020年8月第1次印刷
印数　1—4000册
定价　39.00元

前　言

教育部要求各地“引导初中生源合理分流”,“要坚持普(通高中)职(业高中)协调发展,保持招生规模大体相当”.相应地,初中数学教材同时面向这两类生源流向,自然只能就低不就高.浏览现行的多版初中数学教材,发现存在不少与普通高中数学教材相脱节的知识点甚至知识块.为此,我们编写这本初中数学与高中数学的衔接教材,旨在为普通高中新生能轻松学习而夯实基础、弥补缺陷、培养兴趣,并推进中学数学课程改革.

根据笔者的教学与培训历练,在编写本书过程中,我们在初中数学与高中数学的脱节知识、初中数学的边缘视野、高中数学的入门章节等方面进行浓墨撰写,并全面兼顾培养学生的数学基础知识、基本思想、基本技能、基本活动经验和基本核心素养.全书共分为24课,并有6个附录,每课以“知识梳理→基础自测→达标训练→滚动复习”的流程来引导学生稳步学习,还特别编制了大量的递进型、类比型、逆向型、归纳型、抽象型变式题组,力求最大可能地符合数学学科的知识规律与学生内化的认知规律.

本书主要用作中考(或会考、学考)后报考普通高中的新生为迎接入学摸底考试的暑假培训教材,也可以作为初三学生参加重点高中自主招生的复习资料、新疆与西藏内高班预科生的辅助教材、普通高中与培训机构数学新教师的研读文本.为了以后再版本书时进一步完善,诚请读者把本书的笔误和修订建议通过QQ邮箱1195507543@qq.com或读者QQ群213046945告诉我们!

甘大旺　甘正乾

2020年6月9日于宁波

目　录

上篇　初中数学知识

下篇　高一数学入门知识

附录　入学测试卷、名校自主招生试卷精选

上篇

初中数学知识

第1课　实数的概念与运算，黄金分割数，数据分析

知识梳理

1．实数的概念

数轴上的点与实数一一对应，数轴上左边点对应的实数小于右边点对应的实数.实数的大致分类是：

$$\text{实数}\begin{cases}\text{有理数}\left.\begin{cases}\text{有限小数}\\ \text{无限循环小数}\end{cases}\right\}\text{分数}\\ \text{无理数：无限不循环小数}\end{cases}$$

2．实数数轴上的距离表示

数轴上原点 O 与实数 0 相对应，任意实数 x 在数轴上的对应点到原点 O 的距离是该数的绝对值，即 $|x|=\begin{cases}x, & x\geqslant 0;\\ -x, & x<0.\end{cases}$ 则 $|a-b|=\begin{cases}a-b, & a\geqslant b;\\ b-a, & a<b.\end{cases}$

3．实数的运算

实数运算的一般顺序是先做括号内的运算，再做乘方、乘法、除法运算，最后做加法、减法运算，有时借用运算律可以微调运算顺序.

4．黄金分割数

如果将一条线段分成不相等的两段，使得较长线段与整条线段之比等于较短线段与较长线段之比，那么称该比值为**中外比**.后来，人们把它称为**黄金分割比**（比例），或**黄金分割数**.

如图 1.1 所示，线段 MN 被点 P 黄金分割，设 $\frac{MP}{MN}=\frac{PN}{MP}=x$，则 $MP=MN-PN=\frac{MP}{x}-MP\cdot x$，即 $\frac{1}{x}-1=x>0$，解得黄金分割数为 $\frac{\sqrt{5}-1}{2}\approx 0.618$.

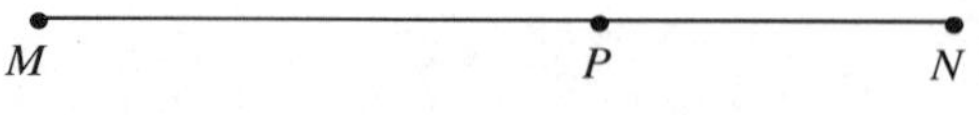

图 1.1

5．数据分析

一组数据 $x_1, x_2, \cdots, x_n$（其中整数 $n\geqslant 2$）的平均数、方差分别是

$$\bar{x}=\frac{1}{n}(x_1+x_2+\cdots+x_n),$$

$$s^2=\frac{1}{n}[(x_1-\bar{x})^2+(x_2-\bar{x})^2+\cdots+(x_n-\bar{x})^2].$$

6. 其余知识点

(1) 实数的相反数、倒数、近似值、科学计数法；

(2) 比的性质定理，连分数；

(3) 无限循环小数与分数的互化；

(4) 实数运算的交换律、结合律、分配律；

(5) 熟记常用的无理数近似值：$\sqrt{2}\approx1.414$，$\sqrt{3}\approx1.732$，$\sqrt{5}\approx2.236$，$\pi\approx3.14159$；

(6) 一组数据的统计表、统计图、众数、中位数；

(7) 按比例分配的分数观点理解概率的概念与计算公式.

基 础 自 测

1. 在数轴上，点 A 的对应数是 6，右移 1 个单位到点 B，点 B 左移 2 个单位到点 C，点 C 右移 4 个单位到点 D，点 D 左移 8 个单位到点 E，则四个点 B,C,D,E 所对应的数依次为________，________，________，________.

2. (上海市七宝中学 2016 年新高一入学摸底测试题)已知 $a:b:c=4:5:7$，且 $a+b+c=240$，则 $2b-a+c=$________.

3. 把分数 $\frac{7}{6}$ 化成循环小数：________；把分数 $\frac{700}{6}$ 化成循环小数：________；把循环小数 $-2.\dot{7}\dot{5}$ 化成分数：________.

4. 去掉绝对值符号：$|4\sqrt{10}-13|=$________；当 $-3\leqslant x\leqslant4$ 时，$2|x+3|+|x-4|=$________.

5. 十个数 312，269，308，288，276，287，296，269，299，272 的平均数等于________；去掉一个最大值与一个最小值后，其平均数等于________.

6. 给出下列关于比的定理的名称(其中所有分母都不为 0)：

________定理　若 $\frac{b}{a}=\frac{d}{c}$，则 $\frac{b}{d}=\frac{a}{c}$，$\frac{c}{a}=\frac{d}{b}$；

________定理　若 $\frac{b}{a}=\frac{d}{c}$，则 $\frac{a+b}{a-b}=\frac{c+d}{c-d}$；

________定理　若 $\frac{b_1}{a_1}=\frac{b_2}{a_2}=\cdots=\frac{b_n}{a_n}=k$，其中整数 $n\geqslant2$，则 $\frac{b_1+b_1+\cdots+b_n}{a_1+a_2+\cdots+a_n}=k$.

7. 四点 A,B,C,D 顺次在一条直线上，若 AB 与 BC 之比、AC 与 CD 之比都等于黄金分割比，且 $AB=26$，求：(1) BC；(2) CD.(精确到 0.01)

达标训练

8. (安徽省蚌埠二中 2019 年自主招生试题)若 $\frac{xy}{x+y}=\frac{1}{3},\frac{yz}{y+z}=\frac{1}{5},\frac{zx}{z+x}=\frac{1}{6}$,则 $\frac{xyz}{xy+yz+zx}=$(　　).

A. $\frac{1}{4}$　　B. $\frac{1}{2}$　　C. $\frac{1}{7}$　　D. $\frac{1}{9}$

9. (1) $100-\left(78-56\div16+5^3-3\times\frac{15}{4}\right)=$________;

(2) $100-\left[78-56\div16+(5^3-3)\times\frac{15}{4}\right]=$________.

10. (1) 当 $|x+4|=3$ 时,$x=$________;

(2) 当 $|x^4-4|=0$ 时,$x=$________;

(3) 当 $|a-4|+\left(b+\frac{5}{3}\right)^2=0$ 时,$b^a=$________.

11. 有限连分数 $1+\cfrac{1}{2-\cfrac{1}{3+\cfrac{1}{4}}}=$________;无限循环连分数 $1+\cfrac{1}{1+\cfrac{1}{1+\cfrac{1}{\cdots}}}=$________.

12. 如图 1.2 所示,绝缘管中有三根电线 A_1A,B_1B,C_1C,电工师徒两人分别在两端各随机拉一根电线,则师徒两人都拉出电线 B_1B 的概率为________;拉出同一根电线的概率为________;拉出不同电线的概率为________.

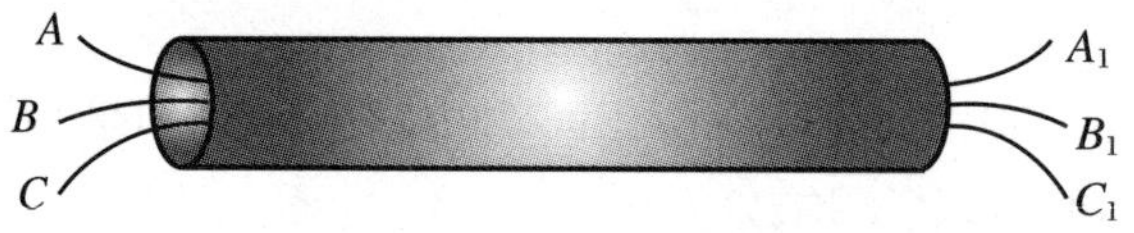

图 1.2

13. (1) 五个数 6.4,7.8,6.6,8.2,7.5 的平均数等于________,方差等于________;

(2) (浙江省温州中学 2019 年自主招生试题)七个正整数的中位数是 4,唯一众数是 6,则这七个数的和的最小值为________.

14. 我国古代数学家刘徽创立的“割圆术”可以估算圆周率 π,理论上能把 π 计算到任意精度.祖冲之继承并发展了“割圆术”,把 π 的值精确到小数点后七位.割圆术的第一步是计算单位圆内接正六边形的面积 S_6,则 $S_6=$________.

15. (1) $\frac{1}{3\times4}+\frac{1}{4\times5}+\frac{1}{5\times6}=$________;

(2) $\frac{1}{3\times5}+\frac{1}{5\times7}+\frac{1}{7\times9}+\frac{1}{9\times11}=$________;

(3) $\frac{1}{8}+\frac{1}{24}+\frac{1}{48}+\frac{1}{80}+\cdots+\frac{1}{9800}=$________.

16. (1) 把 $1.\dot{6}$,$52.\dot{3}$ 化成带分数;

(2) 计算 $\frac{3}{41}\times 52.\dot{3}-\left(1.125-8\frac{3}{4}-1.\dot{6}\right)\div 37\frac{1}{6}$;

(3) 把循环小数 $2.0\dot{6}1\dot{8}$ 化成假分数.

17. 如图 1.3 所示,线段 MN 被点 P 黄金分割,即满足 $MP^2=MN\cdot PN$.求证:

$$\left(MP+\frac{MN}{2}\right)^2=5\left(\frac{MN}{2}\right)^2,\quad \left(PN+\frac{MP}{2}\right)^2=5\left(\frac{MP}{2}\right)^2,\quad MN^2+PN^2=3MP^2.$$

图 1.3

18. (北京市 101 中学 2019 年新高一分班测试题)某校为了提高本校学生的身体素质,对部分学生每天体育锻炼的时间进行调查统计,得到的统计表(其中时间 t 的单位是分钟)和统计图分别如表 1.1 和图 1.4 所示.

表 1.1

组别	A	B	C	D	E
时间 t	$t<40$	$40\leqslant t<60$	$60\leqslant t<80$	$80\leqslant t<100$	$t\geqslant 100$
人数	12	30	a	24	12

(1) 求出本次被调查的学生人数 n 及表中 a 的值;

(2) 估计该校 2400 名学生中每天体育锻炼时间不少于 1 小时的学生人数.

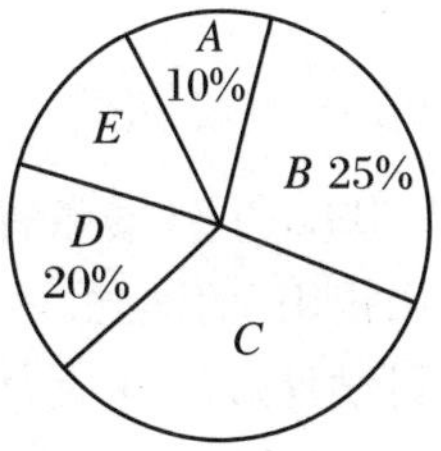

图 1.4

19.（清华大学自主招生试题）

（1）求$\frac{\sqrt{5}+1}{\sqrt{5}-1}$的整数部分 a 和小数部分 b；

（2）对于（1）中的 a，b，求 $a^2+b^2+\frac{ab}{2}$.

20. 甲、乙两列货车相距 432 千米，正在相向行驶，甲车速度为每小时 72 千米，乙车速度为每小时 100.8 千米.

（1）经过多少分钟两车相遇？

（2）又知甲车长度为 232 米，乙车长度为 248 米，两车从车头相接行驶到车尾相接，甲车需行驶多少米？且需要行驶多少秒？

21.（1）运用 1，2，3 共可组成________个没有重复数字的三位正整数，这些正整数之和等于________；

（2）设 $A=0.4+0.44+0.444+\cdots+0.\underbrace{444\cdots4}_{100个4}$，求 A 的整数部分.

滚动复习

22.（1）（安徽省合肥二中西藏内高班 2019 年新生摸底试题）为了践行"绿水青山就是金山银山"的理念，西藏实施"南草北牧"模式，全区草业产值达到 12 亿元左右. 将数据 12 亿用科学计数法表示为________；

（2）把小数 863.459 精确到百位等于________，精确到十分位等于________，精确到个位等于________，用科学计数法表示为________.

23. (1) 从六个数字 2,3,4,5,7,8 中任选两个分别作为分数的分子与分母,共有________个既约分数;

(2) 从六个数字 2,3,4,5,6,7 中任选两个分别作为分数的分子与分母,共有________个既约分数.

24. (1) 请完善如图 1.5 所示的运算流程图.

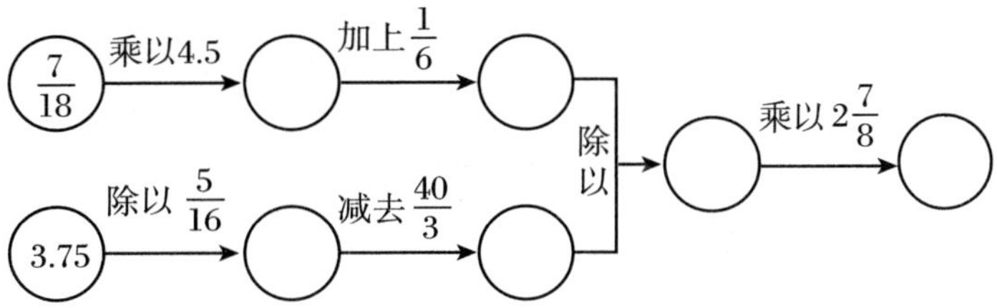

图 1.5

(2) 把(1)中的运算流程图写成一个综合算式.

25. 某企业的利润从第 2 年开始,每月的增长率为 10%,那么季增长率为多少?年增长率约为多少?(可用计算器,精确到 0.1%)

26. 图 1.6 所示为除法竖式,每个方框中只有一个数字,请找出每个方框中的数字.

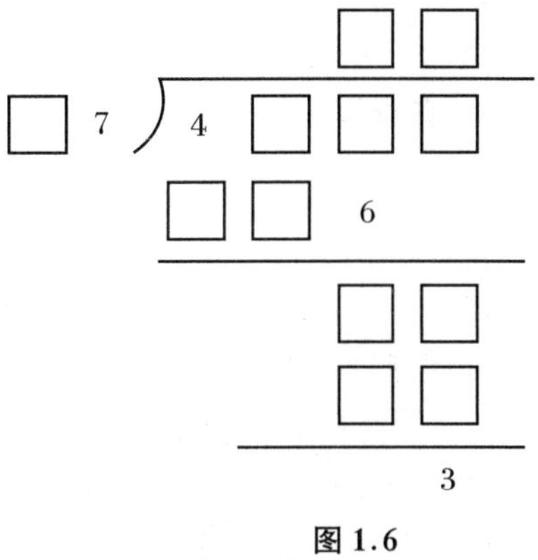

图 1.6

第2课 平方根,立方根,高次方根,高斯整数记号

知识梳理

1. 平方根

若 $x^2=a\geqslant 0$,则称实数 x 是非负实数 a 的二次方根(简称平方根),记为 $x=\pm\sqrt{a}$,其中 $\sqrt{a}$ 是 a 的算术平方根,负数没有平方根.

性质:$\sqrt{a^2}=|a|$;当 $a\geqslant 0$ 时,$(\sqrt{a})^2=a$.

2. 立方根

若 $x^3=a$,则称实数 x 是实数 a 的三次方根(简称立方根),记为 $x=\sqrt[3]{a}$,任何实数 a 都存在唯一的实数三次方根(立方根) x.

性质:$\sqrt[3]{a^3}=a$;$(\sqrt[3]{a})^3=a$;$\sqrt[3]{a^3}=(\sqrt[3]{a})^3$.

3. n 次方根

若 $x^n=a$(其中正整数 $n\geqslant 2$),则称实数 x 是实数 a 的 n 次方根.

特别地,0 的 n 次方根 $\sqrt[n]{0}=0$.

根据非零实数 a 的正负性和正整数 n 的奇偶性,a 的 n 次方根可能有两个,也可能不存在.例如,在实数范围内,10 的 4 次方根等于 $\pm\sqrt[4]{10}$,-10 的 4 次方根不存在;10 的 5 次方根等于 $\sqrt[5]{10}$,-10 的 5 次方根等于 $-\sqrt[5]{10}$.

性质:在实数范围内,实数 a 的正奇数 n 次方根 $\sqrt[n]{a}$ 唯一存在,正数 a 的正偶数 n 次方根有两个,为 $\pm\sqrt[n]{a}$,负数 a 的正偶数 n 次方根不存在.

4. 高斯整数记号

对于任意的实数 x,德国数学家高斯(C. F. Gauss)把不大于 x 的最大整数记为 $[x]$.例如,$[0]=0$,$[3]=3$,$[-3]=-3$,$[\sqrt{5}]=2$,$[-\sqrt{5}]=-3$,$[\pi]=3$,$[-\pi]=-4$,$[-2.3]+[-2.1]=-6$,$[-2.3-2.1]=-5$.

性质:(1) $a-1<[a]\leqslant a<[a]+1$;

(2) 当实数 x 是整数时,$[x]+[-x]=0$;当实数 x 不是整数时,$[x]+[-x]=-1$;

(3) $[a+b]\geqslant[a]+[b]$;

(4) 当 n 为整数时,$[n+x]=n+[x]$.

至此,中括号[]不只是用来调节四则运算的次序,也不只是表示几个正整数的最小公倍数,它也可以表示取整.

基础自测

1. 36 的平方根是________，$\sqrt{36}=$________；-8 的立方根是________，$\sqrt[3]{-8}=$________.

2. 面积为 72 平方厘米的正方形的边长等于________；体积为 72 立方厘米的正方体的棱长等于________.

3. (1) $\sqrt[3]{(-5)^3}=$________；

(2) $(\sqrt[3]{-5})^3=$________；

(3) $\sqrt{(-5)^2}=$________；

(4) $(\sqrt{-5})^2=$________.

4. 小数 1.44 的平方根是________；-1.44 的平方根是________；0.001 的立方根是________；-0.001 的立方根是________.

5. 如果 $15=\sqrt{a}=\sqrt{|b|}=\sqrt[3]{c}$，那么 $a=$________，$b=$________，$c=$________.

6. (1) $[\sqrt{30}]=$________；

(2) $[-\sqrt{30}]=$________；

(3) $[4\sqrt{30}]=$________；

(4) $[-4\sqrt{30}]=$________.

7. $\frac{25}{8}\sqrt{10}$的 5 次方根为________；$\sqrt[4]{6.25}=$________；6.25 的 4 次方根为________.

8. (安徽省合肥二中西藏内高班 2019 年新生摸底试题)若实数 x,y 满足 $|x+y-10|+\sqrt{2x+y-16}=0$，则 $x^2-y^2=$________.

9. (贵州省凯里市一中 2015 年新高一选拔试题)若用一张直径为 20 厘米的半圆形铁片做一个圆锥的侧面，接缝忽略不计，则所得圆锥的高为________.

10. 设 x,y 是实数，判断下列结论是否正确.

(1) $[2x]=2[x]$；

(2) $[x-y]\leqslant[x]-[y]$.

达标训练

11.（华中师大一附中 2017 年自主招生试题）若实数 a,b 满足 $a^2+b^2=4$，则 $\sqrt[3]{a(b-4)}+\sqrt{ab-3a+2b-6}=$（　　）.

A. -2　　B. 0　　C. 2　　D. 4

12. 如图 2.1 所示，数轴上标有六个点 A,B,C,D,E,F，其中的四个点分别对应下列的四个无理数：$\sqrt{0.6},\sqrt[3]{0.6},\sqrt{6},\sqrt[3]{6}$. 那么这四个无理数依次对应着点________，________，________，________.

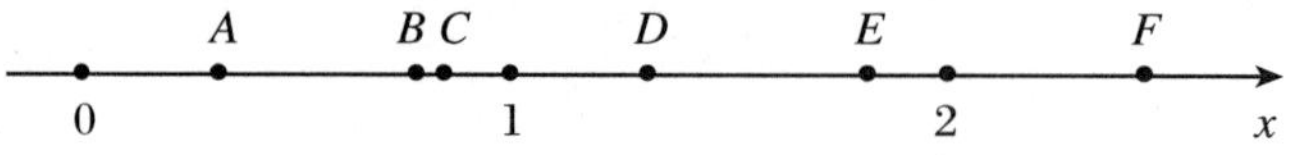

图 2.1

13. (1) $\sqrt{2}+\sqrt{8}=$________；

(2) $\sqrt{2}-\sqrt{8}=$________；

(3) $\sqrt{2}\times\sqrt{8}=$________；

(4) $\sqrt{2}\div\sqrt{8}=$________.

14. (1) $\sqrt[3]{108}+\sqrt[3]{4}=$________；

(2) $\sqrt[3]{108}-\sqrt[3]{4}=$________；

(3) $\sqrt[3]{108}\times\sqrt[3]{4}=$________；

(4) $\sqrt[3]{108}\div\sqrt[3]{4}=$________.

15. 对于满足 $\sqrt{n},\sqrt[3]{n}$ 都是正整数的正整数 n，从小往大数，第 1 个数是 1，第 2 个数是________，第 3 个数是________.

16. 求和：

(1) $[\sqrt{2}]+[\sqrt{3}]+[\sqrt{4}]+\cdots+[\sqrt{30}]$；

(2) $[\sqrt[3]{2}]+[\sqrt[3]{3}]+[\sqrt[3]{4}]+\cdots+[\sqrt[3]{150}]$；

(3) $[\sqrt[4]{10}]+[\sqrt[4]{11}]+[\sqrt[4]{12}]+\cdots+[\sqrt[4]{500}]$.

17.（上海交大自主招生试题）已知两个有理数 x，y 满足等式 $\sqrt{2\sqrt{3}-3}=\sqrt{\sqrt{3}x}-\sqrt{\sqrt{3}y}$，求$(x,y)$.

18. 一个数字转换器的运行原理如图 2.2 所示.

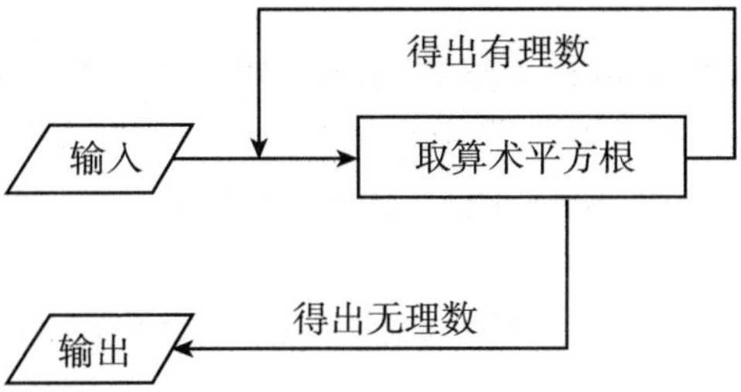

图 2.2

(1) 若输入的数是 2401，求输出的数；

(2) 若输出的数是$\frac{\sqrt{3}}{3}$，且执行 4 次指令“取算术平方根”，求输入的数.

19. 已知 $2-a$ 与 $2a-1$ 是一个实数 x 的平方根，求：

(1) 实数 x 的算术平方根；

(2) $x+1$ 的立方根的近似值(精确到 0.1).

20. (1) 完善解方程$[2x-1]=3x+4$ 的过程；

解　由于$(2x-1)-1<[2x-1]\leqslant$________，则 $2x-2<3x+4\leqslant$________，则 $x>-6$ 且________，则 $-6<x\leqslant$________，即 $-13<2x-1\leqslant$________.

当 $-13<2x-1<-12$ 时，$-6<x<-\frac{11}{2}$ 且________ $=3x+4$，解得 $x=-\frac{17}{3}$；

当 $-12\leqslant 2x-1<-11$ 时，$-\frac{11}{2}<x<-5$ 且________ $=3x+4$，解得 $x=-\frac{16}{3}$；

当 $2x-1=-11$ 时，$x=-5$ 且________ $=3x+4$，解得 $x=-5$.

总之,原方程的解是

$$x_1=-\frac{17}{3},\quad x_2=-\frac{16}{3},\quad x_3=-5.$$

(2) 求解高斯方程 $5x+3[x]=20$.

21. 设$[x]$是不超过实数 x 的最大整数,补充方程 $3x^2-10[x]+3=0$ 的求解过程.

解 原方程变形得 $3x^2+3=10[x]$,其中 $x-1<[x]\leqslant x$,则

$$10(x-1)<3x^2+3\leqslant 10x,$$

即

$$3x^2-10x+13>0(\text{恒成立})\quad \text{且}\quad 3x^2-10x+3\leqslant 0,$$

解得$\frac{1}{3}\leqslant x\leqslant 3$.

22. 规定$[m]$表示不大于实数 m 的最大整数,例如$[3.56]=3$,$[-3.56]=-4$,$[-3]=-3$.

(1) 若规定$\{m\}$表示大于实数 m 的最小整数,例如$\{3.56\}=4$,$\{-3.56\}=-3$,解方程 $2\{x\}-[x]=4$;

(2) 若规定$\{m\}=m-[x]$表示实数 m 的正纯小数,例如$\{3.56\}=0.56$,$\{-3.56\}=0.44$,$\{-3\}=0$,解方程 $2\{x\}-[x]=4$;

(3) (安徽省合肥 168 中学 2016 年自主招生试题)解方程 $2[x]=x+2\{x\}$,其中$\{x\}$的含义同(2).

滚动复习

23. 识别记号填空：(12,8) = ________；[12,8] = ________；[12.8] = ________；[−12.8] = ________.

24. 速算：

(1) $815\times158+676\times185+815\times518$；

(2) $23.5\times12.1+2.35\times422-135\times5.43$.

25. (1) 速算 2 行 2 列"2×2"方阵形算式：

$$\begin{aligned}&2.57\times29.8+2.57\times10.2\\&+7.43\times29.8+7.43\times10.2=\underline{\qquad\qquad}\end{aligned}$$；

(2) 速算 3 行 4 列"3×4"方阵形算式：

$$\begin{aligned}&1\times1+1\times2+1\times4+1\times8\\&+3\times1+3\times2+3\times4+3\times8\\&+9\times1+9\times2+9\times4+9\times8=\underline{\qquad\qquad}\end{aligned}$$；

(3) 72 的所有________个正约数之和等于________；

(4) 10500 的所有________个正约数之和等于________.

26. (1) 对于任意正整数 n，求证：

$$1+2+3+\cdots+n=\frac{1}{2}n(n+1).$$

(2)（江苏省淮阴中学 2017 年新高一分班测试题改编题）将正偶数按表 2.1 排列.

表 2.1

	第 1 列	第 2 列	第 3 列	第 4 列
第 1 行	2			
第 2 行	4	6		
第 3 行	8	10	12	
第 4 行	14	16	18	20
……				

按此规律，求第 1000 行第 68 列的数字；

(3) 求表 2.1 中数字 1000 所在的行列位置.

第 3 课　多项式及其竖式乘除法，高次方程的韦达定理

知识梳理

1. 多项式的概念

整式是单项式和多项式的统称，单项式是数（系数）与若干个表示数的字母的乘方的积，多项式是若干个单项式的代数和.

2. 幂的乘法、乘方、除法的基本公式（m，n 都是正整数）

(1) $x^m x^n = x^{m+n}$；

(2) $(xy)^n = x^n y^n$；

(3) $(x^m)^n = x^{mn}$；

(4) $x^m \div x^n = x^{m-n}(x \neq 0)$.

3. 乘法公式

(1) $(a+b)(x+y) = ax+ay+bx+by$；

(2) $(x+p)(x+q) = x^2+(p+q)x+pq$；

(3) $(a-b)^2 = a^2-2ab+b^2$；

(4) $(a+b)(a-b) = a^2-b^2$；

(5) $(a-b)(a^2+ab+b^2) = a^3-b^3$；

(6) $(a+b)(a^2-ab+b^2) = a^3+b^3$；

(7) $(a+b)^3 = a^3+3a^2b+3ab^2+b^3$；

(8) $(a-b)^3 = a^3-3a^2b+3ab^2-b^3$.

4. 杨辉三角所对应的乘方展开式

$$(a+b)^2 = a^2+2ab+b^2,$$
$$(a+b)^3 = a^3+3a^2b+3ab^2+b^3,$$
$$(a+b)^4 = a^4+4a^3b+6a^2b^2+4ab^3+b^4,$$
$$(a+b)^5 = a^5+5a^4b+10a^3b^2+10a^2b^3+5ab^4+b^5,$$
$$\cdots$$

5. 韦达定理

(1) 一元二次方程 $ax^2+bx+c=0$ 的两个根 x_1, x_2 满足 $x_1+x_2=-\dfrac{b}{a}$，且 $x_1x_2=\dfrac{c}{a}$；

(2) 一元三次方程 $ax^3+bx^2+cx+d=0$ 的三个根 x_1, x_2, x_3 满足 $x_1+x_2+x_3=-\dfrac{b}{a}$，且 $x_1x_2+x_1x_3+x_2x_3=\dfrac{c}{a}$，且 $x_1x_2x_3=-\dfrac{d}{a}$；

(3) 推广之,一元 n 次方程……

6. 其余知识点

(1) 单项式的次数,多项式的次数;

(2) 整式的同类项合并,整式的四则运算及其交换律、结合律、分配律;

(3) 多项式的竖式乘法,多项式的竖式除法及其整除.

基础自测

1. $6^3+3^4=$(　　),$6^3\cdot 3^4=$(　　),$6^3\div 3^4=$(　　),$(2^3)^2=$(　　),$2^{3^2}=$(　　).

A. 64　　B. 2^9　　C. $2^3\cdot 3^{-1}$

D. $2^3\cdot 3^{-4}$　　E. $11\cdot 3^3$　　F. $2^3\cdot 3^7$

2. 单项式 $2\sqrt{3}m^2n$ 的系数等于________,次数等于________;多项式 x^3-2x^2+3x-4 的次数等于________,当 $x=-\sqrt{2}$时,多项式的值等于________.

3. (1) $(x+2y)+(3x-4y)=$________;

(2) $(x+2y)-(3x-4y)=$________;

(3) $(x+2y)(3x-4y)=$________.

4. (1) $(x+1)(2x-3)=$________;

(2) $(x+1)(2x-3)(4x+5)=$________.

5. 已知一元三次方程 $2x^3-3x^2+cx+d=0$ 的三个实数根分别为 $-1,2,x_3$,则 $x_3=$________,$c=$________,$d=$________.

6. (1) $(1+\sqrt{2})^5=$________;

(2) $(1-\sqrt{2})^5=$________.

7. (广东实验中学南山班 2015 年自主招生试题)设 $a+b=-\sqrt{2}$,求 $(a-1)^2+b(2a+b)+2a$ 的值.

8. 列竖式计算:

(1) $(x^3-2x-4)(x-2)$;

(2) $(x^3-2x-4)\div(x-2)$.

达标训练

9. 如果两个单项式 $6a^{m+5}b^3$ 与 $-4a^2b^{n-5}$ 是同类项，则 $m=$________，$n=$________，这两个单项式的和为________.

10. 把 $(x+2y-3)(4x-5y+6)(x-y-1)(x+y)$ 展开成多项式，合并同类项前共有________个单项式，合并同类项后共有________个单项式.

11. 多项式 $x^4-2x^3+3x^2-mx+5$ 能被 $x+2$ 整除，则 $m=$________，商式是________.

12.（安徽师大附中2017年高一科技特长班选拔测试题）已知 α,β 是方程 $x^2+2x-1=0$ 的两根，则 $\alpha^3+5\beta+10$ 的值为________.

13. 已知四次方程 $(x-1)(x-2)(x-4)(x-8)=0$ 的一般形式是 $x^4+bx^3+cx^2-120x+e=0$，那么 $b=$________，$c=$________，$e=$________.

14. 根据下边的多项式竖式除法，填写 $A=$________，$B=$________，$C=$________，$D=$________；其相应的等式为 $4x^3-5x^2+6x-7=$________.

$$
\begin{array}{r|l}
 & 2x^2+\frac{1}{2}x+A \\
\hline
2x-3 & 4x^3-5x^2+6x-7 \\
 & 4x^3-6x^2 \\
\hline
 & x^2+6x \\
 & x^2-\frac{3}{2}x-7 \\
\hline
 & \frac{15}{2}x-7 \\
 & Bx-C \\
\hline
 & D
\end{array}
$$

15. 借用杨辉三角快速巧算 11^6 与 9^6 的值.

16. 列竖式计算：

(1) $(x^2-2x+3)(5x-6)$；

(2) $(x^2-2x+3)(4x^2+5x-6)$；

(3) $(x^3-2x+3)(4x^2+5x-6)$.

17. 求多项式 $x^4-2x^3+3x^2-4x+5$ 被 $(x+1)^2$ 除的：

(1) 商式；

(2) 余式.

18. (1) 若 $a+b=-5$, $a^2+b^2=13$, 求 a^4+b^4；

(2) 若 $a-b=-5$, $a^2+b^2=13$, 求 a^3-b^3.

19. 计算(设整数 $n\geqslant 4$, 结果可用幂表示)：

(1) $(1+2)(1+4)(1+16)\cdots(1+2^{2^n})$；

(2) $(1+a)(1+a^2)(1+a^4)\cdots(1+a^{2^n})$.

20．（北京大学自主招生试题）若实数 a，b 满足 $(a^2+4)(b^2+1)=5(2ab-1)$，求 $b\left(a+\frac{1}{a}\right)$ 的值．

21．如图 3.1 所示，两个正方形 $ABCD$，$DEFG$ 的边长分别为 m，n，点 G 在边 AD 上，记凹四边形 $ACFG$ 的阴影面积为 S．

（1）求 m，n 表示的面积 S；

（2）当 $m+n=11$，$mn=7$ 时，求 S 的值．

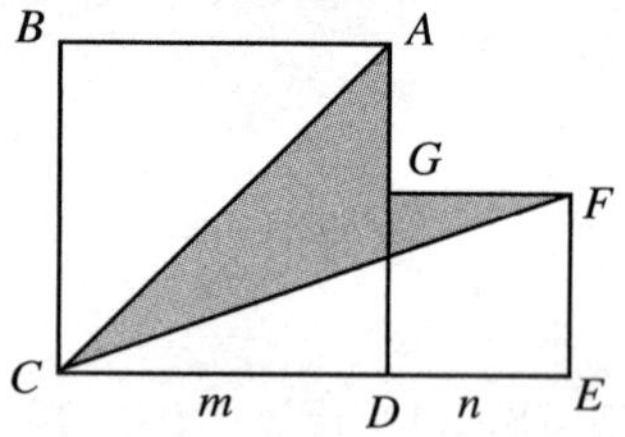

图 3.1

滚动复习

22．当 $x=\sqrt[3]{3}$ 时，记 a，b 依次是 x，x^2 的小数部分，则 $(b+2)^3=$（　　），$(4+a+b)a=$（　　）．

A．2　　B．9　　C．10　　D．12

23．给出 $\sqrt[3]{3.67}\approx1.542$，$\sqrt[3]{0.367}\approx0.716$，则 $\sqrt[3]{367}\approx$________，$\sqrt[3]{-0.000367}\approx$________．

24．（四川省成都七中 2019 年自主招生试题）设 $a=\frac{\sqrt{3}}{\sqrt{2}+\sqrt{3}+\sqrt{5}}$，$b=2+\sqrt{6}-\sqrt{10}$，求 $\frac{a}{b}$．

25．（1）把 $\frac{15}{7}$ 化成无限循环小数；

（2）把无限循环小数 $3.\dot{6}$ 化成分数；

（3）把无限循环小数 $0.\dot{3}\dot{6}$ 化成分数.

26.（山东省夏津县双语中学 2017 年高一分班试题）有四张完全相同的卡片正面分别写有数字 1,2,3,3,现将它们背面朝上洗匀.

（1）随机抽出一张卡片,求抽到数字 3 的概率；

（2）若随机抽出一张卡片记下数字后放回,洗匀后,再随机抽出一张,求两次都抽到数字 3 的概率；

（3）如果再增加若干张写有数字 3 的卡片,洗匀后,随机抽出一张卡片的数字为 3 的概率等于 0.75,问增加了多少张卡片？

（4）（补充）如果再增加若干张写有数字 3 的卡片,洗匀后,随机抽出一张卡片记下数字后放回洗匀,再随机抽出一张卡片,两次所抽卡片的数字都为 3 的概率等于 0.64,问增加了多少张卡片？

（5）（补充）若随机抽出一张卡片记下数字后,不放回,接着在剩余 3 张卡片中随机抽出一张卡片,求两次都抽到数字 3 的概率.

27. 求值：$\sqrt[3]{7+5\sqrt{2}}+\sqrt[3]{7-5\sqrt{2}}$.

第4课　因式分解的十字交叉法、待定系数法、试根法

知识梳理

1. 因式分解的公式法

(1) $a^2+2ab+b^2=(a+b)^2$；

(2) $a^2-2ab+b^2=(a-b)^2$；

(3) $a^2-b^2=(a+b)(a-b)$；

(4) $a^3-b^3=(a-b)(a^2+ab+b^2)$；

(5) $a^3+b^3=(a+b)(a^2-ab+b^2)$；

(6) $a^3+3a^2b+3ab^2+b^3=(a+b)^3$；

(7) $a^3-3a^2b+3ab^2-b^3=(a-b)^3$.

2. 因式分解的十字交叉法(图4.1)

(1) $mnx^2+(mq+np)x+pq=(mx+p)(nx+q)$；

(2) $x^2+(p+q)x+pq=(x+p)(x+q)$.

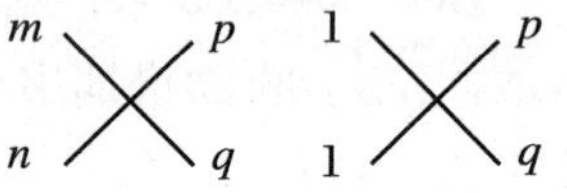

图4.1

3. 因式分解的试根法

引例　由于$(2x-3)(4x+5)=8x^2-2x-15$，则二次三项式$f(x)=8x^2-2x-15$含有两个因式$2x-3$和$4x+5$，代入演算$f\left(\frac{3}{2}\right)=\frac{72}{4}-\frac{6}{2}-15=0$，$f\left(-\frac{5}{4}\right)=\frac{25}{2}+\frac{5}{2}-15=0$，这有何奥秘呢？

定理　设n是正整数，对于任意n次整系数多项式$f(x)=a_nx^n+a_{n-1}x^{n-1}+\cdots+a_2x^2+a_1x+a_0$(其中$n$是正整数)，当$f\left(\frac{p}{q}\right)=0$(其中$p\mid a_0$且$q\mid a_n$)时，多项式$f(x)$含有一次因式$qx-p$；反之亦然.

例　分解因式$2x^3+3x^2-23x-12$.

审题　可能含有一次因式$qx-p$，其中$q=\pm1,\pm2$；$p=\pm1,\pm2,\pm3,\pm4,\pm6,\pm12$.

解　根据$2\times3^3+3\times3^2-23\times3-12=3\times(18+9-23-4)=0$，做竖式除法得

$$\begin{aligned}2x^3+3x^2-23x-12&=(x-3)(2x^2+9x+4)\\&=(x+4)(2x+1)(x-3).\end{aligned}$$

4. 其余知识点

(1) 乘法对于加减法的分配律；

(2) 因式分解的提取公因式法、待定系数法.

基础自测

1. 分解因式：

(1) $2a^2b^3-3a^3b=$ ________；

(2) $x^2-6=$ ________；

(3) $x^2-6y^2=$ ________；

(4) $x^3-8=$ ________；

(5) $x^3+8=$ ________.

2. 分解因式：

(1) $x^2-2x=$ ________；

(2) $x^2-2x-3=$ ________；

(3) $x^2+2x-3=$ ________；

(4) $3x^2-2x-1=$ ________；

(5) $3x^2+2x-1=$ ________.

3. 分解因式：

(1) $10x^2+33x-54=$ ________；

(2) $10m^2+33mn-54n^2=$ ________；

(3) $x^2-y^2+4x+2y+3=$ ________.

4.（黑龙江省哈尔滨十九中 2016 年高一新生入学试题）$ax^2-2ax+a=$ ________.

5. (1) 若$(a^2+2a)^2+(a^2+a-2)^4=0$,则实数 $a=$ ________；

(2) 若$(a^2+2a)^2(a^2+a-2)^4=0$,则实数 $a=$ ________.

6. 运用待定系数法分解二元二次多项式 $x^2+4xy-12y^2-2x+28y-15$,并完善解题过程.

解　由于 $x^2+4xy-12y^2=(x+6y)(x-2y)$,则待定 A 与 B 使得

$$x^2+4xy-12y^2-2x+28y-15$$
$$=(x+6y+A)(x-2y+B)$$
$$=x^2+4xy-12y^2+(A+B)x+(\_\_\_\_\_\_\_\_)y+AB,$$

则比较系数得

$$\begin{cases}A+B=-2,\\ \_\_\_\_\_\_\_\_=28,\\ AB=\_\_\_\_\_\_\_\_.\end{cases}$$

解得

$$\begin{cases}A=\_\_\_\_\_\_\_\_,\\ B=3.\end{cases}$$

所以,原式 = ________.

达标训练

7.（浙江省永嘉中学 2015 年新高一分班测试题）多项式 $2x^2-xy-15y^2$ 的一个因式是（　　）.

A. $2x-5y$　　B. $x-3y$　　C. $x+3y$　　D. $x-5y$

8. 使 $x^2+ax+12$ 能够分解因式的整数 a 的值共有（　　）个，使 $x^2-12x+b$ 能够分解因式的正整数 b 的值共有（　　）个.

A. 3　　B. 6　　C. 9　　D. 11

9. 一次式 $2x+3$ 是多项式（　　）的因式，$2x-3$ 是多项式（　　）的因式，$3x+2$ 是多项式（　　）的因式，$3x-2$ 是多项式（　　）的因式.

A. $5x^3-x^2+x+6$　　B. $4x^4+4x^3-13x^2-9x+9$

C. $6x^3-10x^2+13x-6$　　D. $3x^4-x^3+x^2-x-2$

10. 多项式 $2x^3+3x^2-4x+m$ 被 $2x+5$ 整除，则 $m=$（　　），且该多项式被 $2x-1$ 除的余数为（　　）.

A. $\dfrac{3}{2}$　　B. $\dfrac{5}{2}$　　C. 11　　D. 12

11. 当 $x=9$ 时，$x^3-8x^2-9x=$________；当 $x^3-8x^2-9x=0$ 时，$x=$________.

12. 分解因式：

(1) $8x^2-14x-15=$________；

(2) $8x^2-14xy-15y^2=$________；

(3) $15x^2-14xy-8y^2=$________.

13. 分解因式：

(1) $x^4-16=$________；

(2) $a^2-3a+2=$________；

(3)（华中师大一附中 2017 年高一入学摸底试题）$a^3-3a+2=$________.

14. 分解因式：

(1) $9-6\sqrt{2}m+2m^2=$________；

(2)（用待定系数法）$9m^2-6\sqrt{2}mn+2n^2+3m-\sqrt{2}n-2$；

(3) $4x^2-3xy-10y^2-11x-17y-3$.

15.（1）（山东省夏津县双语中学 2017 年高一分班试题）先化简，再求值：

$$\frac{x^2-4}{x^2-4x+4}\div\frac{x+2}{x+1}-\frac{x}{x-2},\quad 其中\quad x=2-\sqrt{2}.$$

（2）先分解因式，后求值：

$$t^2+(t+1)^2+(t^2+t)^2,\quad 其中\quad t=2\sqrt{2}.$$

16.（江苏省高考试题改编题）设 $b=1-a$.

（1）求证：x^3+ax^2+b 含有一次因式 $x+1$.

（2）当 a 取何值时，x^3+ax^2+b 含有平方式？

17.（1）分解因式 x^4-y^4；

（2）对于任意 x 与 y，如果等式 $x^4+y^4=(x^2+axy+y^2)(x^2+bxy+y^2)$ 总成立，求 a,b.

18. 给出四次多项式 $x^4+x^3-5x^2+x-6$.

（1）找出此多项式的某一项一次因式；

（2）分解此多项式.

19. 分解因式：

(1) $x^2(y-z)+y^2(z-x)+z^2(x-y)$；

(2) $x(y^3-z^3)+y(z^3-x^3)+z(x^3-y^3)$.

滚动复习

20. $(2^3)^2=$________，$(2^2)^3=$________，$2^{3^2}=$________，$2^{2^3}=$________.

21. 使$[\sqrt{10}]+[\sqrt{11}]+[\sqrt{12}]+\cdots+[\sqrt{m}]=64$的正整数 $m=$________；使$[\sqrt[3]{10}]+[\sqrt[3]{11}]+[\sqrt[3]{12}]+\cdots+[\sqrt[3]{n}]=52$的正整数 $n=$________.

22. (上海育才中学 2018 年高一分班试题)

$$(1+x)(1-x)=1-x^2,$$
$$(1+x+x^2)(1-x)=1-x^3,$$
$$(1+x+x^2+x^3)(1-x)=1-x^4,$$
$$\cdots$$

依此规律填空：(________________)$(1-x)=1-x^{3n+3}$.

23. (西藏内高班 2016 年招生试题)一辆快车和一辆慢车同时从甲、乙两地出发，相向而行，经过 5 小时相遇，之后快车继续行驶 3 小时到达乙地. 已知慢车速度是 90 千米/小时，求甲、乙两地的距离.

24. 已知$(m^2+9)(n^2+1)=5-10mn$，求：

(1) $m\left(n+\dfrac{1}{n}\right)$；

（2）$\left(m-\dfrac{1}{m}\right)n$.

25.（1）多项式 $P(x)$除以 $2x-3$ 的商式为 x^3+x^2，余数为 6，求该多项式 $P(x)$；

（2）多项式 x^5-2x^3+4x-5 除以 $Q(x)$的商式为 x^3+x^2，余式为 x^2+4x-5，求该除式 $Q(x)$.

26. 圆柱形容器的底面半径为 5 厘米，高为 20 厘米，盛水深度为 15 厘米.

（1）若把底面半径 2 厘米、高 17 厘米的圆柱铁块直立于水中，则容器的水深约为多少厘米？

（2）若把底面半径 2 厘米、高 18 厘米的圆柱铁块直立于水中，则容器的水深约为多少厘米？（保留两位小数）

第5课 代数式及其分式、二次根式，用拆项法、配对法、分组法求和

知识梳理

1. 代数式的概念

把数、表示数的字母、运算符号组成的数学表达式称为**代数式**. 其中，分式的分子和分母都是整式且分母含有字母，二次根式是形如$\sqrt{x}(x\geqslant 0)$的式子，此外的许多代数式将出现在以后的学习中.

2. 分式沿用分数的基本公式(其中分母、除数非零)

(1) $\dfrac{kb}{ka}=\dfrac{b}{a}$；

(2) $\dfrac{b\div k}{a\div k}=\dfrac{b}{a}$；

(3) $\dfrac{b}{a}\times\dfrac{d}{c}=\dfrac{bd}{ac}$；

(4) $\left(\dfrac{b}{a}\right)^n=\dfrac{b^n}{a^n}$；

(5) $\dfrac{b}{a}\div\dfrac{d}{c}=\dfrac{b}{a}\times\dfrac{c}{d}=\dfrac{bc}{ad}$；

(6) $\dfrac{b}{a}\pm\dfrac{d}{c}=\dfrac{bc\pm ad}{ac}$.

3. 二次根式的基本公式

(1) $(\sqrt{a})^2=a$，$\sqrt{a^2}=|a|$，$\sqrt{a^4}=a^2$；

(2) 当$a\geqslant 0$，$b\geqslant 0$时，$\sqrt{a}\cdot\sqrt{b}=\sqrt{ab}$；

(3) 当$a\geqslant 0$，$b>0$时，$\dfrac{\sqrt{a}}{\sqrt{b}}=\sqrt{\dfrac{a}{b}}$.

4. 用拆项法、配对法、分组法求和(其中分母非零)

(1) 用拆项法求和的技巧较多，简单的拆项相消求和技巧是：

$$\frac{1}{n(n+1)}=\frac{1}{n}-\frac{1}{n+1},$$

$$\frac{k}{n(n+k)}=\frac{1}{n}-\frac{1}{n+k},$$

$$n(n+1)=\frac{1}{3}[n(n+1)(n+2)-(n-1)n(n+1)],$$

$$n(n+k)=\frac{1}{3k}[n(n+k)(n+2k)-(n-k)n(n+k)].$$

(2) 用配对法求和的关键在于找出每两个项为一组(有时还有少数零散项)，使每组两项之和等于常数或有规律(比如成为等差数列的项).

(3) 用分组法求和是用配对法求和的延伸，关键在于考虑分组后使每组数之和等于常

数或有规律.

5．其余知识点

（1）类似于梯形面积公式的等差数列求和公式；

（2）分式的分母有理化等.

基 础 自 测

1．分式$\frac{x+\sqrt{5}}{x-8}$中实数x所满足的不等式为________；分式$\frac{x^2+\sqrt{5}}{x^2-8}$中实数$x$所满足的不等式为________；二次根式$\sqrt{x-8}$中实数$x$的取值范围用不等式表示为________；代数式$\frac{-5}{\sqrt{8-x}}$中实数$x$的取值范围用不等式表示为________.

2．化简：

（1）$\frac{x^2-6x+9}{2x^2-5x-3}=$________；

（2）$\frac{x-36}{\sqrt{x}-6}=$________；

（3）$\frac{x^4-16}{x-2}=$________.

3．（贵州省凯里市一中2015年新高一选拔试题）甲、乙两布袋装有红、白两种小球，两袋装球总数量相同，两种小球仅颜色不同.甲袋中，红球个数是白球个数的2倍；乙袋中，红球个数是白球个数的3倍.将乙袋中的球全部倒入甲袋，随机再从甲袋中摸出一个球，则摸出红球的概率是________.

4．求和：

（1）$\frac{1}{1\times4}+\frac{1}{4\times7}+\frac{1}{7\times10}+\cdots+\frac{1}{97\times100}$；

（2）$\frac{1}{1\times5}+\frac{1}{5\times9}+\frac{1}{9\times14}+\cdots+\frac{1}{97\times101}$.

5．先化简，后求值：

（1）$\frac{a^2-1}{a}\div\left(\frac{2a+1}{a}-1\right)$，其中$a=\sqrt{3+\sqrt{8}}$；

(2) $\left(\frac{x-2}{x^2+2x}-\frac{x-1}{x^2+4x+4}\right)\div\frac{x-4}{x+2}$,其中 $x=\sqrt{3+\sqrt{8}}$.

达标训练

6.(新疆内高班 2016 年招生试题)两个小组同时从甲地出发,匀速步行到乙地,甲、乙两地相距 7500 米,第一小组的步行速度是第二小组的 1.2 倍,并且比第二小组早 15 分钟到达乙地.设第二组的步行速度为 x 千米/小时,则可列方程(　　).

A. $\frac{7500}{x}-\frac{7500}{1.2x}=1.5$　　B. $\frac{7500}{x}-\frac{7500}{1.2x}=\frac{1}{4}$

C. $\frac{7.5}{x}-\frac{7.5}{1.2x}=1.5$　　D. $\frac{7.5}{x}-\frac{7.5}{1.2x}=\frac{1}{4}$

7. $\sqrt{(\sqrt{2}-\sqrt{3})^2}=$(　　),$\sqrt{5-\sqrt{24}}=$(　　),$\sqrt{10-\sqrt{84}}=$(　　),$\sqrt{10-\sqrt{96}}=$(　　).

A. $\sqrt{6}-2$　　B. $\sqrt{2}-\sqrt{3}$　　C. $\sqrt{3}-\sqrt{2}$

D. $\sqrt{11}-1$　　E. $\sqrt{7}-\sqrt{3}$　　F. 其他答案

8. 若可以化简 $\frac{x^3+2x^2-mx+n}{x^2-x+2}=kx+b$,则 $m=$(　　),$n=$(　　),$k=$(　　),$b=$(　　).

A. -1　　B. 1　　C. -3

D. 3　　E. -6　　F. 6

9. 已知 $\sqrt{9x^2+12x+4}=5$,则 $x=$________,且 $\sqrt{4x^2-20x+25}=$________.

10. 化简:

(1) $\frac{x-y}{\sqrt{x}-\sqrt{y}}$;

(2) $\frac{x+y}{\sqrt[3]{x}+\sqrt[3]{y}}$;

(3) $\dfrac{a\sqrt{b}+b\sqrt{a}}{a\sqrt{b}-b\sqrt{a}}-\dfrac{a\sqrt{b}-b\sqrt{a}}{a\sqrt{b}+b\sqrt{a}}$.

11. 计算：

(1) $\left(1+\dfrac{1}{2}\right)\times\left(1+\dfrac{1}{3}\right)\times\left(1+\dfrac{1}{4}\right)\times\cdots\times\left(1+\dfrac{1}{20}\right)$；

(2) $\left(1-\dfrac{1}{2}\right)\times\left(1-\dfrac{1}{3}\right)\times\left(1-\dfrac{1}{4}\right)\times\cdots\times\left(1-\dfrac{1}{20}\right)$；

(3) $\left(1+\dfrac{2}{3}\right)\times\left(1+\dfrac{2}{4}\right)\times\left(1+\dfrac{2}{5}\right)\times\cdots\times\left(1+\dfrac{2}{15}\right)$；

(4) $\left(1-\dfrac{2}{3}\right)\times\left(1-\dfrac{2}{4}\right)\times\left(1-\dfrac{2}{5}\right)\times\cdots\times\left(1-\dfrac{2}{15}\right)$.

12. 计算：

(1) $\dfrac{4-\sqrt{a}}{2+\sqrt{a}}\div\left(\dfrac{\sqrt{a}-2}{a+2\sqrt{a}}-\dfrac{\sqrt{a}-1}{a+4\sqrt{a}+4}\right)$；

(2) $(\sqrt{5}+\sqrt{6}+\sqrt{7})\times(-\sqrt{5}+\sqrt{6}+\sqrt{7})\times(\sqrt{5}-\sqrt{6}+\sqrt{7})\times(\sqrt{5}+\sqrt{6}-\sqrt{7})$.

13. (1) 已知 $x+y=-4, xy=2$,求$\sqrt{\frac{y}{x}}+\sqrt{\frac{x}{y}}$的值;

(2) 当 $x=\sqrt{11-\sqrt{72}}$时,求$\frac{1-x+x^2}{1+x}$的值.

14. 求和:

(1) $\frac{1}{1\times3}+\frac{1}{2\times4}+\frac{1}{3\times5}+\cdots+\frac{1}{18\times20}$;

(2) $\frac{1}{1\times2\times3}+\frac{1}{2\times3\times4}+\frac{1}{3\times4\times5}+\cdots+\frac{1}{18\times19\times20}$.

15. 求和:

(1) $\frac{1}{\sqrt{2}+\sqrt{3}}+\frac{1}{\sqrt{3}+\sqrt{4}}+\cdots+\frac{1}{\sqrt{99}+\sqrt{100}}$;

(2) $\frac{1}{1+\sqrt{3}}+\frac{1}{\sqrt{2}+\sqrt{4}}+\cdots+\frac{1}{\sqrt{98}+\sqrt{100}}$.

16. 求和：

(1) $\frac{x}{1+x}+\frac{x^{-1}}{1+x^{-1}}$；

(2) $\frac{9^2}{1+9^2}+\frac{8^2}{1+8^2}+\cdots+\frac{2^2}{1+2^2}+\frac{1^2}{1+1^2}+\frac{9^{-2}}{1+9^{-2}}+\frac{8^{-2}}{1+8^{-2}}+\cdots+\frac{2^{-2}}{1+2^{-2}}$.

17. (全国高考试题改编题)求和：

(1) $2\times3+3\times4+4\times5+\cdots+99\times100$；

(2) $1\times2\times3+2\times3\times4+3\times4\times5+\cdots+48\times49\times50$.

18. (1) (河北省石家庄二中 2010 年新高一分班试题)已知 $x^2-3x+1=0$,则 $x^5+\frac{1}{x^5}$ = ________；

(2) 已知 $x^2-3x+1=0$,求 x^5 的值.

滚动复习

19. 某品牌饮料由甲、乙两种液体按 $x:y$ 的质量比配置而成，原来甲、乙两种液体的成本分别是每 500 克 10 元和 8 元. 现在甲成本提高 10%，乙成本降低 20%.

(1) 若饮料的总成本保持不变，则 $x:y=$ ________；

(2) 若饮料的总成本降低 10%，则 $x:y=$ ________.

20. (1) 证明：$(x+y+z)^2=x^2+y^2+z^2+2(xy+xz+yz)$；

(2) (安徽师大附中 2017 年高一科技特长班选拔测试题) 已知实数 a,b,c 满足 $\frac{1}{a}+\frac{1}{b}+\frac{1}{c}=0$，$a^2+b^2+c^2=1$，求 $a+b+c$ 的值.

21. (清华大学自主招生试题改编题) 下列所构造方程不含零根.

(1) 构造一个三次项系数为 1 的三次方程，使其含有一个无理数根 $\sqrt{2}+\sqrt[3]{3}$；

(2) 构造一个六次项系数为 1 的整数系数的六次方程，使其含有一个无理数根 $\sqrt{2}+\sqrt[3]{3}$.

第 6 课　一次方程，一次函数，一次不等式

知 识 梳 理

1. 等式的基本性质

如果 $a=b$，那么 $a\pm m=b\pm m$，$am=bm$，$\frac{a}{k}=\frac{b}{k}(k\neq 0)$.

2. 一次方程(组)的求解

解一元一次方程依据的是等式的基本性质，解多元一次方程组的思路是先(加减、代入)消元转化成解一元一次方程，再代入求其余元.

3. 不等式的基本性质

如果 $a>b$，$c<d$，那么

(1) $a\pm m>b\pm m$，$c\pm m<d\pm m$；

(2) 当 $k>0$ 时，$ka>kb$，$kc<kd$；

(3) 当 $k<0$ 时，$ka<kb$，$kc>kd$.

4. 不等式的解

解一元一次不等式的依据是不等式的基本性质，不等式组的解是各个不等式的解的公共部分(借用数轴图示).

5. 函数的表示方法

表示函数的方法通常有解析式法和图像法，较少用列表法. 注意，$y=b$ 是常函数，其图像是过点 $(0,b)$ 且垂直于 y 轴的直线；虽然 $x=a$ 不是函数，但可表示过点 $(a,0)$ 且垂直于 x 轴的直线.

6. 函数图像

一次函数 $y=kx+b$(其中 k，b 是常数，且 $k\neq 0$)的图像是一条经过定点 $(0,b)$ 的直线，当 $k>0(k<0)$ 时，y 随 x 的增大而增大(减小)，如图 6.1 所示. 特别地，正比例函数 $y=kx$ 是一次函数的特例.

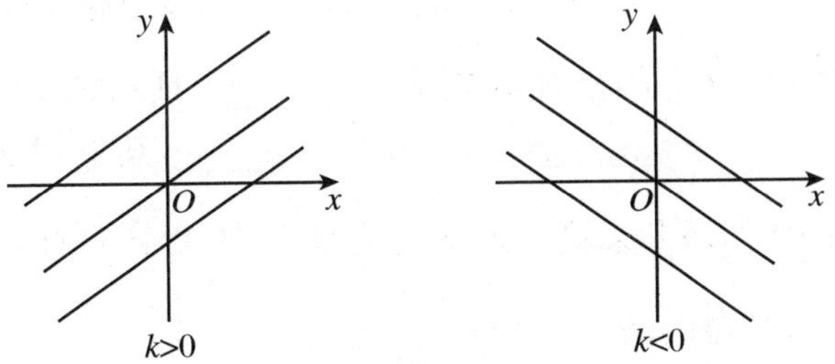

图 6.1

7. 两点间的距离表示

(1) 直角坐标平面内两点 $A(x_1,y_1)$,$B(x_2,y_2)$之间的距离为$|AB|=\sqrt{(x_1-x_2)^2+(y_1-y_2)^2}$;

(2) 直线 $y=kx+b$ 上任意两点 A,B 之间线段的长度为$|AB|=\sqrt{1+k^2}\cdot|x_A-x_B|$.

8. 其余知识点

(1) 二元一次方程组;

(2) 直角坐标系,象限,坐标;

(3) 两条直线平行的条件;

(4) 分段函数.

基础自测

1. 方程 $2x-6=4x+5$ 的解是(　　),方程 $\frac{2}{3}x+5=3-\frac{5}{2}x$ 的解是(　　),关于 x 的方程 $ax=b$ 的解是(　　).

A. $-\frac{12}{19}$　　B. $-\frac{11}{2}$　　C. $\frac{b}{a}$　　D. 以上都不对

2. 求解不等式(组):

(1) $4x-\frac{2}{3}>6x+5$;

(2) $\begin{cases}\sqrt{3}+2x>0,\\2\sqrt{2}+3x\geqslant 0;\end{cases}$

(3) $\begin{cases}\sqrt{3}-2x>0,\\2\sqrt{2}-3x\leqslant 0;\end{cases}$

(4) $\begin{cases}\sqrt{3}-2x<0,\\2\sqrt{2}-3x\geqslant 0.\end{cases}$

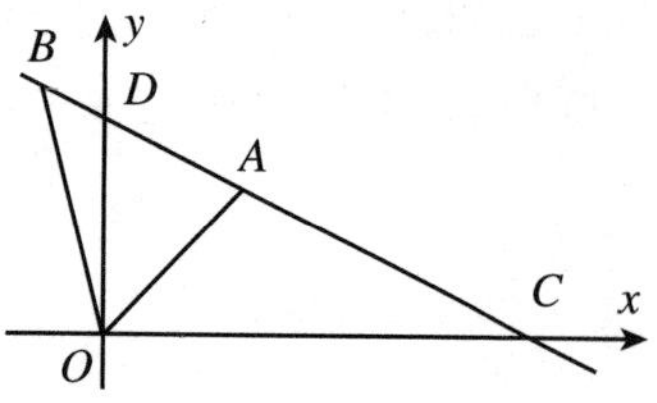

图 6.2

3. 如图 6.2 所示,一次函数 $y=kx+b$ 的图像经过两点 $A(2,2)$,$B\left(-1,\frac{7}{2}\right)$,则该图像经过 x 轴,y 轴的点 C,D 的坐标分别为________;且$|AC|=$________,$S_{\triangle COD}=$________,$S_{\triangle AOB}=$________,其中 O 为原点.

4. (河南省焦作一中 2015 年新高一入学测试题)已知关于 x 的不等式组 $\begin{cases}x-a>0,\\3-2x>0\end{cases}$ 的整数解有 6 个,则 a 的取值范围是________.

5. 某地规划在新公园一段步行道的两侧栽树，两端都要栽树，同侧相邻两棵树等距. 若相邻两棵树间隔 6 米，则树苗缺少 60 棵；若相邻两棵树间隔 7 米，则树苗多余 20 棵.

(1) 问已备的树苗有多少棵？

(2) 若相邻两棵树间隔 8 米，则树苗多余几棵？

达标训练

6. 方程$\frac{x-3}{2}-\frac{5x-6}{4}=7$的解是(　　)，不等式$\frac{x-3}{2}-\frac{5x-6}{4}<7$的解是(　　).

A. $x=-\frac{28}{3}$　　　　B. $x=\frac{14}{3}$

C. $x>-\frac{28}{3}$　　　　D. $x>\frac{14}{3}$

7. 设点 $M(m+1,2m-6)$，则使点 M 在第一象限的实数 m 的取值范围为(　　)，使点 M 在第四象限的实数 m 的取值范围为(　　).

A. $m<-1$　　　　B. $-1<m<3$

C. $m>3$　　　　D. 以上都错

8. 若 $P_1(-3,9)$，$P_2(m,5)$，$P_3(1,1)$，$P_4(2,n)$四点共线，则 $m=$(　　)，$n=$(　　)，线段 P_2P_4 的长度$|P_2P_4|=$(　　).

A. -1　　　　B. 1　　　　C. $\sqrt{17}$　　　　D. $3\sqrt{5}$

9. (江苏省淮阴中学 2017 年新高一分班测试题)某通信公司把手机市内话费标准每分钟降低 a 元后，再次下调 25%，现在收费标准是每分钟 b 元，则原来市内话费的收费标准是每分钟________元.

10. 方程$\frac{x-2}{3}-\frac{\sqrt{5}x+6}{4}=1$的解是________；不等式$\frac{x-2}{3}-\frac{\sqrt{5}x+6}{4}\geqslant 1$的解是________.

11. 不等式组$\begin{cases}2(x+1)-(5x-7)>0,\\ \frac{2}{3}x+\frac{1}{3}>1-\frac{4}{3}(x+2)\end{cases}$的解(集)是________，整数解是________.

12. 备用 100 元钱买甲、乙两种商品共 20 件，甲每件 7 元，乙每件 4 元，则最多可以买________件甲种商品，最少可以买________件乙种商品.

13. 三条直线 $y=2x-4$，$y=2$，$x=-1$ 所围成的三角形的面积等于________，周长等于________.

14. 设两点 $A(-1,2)$，$B(-3,-2)$，则使一次函数 $y=kx-1$ 的图像经过点 A 的实数 $k=$________；经过点 B 的实数 $k=$________；与连线 AB 平行的实数 $k=$________；与线段 AB 有公共点的实数 k 的取值范围是________.

15. A、B 两人共同编制若干个纪念品，A 每天比 B 多编制 10 个，中途 B 因事休工 5 天，经过 20 天刚好完成. 若 A、B 两人的完成份额之比为 $2:1$，则共编制________个纪念品；若 A、B 两人共编制 690 个纪念品，则 A 编制________个.

16. (河北省石家庄二中 2010 年新高一分班试题)现有一款汽车轮胎，若把它安装成车的前轮，则行驶 5000 千米后报废；若把它安装成车的后轮，则行驶 3000 千米后报废. 司机驾车行驶一定路程后交换前后轮胎，再行驶一定路程后使得前后轮胎同时报废，那么这辆车同时用新轮胎共可行驶________路程.

17. 如图 6.3 所示的两个函数的图像相同，但是纵坐标所表示的变量不同.

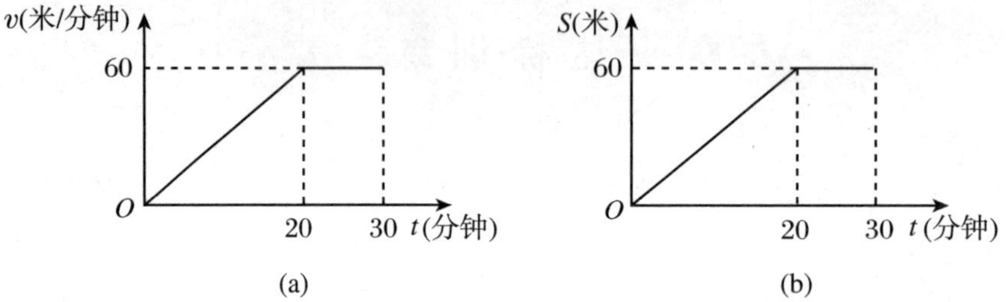

图 6.3

图(a)表示机器人甲在前 30 分钟内每时刻的运行速度，则机器人甲在这 30 分钟内共运行________米；图(b)表示机器人乙在前 30 分钟内每时刻相对于起点的运行距离，则机器人乙在前 20 分钟内的速度恒为________米/分钟，在第 20 分钟到第 30 分钟之间的运行速度恒为________米/分钟.

18. (1) 已知 $-3<m\leqslant 2$，$-1<n\leqslant 3$，则 $2m+3n$ 的取值范围用不等式表示为________，$2m-3n$ 的取值范围用不等式表示为________；

(2) 已知 $-3\leqslant m+n\leqslant 2$，$-1\leqslant m-n\leqslant 3$，试求 $2m-3n$ 的最值，并指明何时取得最值.

19. 某旅游区的价格如表 6.1 所示. 甲、乙两个单位共有 82 人游览该旅游区，其中甲单位不足 40 人，乙单位不少于 40 人且不足 80 人. 若两个单位分别单独购票，则共用 3650 元. 问：

(1) 乙单位有多少人游览旅游区？

(2) 若两个单位联合购票，则共节省多少元？

表 6.1

购票人数	1 至 39 人	40 至 79 人	80 人以上
每人票价	50 元	40 元	30 元

20. 商场调研一款新商品，发现日销售量 y(件)与单价 x(元)之间满足一次函数关系，且摘录关于这款商品的单价 x、日销售量 y、日利润 z 之间的四组不完备数据构成表 6.2.

表 6.2

日销售单价 x(元)	85	95	100	
日销售量 y(件)	175	125		25
日销售利润 z(元)	875			

(1) 求 y 关于 x 的函数解析式；

(2) 用数字填充表中 5 个空格.

21. 如图 6.4 所示，把两个一次函数 $y=x$，$y=-\frac{1}{2}x$ 的图像分别记为直线 l_1 和 l_2，过 l_i 上的点 $P_n(1,1)$ 作 y 轴的垂线交 l_2 于点 P_2，对于任意正整数 $n \geqslant 2$，依次过 l_i 上的点 P_n 作直线 $P_{n-1}P_n$ 的垂线交 l_j 于点 P_{n+1}，其中 $i,j=1,2$，且 $i \neq j$.

(1) 求点 $P_2, P_3, P_4, P_5, P_6, P_7$ 的坐标；

(2) 总结规律，推测点 P_{100} 的坐标(不必证明).

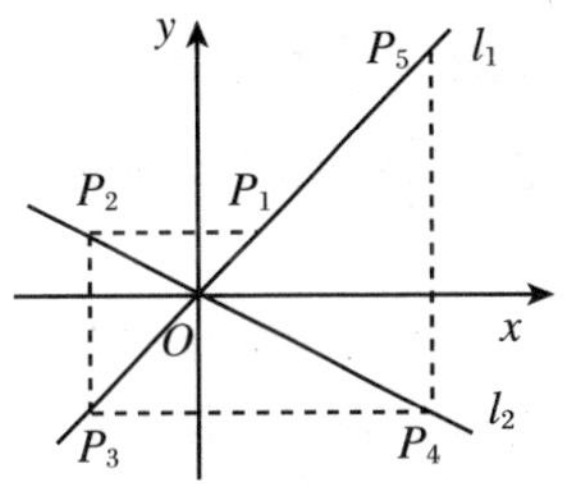

图 6.4

滚 动 复 习

22. 使代数式 $\sqrt{9-x}$ 有意义的 x 满足(　　)，使代数式 $\frac{1}{\sqrt{9-x}}$ 有意义的 x 满足(　　)，使代数式 $\frac{1}{\sqrt{9-x^2}}$ 有意义的 x 满足(　　)，使代数式 $\frac{\sqrt{3+x}}{\sqrt{3-x}}$ 有意义的 x 满足(　　)，使代数式 $\frac{\sqrt{x+3}}{\sqrt{x-3}}$ 有意义的 x 满足(　　)，使代数式 $\frac{\sqrt{2x+7}}{1-\sqrt{x+3}}$ 有意义的 x 满足(　　).

A. $x>3$　　B. $x<3$　　C. $-3<x<3$　　D. $x \geqslant -3$

E. $x \leqslant 9$　　F. $x<9$　　G. $-3 \leqslant x<3$　　H. 其他答案

23. 设 n 是整数，则使 $\frac{n+150}{50} \approx 4.5$(精确到 0.1)的 $n=$________；使 $\frac{n-121\times 3.125}{121} \approx -3.38$(精确到百分位)的 $n=$________.

24.(全国高考试题改编题)求和:

(1) $\dfrac{2^2}{1+2^2}+\dfrac{1^2}{1+1^2}+\dfrac{\frac{1}{2^2}}{1+\frac{1}{2^2}}$;

(2) $\dfrac{10^2}{1+10^2}+\dfrac{9^2}{1+9^2}+\cdots+\dfrac{2^2}{1+2^2}+\dfrac{1^2}{1+1^2}+\dfrac{\frac{1}{2^2}}{1+\frac{1}{2^2}}+\cdots+\dfrac{\frac{1}{9^2}}{1+\frac{1}{9^2}}+\dfrac{\frac{1}{10^2}}{1+\frac{1}{10^2}}$.

25. 阅读自学

(1)(浙江大学 2019 年自主招生试题)$3.\overline{abc}$是所有小数中最接近$\sqrt{11}$的数,求 $a+b+c$ 的值.

解 直接运用开平方的竖式算法,如图 6.5 所示.

于是$\sqrt{11}\approx3.317$,则 $a=3,b=1,c=7$.所以 $a+b+c=11$.

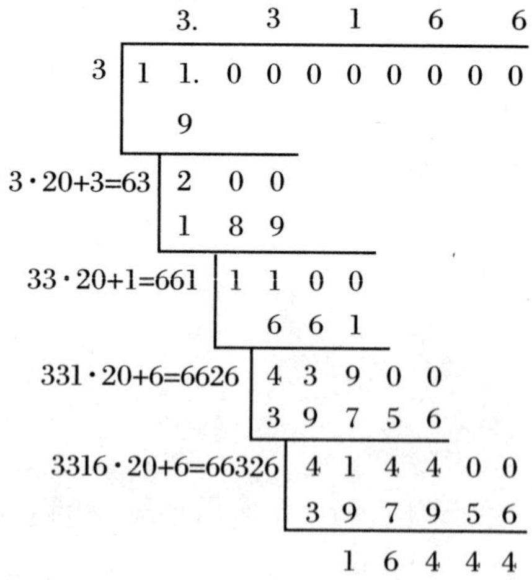

图 6.5

讲评 这种开平方的竖式算法流程出自我国古代数学名著《九章算术》(大约成书于公元前 1 世纪),其关键点是在被开方数的小数点前后按每两位数分节做竖式除法,第 2 次以后确定除数的依据是逆用公式:$(a\times10+b)^2-a^2\times100=(a\times20+b)b$.

补注 此题还有另外一种费时解法和两种省时解法,可以进读者 QQ 群 213046945 查阅.

(2) 选用(1)的四种思路之一求$\sqrt{1.618}$的近似值(精确到千分之一,不得操作信息技术设备).

第7课　二次方程，二次函数，二次不等式

知 识 梳 理

1．二次方程的判别式及其解

对于实系数一元二次方程 $ax^2+bx+c=0$，当判别式 $\Delta=b^2-4ac>0$ 时，方程有两个不相等的实根 $x_{1,2}=\dfrac{-b\pm\sqrt{\Delta}}{2a}$，这两个实根满足韦达定理 $x_1+x_2=-\dfrac{b}{a}$，$x_1x_2=\dfrac{c}{a}$；当判别式 $\Delta=0$ 时，方程有两个相等实根 $x=-\dfrac{b}{2a}$；当判别式 $\Delta<0$ 时，方程没有实根.

2．二次函数的解析式(其中 $a\neq 0$)

一般式：$y=ax^2+bx+c$.

配方式：$y=a\left(x+\dfrac{b}{2a}\right)^2+\dfrac{4ac-b^2}{4a}$.

分解式：$y=a(x-x_1)(x-x_2)$(当 $\Delta\geqslant 0$ 时).

二次函数的图像是一条抛物线，当 $a>0$ 时，抛物线开口朝上；当 $a<0$ 时，抛物线开口朝下。两大类、六小类的图像示意图如图7.1所示.

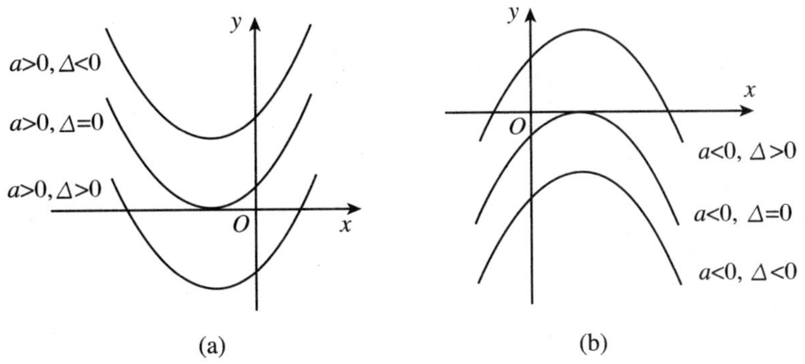

图7.1

3．二次不等式的求解

(1) 一元二次不等式的基本情形属于“判别式大于零”的类型(取 $m<M$)，可化归为：

$(x-m)(x-M)>0\Leftrightarrow x<m$ 或 $x>M$(两边分)；

$(x-m)(x-M)<0\Leftrightarrow m<x<M$(两边夹).

(2) 一元二次不等式的特殊情形属于“判别式不大于零”的类型，此时可对照图像直接

作出结论.

4. 其余知识点

(1) 二次函数的最值,二次函数图像的对称轴和顶点坐标;

(2) 一元二次不等式无实数解、有任意实数解的条件.

基础自测

1. 二次方程 $2x^2+5x-12=0$ 的实数解为(　　),二次方程 $2x^2-5x+12=0$ 的实数解为(　　),二次方程 $2x^2-5x-12=0$ 的实数解为(　　).

A. 不存在　　B. $x=-\frac{3}{2},4$　　C. $x=-\frac{3}{2},-4$

D. $x=\frac{3}{2},4$　　E. $x=\frac{3}{2},-4$　　F. $x=\frac{5\pm\sqrt{21}}{4}$

2. 二次函数 $y=-2(x+3)(x-4)$ 的配方式是________;其图像顶点坐标是________.

3. 对于二次函数 $y=ax^2+bx+c$,当 $x=-1$ 时,取得最大值 2,图像经过点 $\left(0,\frac{3}{2}\right)$. 那么此函数的配方式为________,分解式为________;若画出此函数的图像如图 7.2 所示,则知不等式 $ax^2+bx+c>0$ 的解为________,不等式 $ax^2+bx+c\leqslant 0$ 的解为________.

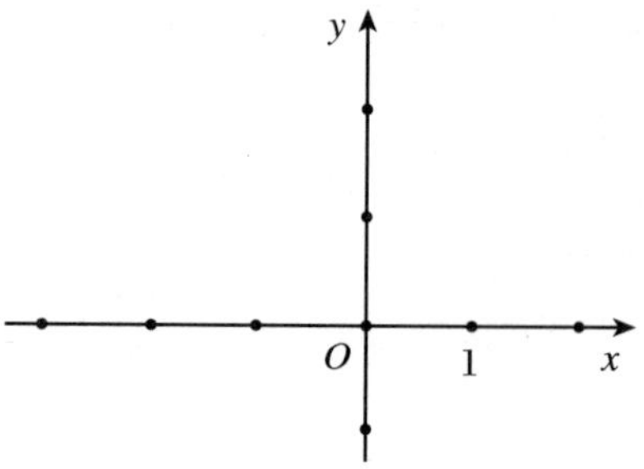

图 7.2

4. (四川省成都七中 2019 年自主招生试题)已知 $6a^2-100a+7=0$,$7b^2-100b+6=0$,且 $ab\neq 1$,则 $\frac{a}{b}$ = ________.

5. 已知二次函数的图像经过三点 $A(-2,0)$,$B(4,0)$,$C(0,4)$. 求:

(1) 该二次函数的分解式、一般式、配方式;

(2) 该二次函数的图像被直线 $y=2x-1$ 所截得线段的长度.

达标训练

6. 方程 $(x+1)(x-3)=5$ 的实根是 $x=$(　　),方程 $(x^2+1)(x^2-3)=5$ 的实根是 $x=$(　　).

A. $-2,4$　　B. $-4,2$　　C. $\pm\sqrt{2}$　　D. ± 2

7. 以 $\frac{4\pm\sqrt{5}}{6}$ 为两根的其中一个二次方程是(　　),以 $\frac{\pm 4-\sqrt{5}}{6}$ 为两根的其中一个二次方

程是(　　).

A. $36x^2+12\sqrt{5}x-11=0$　　B. $36x^2-12\sqrt{5}x+11=0$

C. $36x^2-48x+11=0$　　D. $36x^2+48x-11=0$

8. 设 $y=(x-2)(x+6)$,则当(　　)时,$y\geqslant 0$;当(　　)时,$y\leqslant -7$;当(　　)时,$y\leqslant -16$.

A. $-5\leqslant x\leqslant 1$　　B. $x\leqslant -4$ 或 $x\geqslant 0$

C. $x=-2$　　D. $x\leqslant -6$ 或 $x\geqslant 2$

9. (黑龙江省哈尔滨十九中 2016 年高一新生入学试题)某涵洞是抛物线形,它的截面如图 7.3 所示.现测得水面宽 AB 有 2 米,涵洞顶点 O 到水面的距离也为 2 米.则在如图 7.3 所示的直角坐标系中,涵洞所在抛物线的函数解析式是________.

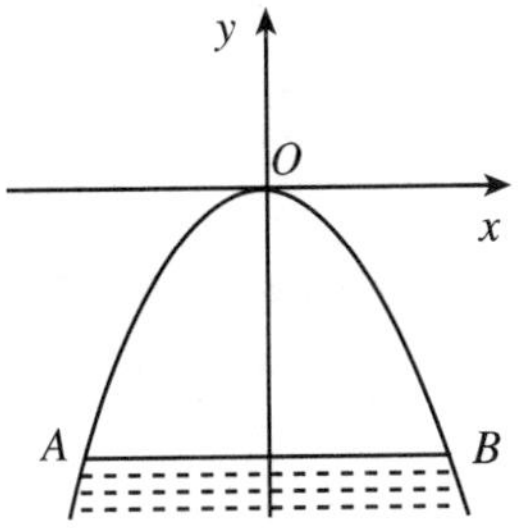

图 7.3

10. 二次函数 $y=2x^2-3x+1$ 的最小值为________,此函数在 $-3\leqslant x\leqslant -2$ 内的最小值为________.

11. 已知二次函数的图像顶点坐标是$(-1,-8)$,与 y 轴的交点坐标是$(0,-6)$,则该二次函数的配方式是________,一般式是________,分解式是________;当且仅当________时,$y>0$,当且仅当________时,$y\leqslant 4$.

12. 方程 $3x^2+4x-2=0$ 的解是________;不等式 $3x^2+4x-2<0$ 的解是________;不等式 $3x^2+4x-2\geqslant 0$ 的解是________.

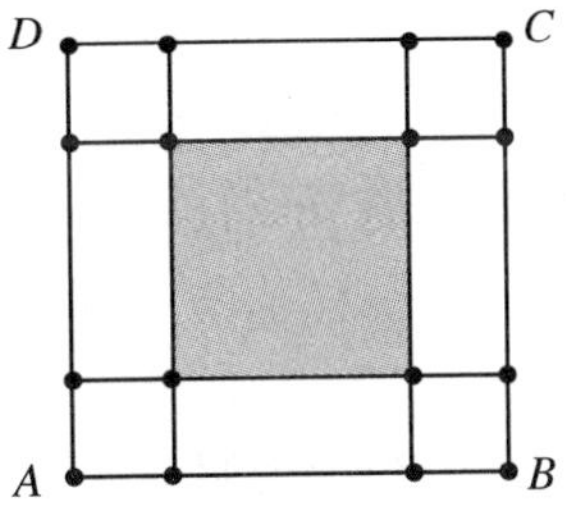

图 7.4

13. 如图 7.4 所示,边长为 6 米的正方形 $ABCD$ 被四条线段分割成 9 个矩形,其中四个邻角的小正方形都全等.当这些小正方形的边长等于________时,正中间的正方形的面积等于原来的大正方形的面积的一半,此时其余每个临边的小长方形的面积等于________.

14. 某公司第 1 年利润 16 万元,第 3 年利润达到 25 万元,那么第 3 年利润较第 1 年的增长率为________,平均每年的增长率为________,估计第 4 年的利润为________.

15. (1) 设函数 $f(x)=x^2-x+1(0\leqslant x\leqslant 1)$的最大值为 M,最小值为 m,则 $M-m=$ ________;

(2) (浙江省 2017 年高考试题)若二次函数 $f(x)=x^2+ax+b(0\leqslant x\leqslant 1)$的最大值为 M,最小值为 m,则 $M-m$(　　).

A. 与 a,b 都有关　　B. 与 a 有关,但与 b 无关

C. 与 a,b 都无关　　D. 与 a 无关,但与 b 有关

16. (1) (安徽师大附中 2014 年特长班招生试题)已知 x_1,x_2 是一元二次方程 $x^2+4x+2=0$ 的两根,求 $x_1^3+14x_2+55$ 的值;

(2) (华中师大一附中 2018 年自招试题)设 x_1,x_2 是方程 $x^2+x-3=0$ 的两根,求 $x_1^3-4x_2^2+15$ 的值.

17. 已知四点 $A(-2,-10)$，$B(0,6)$，$C\left(\frac{1}{2},\frac{15}{2}\right)$，$D(2,6)$.

(1) 四点 A,B,C,D 是否在同一条抛物线上？并画出示意图.

(2) 设过三点 A,B,C 的抛物线的顶点是 M，抛物线与 x 轴交于两点 E,F，求$\triangle MEF$的面积.

18. 一家商场某种商品的进价是每件 80 元，若每件出售单价为 120 元，则每天可以卖出 400 件.在此基础上，若出售单价每增加(减少)1 元，则每天的销售量就相应减少(增加)16 件.

(1) 当出售单价定为多少元(保留到 1 元)时，每天的销售额最大？并求每天的最大销售额.

(2) 若使每天的利润不少于 8000 元，则该商品的出售单价可为多少元(保留到 1 元)？

19. (安徽省合肥二中西藏内高班 2019 年新生摸底试题)已知抛物线 $y=ax^2+bx+5$ 经过点 $A(-1,0)$和点 $B(-5,0)$.

(1) 求该抛物线所对应的函数解析式；

(2) 该抛物线与直线 $y=-2x+5$ 相交于 C,D 两点，动点 P 在抛物线上且在 x 轴下方，连 PC,PD，求$\triangle PCD$ 面积的最大值及此时点 P 的位置.

20. (北京大学自主招生试题改编题)整数 p,q 满足 $p+q=218$，且方程 $x^2+px+q=0$ 有整数根，求整数对(p,q).

滚 动 复 习

21. 使代数式$\dfrac{3x-4}{\sqrt{6-x-x^2}}$有意义的 x 满足(　　),使代数式$\dfrac{3x-4}{\sqrt{6+x-x^2}}$有意义的 x 满足(　　).

A. $2<x<3$　　B. $-2<x<3$　　C. $-3<x<2$　　D. $-3<x<-2$

22. 发现规律并在草稿纸上验证后填写:

$x^2-y^2=(x-y)(x+y)$;

$x^3-y^3=(x-y)(x^2+xy+y^2)$;

$x^4-y^4=$ ________;

$x^5-y^5=$ ________;

$x^6-y^6=$ ________.

23. 化简:

(1) $\left(\dfrac{x^2-4x+4}{x^2-4}-\dfrac{x}{x+2}\right)\div\dfrac{x-1}{x+2}$;

(2) $\dfrac{1}{x+\dfrac{z}{yz+1}}\div\dfrac{y}{xy+1}-\dfrac{1}{(xyz+x+z)y}$.

24. 求解三次方程:

(1)(华中师大一附中 2015 年自主招生试题改编题)$x^3+16=4x(x+1)$;

(2) $x^3-4x^2-4x+21=0$.

第8课　二次方程的实根分布,三个“二次”的综合运用

知识梳理

1. 二次方程的实根分布

记二次函数 $f(x)=ax^2+bx+c$,取 $a>0$,$\Delta=b^2-4ac$,则实系数一元二次方程 $f(x)=0$:

(1) 有两个正数根 $\Leftrightarrow \Delta\geqslant 0$;$x_1+x_2=-\dfrac{b}{a}>0$ 且 $x_1x_2=\dfrac{c}{a}>0$;

(2) 有两个不相等的负数根 $\Leftrightarrow \Delta>0$;$x_1+x_2=-\dfrac{b}{a}<0$ 且 $x_1x_2=\dfrac{c}{a}>0$;

(3) 两根 $x_{1,2}$ 满足 $x_1<m<x_2 \Leftrightarrow f(m)<0$;

(4) 仅有一根 x_k(非重根)满足 $m<x_k<n \Leftrightarrow f(m)\cdot f(n)<0$(其中 $m<n$);

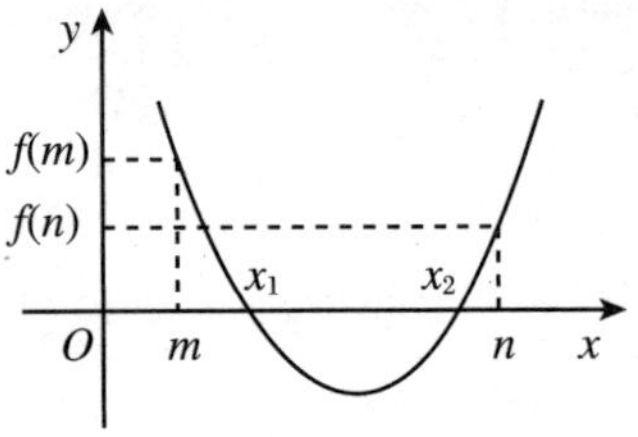

图 8.1

(5) 如图 8.1 所示,两根 $x_{1,2}$ 满足 $m<x_{1,2}<n$

$$\Leftrightarrow \begin{cases}\Delta\geqslant 0,\\ m<-\dfrac{b}{2a}<n,\\ f(m)>0,\\ f(n)>0.\end{cases}$$

余可类推.

2. 三个“二次”的综合运用

记二次函数 $f(x)=ax^2+bx+c$,取 $\Delta=b^2-4ac$,则实系数一元二次不等式:

(1) $f(x)>0$ 恒成立 $\Leftrightarrow a>0$ 且 $\Delta<0$;

(2) $f(x)<0$ 恒成立 $\Leftrightarrow a<0$ 且 $\Delta<0$;

(3) $f(x)>0$ 的解是 $m<x<n \Leftrightarrow a<0$ 且 $f(m)=0$ 且 $f(n)=0 \Leftrightarrow a<0$ 且 $m+n=-\dfrac{b}{a}$ 且 $mn=\dfrac{c}{a}$;

(4) 当 $a>0$ 时,如图 8.2 所示,$f(x)>0$ 对于满足 $m<x<n$ 的 x 恒成立 $\Leftrightarrow \Delta<0$,或 $\begin{cases}-\dfrac{b}{2a}<m,\\ f(m)\geqslant 0;\end{cases}$ 或 $\begin{cases}-\dfrac{b}{2a}\geqslant n,\\ f(n)\geqslant 0.\end{cases}$

余可类推.

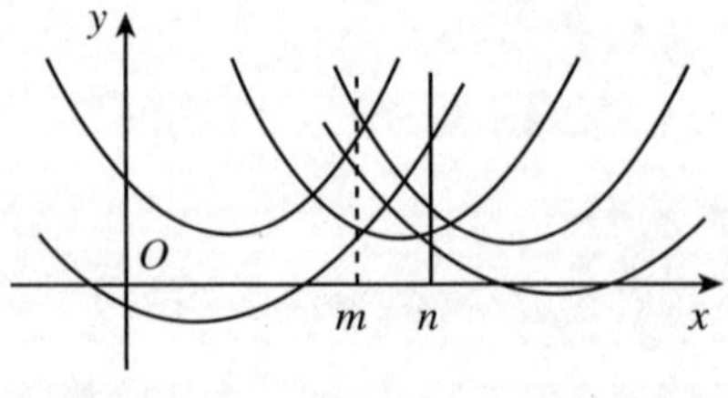

图 8.2

3. 其余知识点

(1) 二次函数图像的对称性；

(2) 二次函数的最值，以及在限定范围内的最值.

基 础 自 测

1. 若方程 $x^2-mx+m+3=0$ 的两根都是负数，则实数 m 的取值范围为(　　)；若此方程的两根异号，则实数 m 的取值范围为(　　).

A. $m<-3$　　　　B. $x<-5$ 或 $x\geqslant 6$

C. $-2\leqslant m\leqslant 6$　　　　D. $-3<x\leqslant -2$

2. 函数 $y=3x^2+6x-5$ 的取值范围为(　　)；$y=3x^2+6x-5(-3<x<2)$ 的取值范围为(　　).

A. $y\geqslant 4$　　B. $y\geqslant -8$　　C. $4<y<19$　　D. $-8\leqslant y<19$

3. (华中师大一附中 2015 年自主招生试题)已知 $a\geqslant 4$，当 $1\leqslant x\leqslant 3$ 时，函数 $y=2x^2-3ax+4$ 的最小值为 -23，则 $a=$________.

4. 若不等式 $ax^2+2x+2a>0$ 无解，则实数 a 的取值范围为________；若此不等式恒成立，则实数 a 的取值范围为________.

5. 已知二次函数 $y=ax^2+bx+c$ 的图像被 x 轴截得的弦长为 3，且抛物线经过两点 $(-2,12)$，$(1,-6)$.

(1) 求该二次函数的解析式；

(2) 若方程 $ax^2+bx+c=m$ 无解，求实数 m 的取值范围(用不等式表示)；

(3) 求函数图像被直线 $y=2-x$ 截得的弦长.

达 标 训 练

6. 设 $f(x)=ax^2+bx+c$，则当 $abc>0$ 时，函数 $f(x)$ 的图像可能是(　　)；当 $b<0$ 且 $ac>0$ 时，函数 $f(x)$ 的图像可能是(　　).

A.
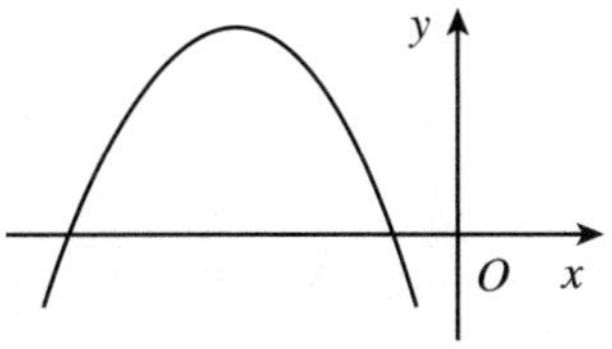

B.
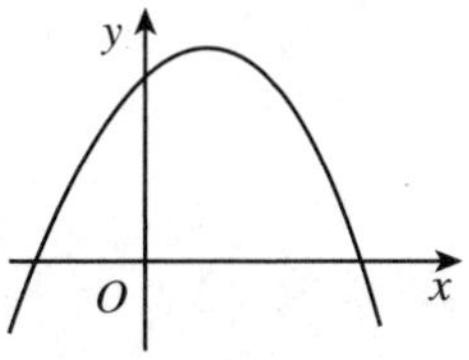

C.
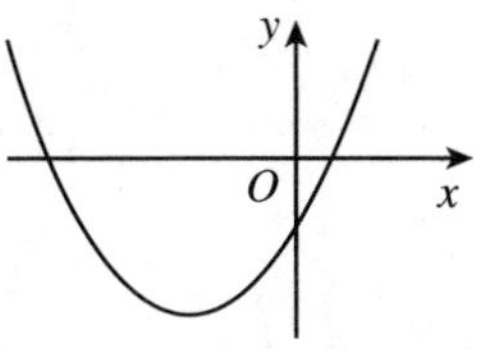

D.
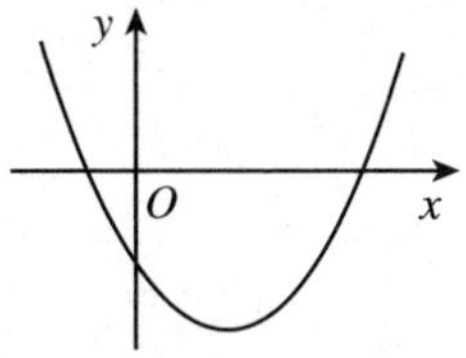

7.(四川省成都七中2019年自主招生试题)若关于 x 的二次方程 $x^2+ax+b-3=0$ 有实根,则 $a^2+(b-4)^2$ 的最小值为(　　).

A. 0　　　B. 1　　　C. 4　　　D. 9

8.(1) 已知二次函数 $f(x)=ax^2+bx+c$,若 $f(0)=f(4)>f(1)$,则(　　).

A. $a>0,4a+b=0$　　　B. $a<0,4a+b=0$

C. $a>0,2a+b=0$　　　D. $a<0,2a+b=0$

(2) 对于二次函数 $f(x)=ax^2+bx+c$,若 $f(1)=f(5)<f(4)$,则 a,b,c 同时满足关系________;且 $f(x)$ 的最________值等于________.

9.设 $y=x^2+mx+2-m$,则当________时,不等式 $y\geqslant 0$ 恒成立;当________时,方程 $y=0$ 的两个实数根异号.

10.已知方程 $x^2-(m-2)x+m^2+3m+5=0$ 的两个实根分别是 α,β,则实数 m 的取值范围用不等式表示为________;且 $\alpha^2+\beta^2$ 的最大值为________,其取值范围用不等式表示为________.

11.已知函数 $y=mx^2-2x+m$,则当________时,$y<0$ 恒成立;则当________时,函数图像与直线 $y=3x$ 相切;当________时,函数图像在直线 $y=3x$ 的下方;当________时,方程 $y=0$ 的两实根 $x_{1,2}$ 满足 $-2<x_1\leqslant 1<x_2<3$.

12.已知二次函数 $f(x)=x^2+mx-1$.

(1) 若不等式 $f(x)<0$ 的解是 $-\dfrac{1}{2}<x<2$,则不等式 $f(x)\leqslant 2$ 的解为________;

(2) 若对于任意满足 $m\leqslant x\leqslant m+1$ 的 x,都有 $f(x)<0$ 成立,则实数 m 的取值范围为________.

13.(上海市高考试题)如图8.3所示,某校有一块形如 Rt△ABC 的空地,其中∠B 为直角,AB 长40米,BC 长50米.现欲在此空地上建造一间健身房,其占地形状为矩形,且 B 为矩形的一个顶点,求该健身房的最大占地面积.

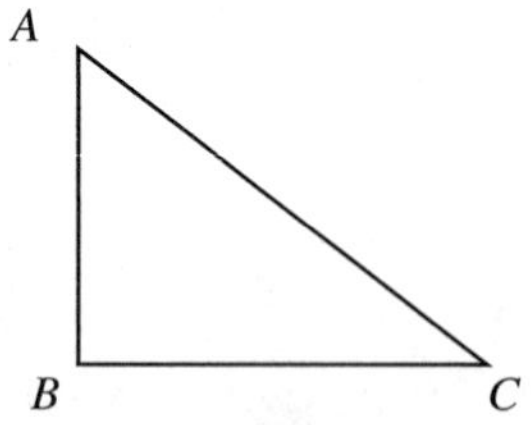

图 8.3

14.(1) 已知 $u=x^2+4x$,且 $y=u^2-2u-15$,则当 x 为何值时,$y=-7$;

(2) 解方程 $(x-1)(x+1)(x+3)(x+5)+7=0$;

(3)(北京大学自主招生试题改编题)求函数 $y=(x-1)(x+1)(x+3)(x+5)$ 的最小值及对应的 x 值;

(4) 若 $-3<x<2$,求函数 $y=(x-1)(x+1)(x+3)(x+5)$ 的取值范围.

15. 求函数 $y=1-2x-x^2(t\leqslant x<t+2)$ 的最大值 $y_{\max}$ 与最小值 $y_{\min}$.

16. 设 $x_{1,2}$ 是方程 $x^2+(a-1)x+a=0$ 的两个实根.

(1) 若 $-1<x_1<1<x_2<2$,求实数 a 的取值范围;

(2) 若 $0<x_1<x_2<1$,求实数 a 的取值范围.

17. 已知二次函数 $y=x^2+bx+c(0<x<1)$ 的图像(抛物线段)与 x 轴有两个不同的交点,求证:$0<c^2+(1+b)c<\frac{1}{16}$.

滚动复习

18. 在同一坐标系中,直线 $y=kx+b$ 与抛物线 $y=kx^2+bx$ 只可能是(　　);直线 $y=ax+b$ 与抛物线 $y=ax^2-bx+c(c\neq0)$ 只可能是(　　).

A. 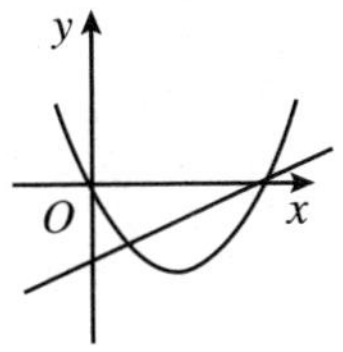

B. 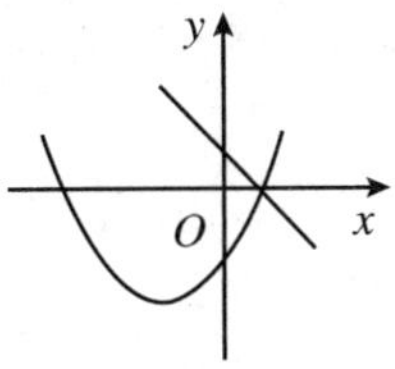

C. 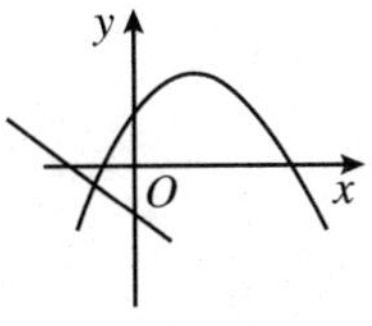

D. 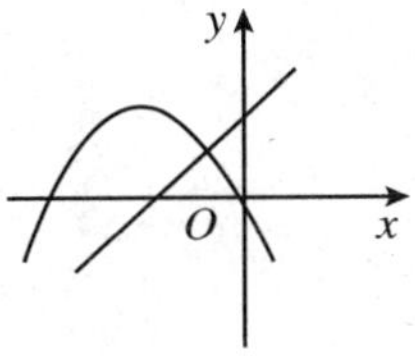

19. (上海育才中学2018年高一分班试题)数组 1,1,2,a,b,4,4,6 的众数是 4,中位数是 3,则平均数是________.

20.（1）$\frac{3}{4}\times\frac{8}{9}\times\frac{15}{16}\times\cdots\times\frac{99}{100}=$________；

（2）（上海交大自主招生试题）设 n 是正整数，则 $\left(1-\frac{1}{2^2}\right)\left(1-\frac{1}{3^2}\right)\cdots\left(1-\frac{1}{n^2}\right)=$________.

21. 当 $a=-2+\sqrt{2}$ 时，$1+\dfrac{1}{2+\dfrac{1}{3+a}}=$________.

22.（安徽省合肥二中西藏内高班 2019 年新生摸底试题）某植物的主干长出若干数目的支杆，每个支杆也长出同样数目的小分支，若主干、支杆、小分支的总数是 43，问每个支杆长出多少小分支？

23. 设三点 $A(2,-4)$，$B(-3,6)$，$C(-9,-6)$.

（1）作 $AD\parallel x$ 轴交 BC 于点 D，求点 D 的坐标；

（2）求△ABC 的面积.

24.（北京大学自主招生试题改编题）若 x 为实数，使得 $2,x,x^2$ 互不相同，且其中有一个数恰为另一个数的 2 倍，则这样的实数 x 有多少个？

第9课　反比例函数,分式方程,分式不等式

知识梳理

1. 反比例函数

反比例函数 $y=\frac{k}{x}$(其中常数 $k\neq 0$)的图像是一条双曲线,且图像关于两条直线 $y=\pm x$ 都对称,当 $k>0$ 时,图像在第一、第三象限;当 $k<0$ 时,图像在第二、第四象限.两类示意图如图9.1所示.

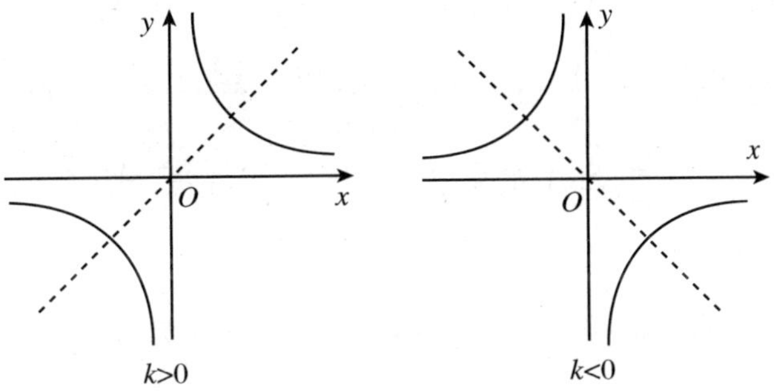

图9.1

由图可知,当 $k>0$ 时,双曲线 $xy=k$ 的顶点坐标是 $(\sqrt{k},\sqrt{k})$,$(-\sqrt{k},-\sqrt{k})$;当 $k<0$ 时,双曲线 $xy=k$ 的顶点坐标是 $(-\sqrt{-k},\sqrt{-k})$,$(\sqrt{-k},-\sqrt{-k})$.

2. 分式方程

解分式方程的常用步骤是先去分母化成整式方程,后求解,再检验分母是否为零.

3. 分式不等式

(1) $\frac{A}{B}>0\Leftrightarrow AB>0$;

(2) $\frac{A}{B}<0\Leftrightarrow AB<0$;

(3) $\frac{A}{B}\geqslant 0\Leftrightarrow\begin{cases}AB\geqslant 0,\\B\neq 0;\end{cases}$

(4) $\frac{A}{B}\leqslant 0\Leftrightarrow\begin{cases}AB\leqslant 0,\\B\neq 0.\end{cases}$

例1　解分式不等式 $\frac{x^2-x-20}{2x^2-x-3}\leqslant 0$.

解　原不等式等价于 $\frac{(x+4)(x-5)}{(2x-3)(x+1)}\leqslant 0$,则借助数轴法(图9.2),解得原不等式的解是 $-4\leqslant x<-1$ 或 $-\frac{3}{2}<x\leqslant 5$.

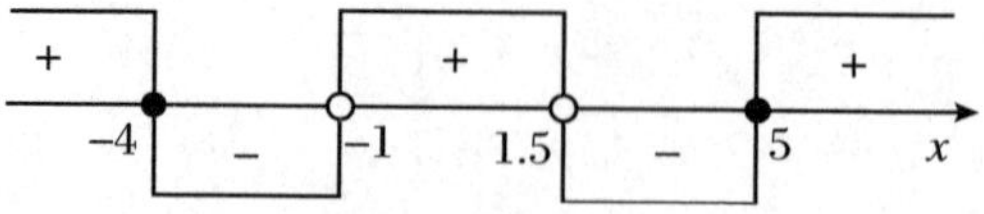

图 9.2

4. 其余知识点

完全平方式、恒号二次式在有理方程和有理不等式中的处理方法.

基础自测

1. 如果反比例函数 $y=\dfrac{k}{x}$ 的图像经过三个点 $P(4,-3)$，$M(2,m)$，$N(n,-4)$，则 $m=$（　　），$n=$（　　）.

A. 2　　B. -2　　C. 3

D. -3　　E. 6　　F. -6

2. 关于 x 的方程 $\dfrac{x-m}{2x+3}=4$，当 $m\neq$（　　）时，有解且 $x=$（　　）.

A. $-\dfrac{33}{2}$　　B. $-\dfrac{3}{2}$　　C. $\dfrac{m+12}{-7}$　　D. $\dfrac{m+12}{7}$

3. 方程 $\dfrac{x}{x-1}=\dfrac{3}{x^2+x-2}+1$ 的解为________；方程 $\dfrac{2x+2}{x}=\dfrac{x^2-2}{x^2-2x}+\dfrac{x+2}{x-2}$ 的解为________.

4. 不等式 $\dfrac{3}{2x}\leqslant 4$ 的解为________；不等式 $\dfrac{3}{2x^2}\leqslant 4$ 的解为________.

5.（北京市 101 中学 2019 年新高一分班测试题）已知点 $P(a,a)$ 是反比例函数 $y=\dfrac{16}{x}$ 在第一象限的图像上的一点，以点 P 为顶点作等边 $\triangle PAB$，使点 A，B 落在 x 轴上，且 A 在 B 的左边，则 $S_{\triangle POA}=$________.

6. 如图 9.3 所示，已知正比例函数 $y_1=-2x$ 与反比例函数 $y_2=\dfrac{k}{x}$ 的图像交于两点 A，B，作底边在 y 轴上的等腰 $\triangle OBC$，且 $S_{\triangle OBC}=6$.

(1) 求直线 BC 的函数式；

(2) 解关于 x 的不等式 $y_1\leqslant y_2$.

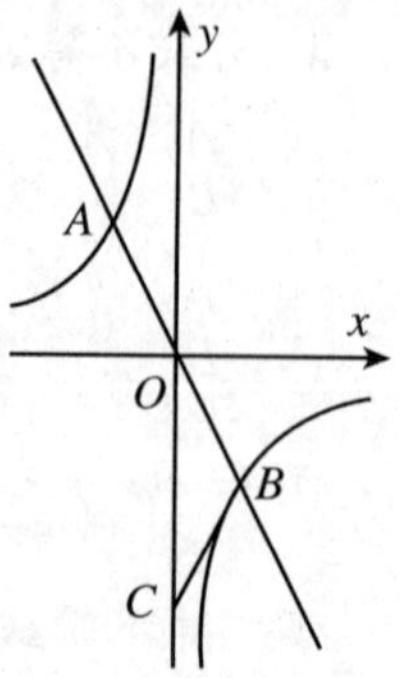

图 9.3

达标训练

7. 函数 $y=\frac{4}{x}$ 的图像上的动点 P 到原点 O 的最短距离等于(　　);函数 $y=-\frac{2}{x}$ 的图像上的动点 P 到原点 O 的最短距离等于(　　).

A. 2　　B. $2\sqrt{2}$　　C. 4　　D. $4\sqrt{2}$

8. 四个反比例函数 $y=\frac{a}{x}$, $y=\frac{b}{x}$, $y=\frac{c}{x}$, $y=\frac{d}{x}$ 的图像如图 9.4 所示,则 a,b,c,d 的大小关系是(　　);$|a|,|b|,|c|,|d|$ 的大小关系是(　　).

A. $a<b<0<c<d$

B. $a<b<0<d<c$

C. $b<a<0<c<d$

D. $b<a<0<d<c$

E. $|b|<|c|<|a|<|d|$

F. $|c|<|b|<|d|<|a|$

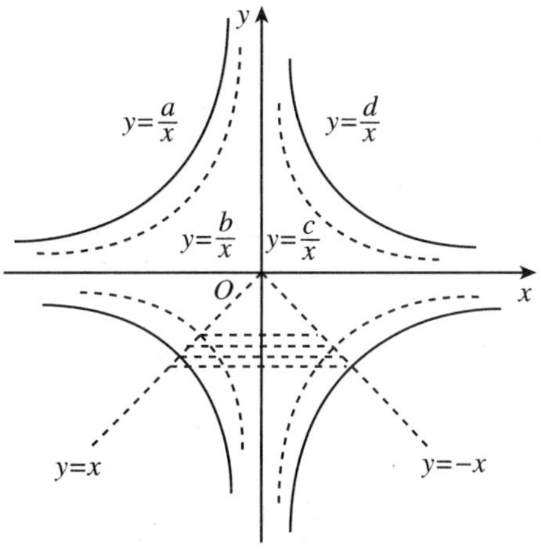

图 9.4

9. 在 x 轴上任意取一点 P,作 x 轴的任意平行线与两个函数 $y=\frac{3}{x}$, $y=\frac{9}{x}$ 图像分别交于点 M 和 N,则△MNP 的面积(　　),周长(　　).

A. 是变数　　B. 等于 3　　C. 等于 6　　D. 其他答案

10. 关于 x 的方程 $x+\frac{1}{x-1}=m+\frac{1}{m-1}$,当(　　)时,无解;当(　　)时,有唯一解;当(　　)时,有两个(相异)解.

A. $m=-1$　　B. $m=1$　　C. $m=0,2$

D. $m\neq\pm1$　　E. $m\neq-1,0$　　F. $m\neq0,1,2$

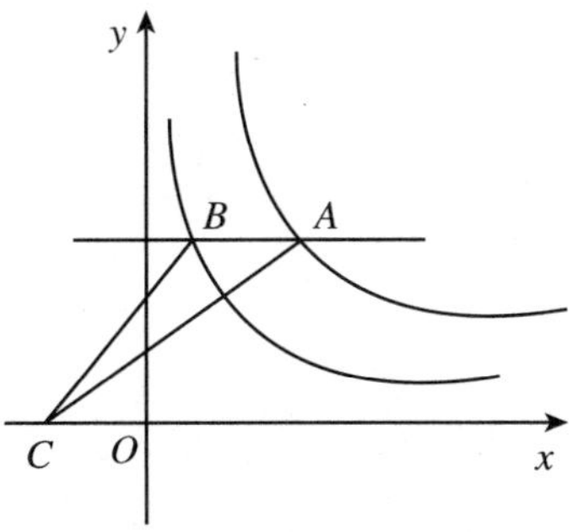

图 9.5

11. (山东省青岛十七中 2019 年自主招生试题)如图9.5所示,平行于 x 轴的直线与函数 $y=\frac{k_1}{x}(k_1>0,x>0)$, $y=\frac{k_2}{x}(k_2>0,x>0)$ 的图像分别交于点 A 和 B,且 $x_A>x_B$,动点 C 在 x 轴上,若 $S_{\triangle ABC}=4$,则 k_1-k_2 的值为________.

12. 不等式 $\frac{x+3}{2x^2+x-10}\geqslant0$ 的解是________;不等式 $\frac{x+3}{2x^2+x-10}\leqslant0$ 的解是________.

13. 方程 $\frac{x^2-3}{x}+\frac{3x}{x^2-3}=\frac{13}{2}$ 的解为________;方程 $\frac{1}{x+5}-\frac{1}{x+6}=\frac{1}{x+7}-\frac{1}{x+8}$ 的解是________.

14.（华中师大一附中 2017 年自主招生试题）已知关于 x 的方程 $\frac{x-1}{x-2}-\frac{x}{x+1}=\frac{ax+1}{x^2-x-2}$ 无解，则 a 的值为________.

15. 运用数轴法求解下列分数不等式：

(1) $\frac{(2x-3)(x^2-x+1)}{(x+\sqrt{2})(x^2-4x+4)}\geqslant 0$；

(2) $\frac{(2x-3)(x^2-x+1)}{(x+\sqrt{2})(4x^2-4x+1)}\geqslant 0$；

(3) $\frac{(2x-3)(4x^2-4x+1)}{(x+\sqrt{2})(x^2-x+1)}\geqslant 0$.

16. 求解下列方程或不等式：

(1) $2x^3+3x^2-11x-6=0$；

(2) $2x^3+3x^2-11x-6>0$；

(3) $2x^3+3x^2-11x-6\leqslant 0$；

（4）$\dfrac{2x^3+3x^2-11x-6}{2x^3-3x^2-11x+6}\geqslant 0$.

17.（1）解方程 $x=\sqrt{19}+\dfrac{91}{\sqrt{19}+\dfrac{91}{\sqrt{19}+\dfrac{91}{x}}}$（其中 x 是正有理数）.

（2）求证：$\sqrt{1+\sqrt{1+\sqrt{1+\cdots}}}=1+\dfrac{1}{1+\dfrac{1}{1+\cdots}}$.

18. 甲、乙两辆客运车从 A，B 两站相向而行，相遇时甲车比乙车多跑 108 千米，相遇后甲车经过 9 小时到达 B 站，乙车经过 16 小时到达 A 站.求：

（1）A，B 两站的距离；

（2）甲、乙两车的速度.

19. 某水池有一个进水阀和三个口径相同的排水阀，如果同时打开进水阀和一个排水阀，则 30 分钟排完满水池的水；如果同时打开进水阀和两个排水阀，则 10 分钟排完满水池的水.

（1）如果不进水而同时开三个排水阀，则需要几分钟排完满水池的水？

（2）如果同时打开进水阀和三个排水阀，则需要几分钟排完满水池的水？

滚动复习

20.(浙江省杭州市萧山中学2017年自主招生试题)如图9.6所示,一张半径为1的圆形纸片在边长为4的正方形内任意移动,则在该正方形内,这张圆形纸片能够触到的部分的面积等于(   ).

A. $4-\pi$　　B. π　　C. $12+\pi$　　D. $15+\frac{\pi}{4}$

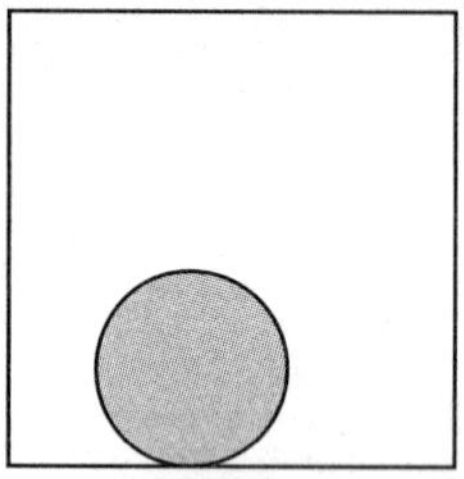

图9.6

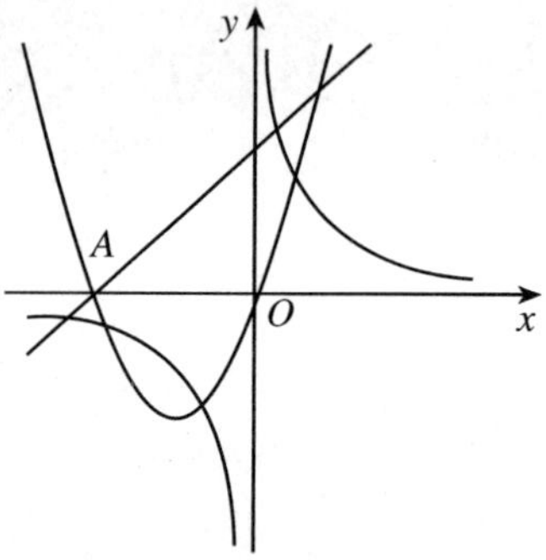

图9.7

21.(河北省石家庄二中2013年新高一入学分班试题)一次函数 $y=ax+b$,二次函数 $y=ax^2+bc$,反比例函数 $y=\frac{k}{x}$在同一坐标系的图像如图9.7所示,且 $A(-2,0)$,则(   ).

A. $a>k>0$　　B. $a=b+k$　　C. $a>b>0$　　D. $b=2a+k$

22.我国古代《算经十书》的第三部——《孙子算经》中记录着一道题:"今有百鹿入城,家取一鹿,不尽,又三家取一鹿,适尽.问:城中家几何?"

(1) 大意为:今有100只鹿进城,每家取一头鹿,没有取完,剩下的鹿每三家共取一头,刚好取完,问:城中有多少户人家?

答:城中有________户人家.

(2) 假如将"适尽"替换成"余八",则城中有________户人家.

(3) 假如将"又三家取一鹿,适尽"替换成"又四家取一鹿,缺五",则城中有________户人家.

23.已知 α,β 是二次方程 $x^2+3x-5=0$ 的两个实数根.求:

(1) $\alpha^3+\beta^3$的值;

(2) 以 α^3,β^3为两根的最简二次方程;

(3) 以$\frac{1}{\alpha^2},\frac{1}{\beta^2}$为两根的最简二次方程.

第10课　全等三角形,相似三角形,梅涅劳斯定理与塞瓦定理

知识梳理

1. 两个三角形全等的定义、判定、性质

(1) 定义:能够完全重合的两个三角形叫做全等三角形.

(2) 判定:三边对应相等的两个三角形全等(边边边);两边与其夹角对应相等的两个三角形全等(边角边);两角与其夹边对应相等的两个三角形全等(角边角);两角与其中一角对边对应相等的两个三角形全等(角角边).

(3) 性质:全等三角形的对应边相等,对应角也相等.

2. 两个三角形相似的定义、判定、性质

(1) 定义:对应角相等、对应边成比例的两个三角形叫做相似三角形.

(2) 判定:平行于三角形一边的直线所截得的小三角形与原三角形相似;三边对应成比例的两个三角形相似;两边对应成比例且夹角相等的两个三角形相似;两角对应相等的两个三角形相似.

(3) 性质:相似三角形的对应线段(高、中线、角平分线等)的比等于相似比(即对应边的比);相似三角形的面积比等于相似比的平方.

3. 梅涅劳斯定理

如果直线 l 与 $\triangle ABC$ 的三边 BC,CA,AB 所在的直线依次交于点 D,E,F(都不重合于顶点),那么 $\dfrac{BD}{DC}\cdot\dfrac{CE}{EA}\cdot\dfrac{AF}{FB}=1$.

4. 塞瓦定理

如果 $\triangle ABC$ 的三边 BC,CA,AB 所在直线上各有一个点 D,E,F(都不重合于顶点),使得三条直线 AD,BE,CF 共点,那么 $\dfrac{BD}{DC}\cdot\dfrac{CE}{EA}\cdot\dfrac{AF}{FB}=1$.

5. 其余知识点

(1) 平行线的判断与性质,平行线截割定理;

(2) 三角形的内角和定理,多边形的内角和定理,平行四边形的特征;

(3) 三角形的概念与分类,三角形的中位线定理;

(4) 三角形的内角平分线、外角平分线定理;

(5) 勾股定理及其逆定理,锐角三角函数的定义;

(6) 梅涅劳斯定理的逆定理,塞瓦定理的逆定理.

基础自测

1. 运用相似比加深理解：1 平方米 = ________ 平方分米 = ________ 平方厘米，1 公顷 = ________ 平方千米.

2.（陕西省西安中学 2016 年高一入学分班测试题）在 Rt△ABC 中，$\angle C = 90^\circ$，$AC = BC = 4$，分别以点 A，B，C 为圆心，以 2 为半径画弧，则三条弧与斜边所围成部分的面积为________.

3. 求证直角三角形中的射影定理.

如图 10.1 所示，如果 $AC \perp BC$，$CH \perp AB$ 于点 H，那么 $AC^2 = AH \cdot AB$，$BC^2 = BH \cdot BA$，$CH^2 = AH \cdot BH$.

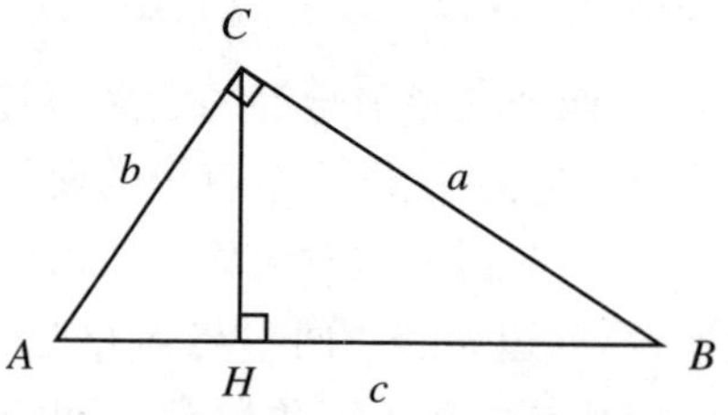

图 10.1

4. 叙述和证明三角形的内角平分线定理.

叙述：三角形的任意一个内角的平分线与对边的交点分对边所成两段之比等于相应邻边之比.

已知：点 D 在△ABC 的边 BC 上，$\angle BAD = \angle DAC$.

求证：$\frac{BD}{DC} = \frac{AB}{AC}$.

5. 画出梅涅劳斯定理的两类典型示意图，并取其中一个示意图进行证明.

达标训练

6. 在 Rt△ABC 中，$\angle ACB=90^\circ$，$AC=5$，$BC=12$，已知 E 是边 AC 上任意一点，作 $EH\perp AB$ 于点 H，则 $\sin\angle AEH=$（　　），$\cos\angle AEH=$（　　）.

A. $\frac{5}{13}$　　B. $\frac{12}{13}$　　C. $\frac{5}{12}$　　D. 其他答案

7. 已知 $AC\perp CB$，$CD\perp AB$ 于点 D，若 $AC=\sqrt{6}$，$BD=1$，则线段 $BC=$（　　），线段 $AD=$（　　）.

A. $\sqrt{2}$　　B. $\sqrt{3}$　　C. 2　　D. 其他答案

8.（湖南省长沙市周南中学 2016 年新高一入学测试题）如图 10.2 所示，把一张边长超过 10 的正方形纸片剪成 5 部分（其中四个全等四边形都有一条边长为 5），则中间小正方形（阴影部分）的周长为________.

9. 如图 10.3 所示，在平行四边形 $ABCD$ 中，点 E 在 AB 上且 $EB=2AE$，AC 与 DE 交于点 F，则 $\frac{S_{\triangle CDF}}{S_{\triangle AEF}}=$________.

10. 如图 10.4 所示，AB 与 CD 相交于点 E，过 E 作 BC 的平行线与 AD 的延长线相交于点 P. 已知 $\angle A=\angle C$，$PD=2DA=2$，则 $PE=$________.

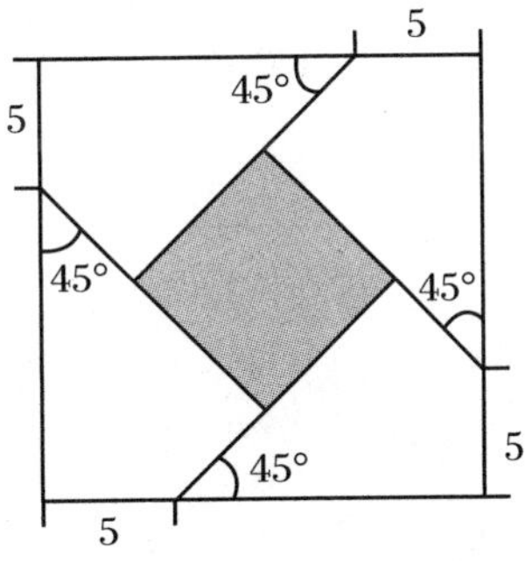

图 10.2

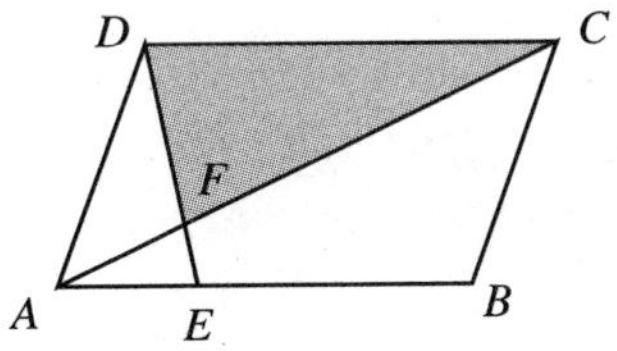

图 10.3

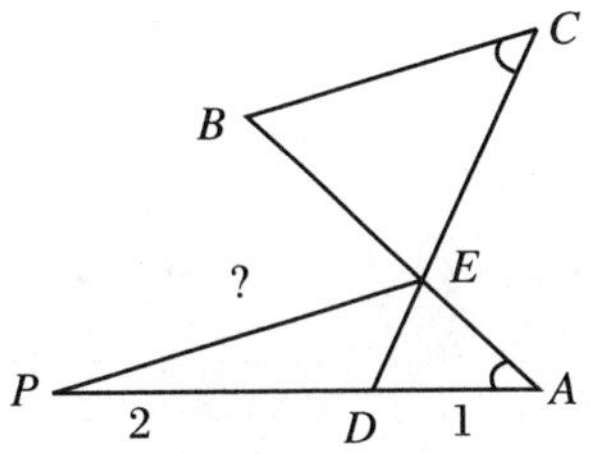

图 10.4

11.（安徽师大附中 2017 年高一科技特长班选拔测试题）在△ABC 中，$a=\sqrt{10}$，$b=\sqrt{3}+\sqrt{2}$，$c=\sqrt{3}-\sqrt{2}$，则 $b\sin B+c\sin C=$________.

12. 如图 10.5 所示，在△ABC 中，点 O 是 BC 的中点，过点 O 的直线分别交直线 AB，AC 于两点 M，N，若 $\frac{AB}{AM}=m<1$，$\frac{AC}{AN}=n>1$，则 $m+n=$________.

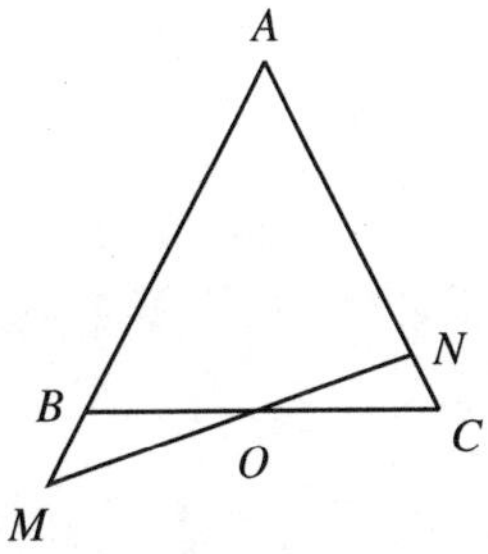

图 10.5

13. (1) 光线从点$(-1,2)$出发，若经过 x 轴上的一点________反射，则反射线将穿过点$(4,3)$.

(2) 若 x 轴上的点$(m,0)$到两定点$(-4,3)$与$(4,1)$的距离之和取得最小值，则该最小值为________，$m=$________.

14. 已知 $AB // CD$，AC 与 BD 交于点 E，若 $AB = 3$，$CD = 5$，则 $EA : AC =$ ________；$S_{\triangle AEB} : S_{\triangle CED} =$ ________.

15.（四川省成都七中 2019 年自主招生试题）在凸四边形 $ABCD$ 中，E 为 BC 边的中点，BD 与 AE 相交于点 O，且 $BO = DO$，$AO = 2EO$，则 $S_{\triangle ACD} : S_{\triangle ABD} =$ ________.

16.（1）如果正方形的两个相邻的顶点坐标分别是$(-3,2)$和$(1,0)$，那么另外两个顶点的坐标分别是________；

（2）如果等腰直角三角形的两个锐角顶点的坐标分别是$(-3,2)$和$(1,0)$，那么直角顶点的坐标是________.

17.（浙江省温州中学 2019 年自主招生试题）用 18 根火柴棒搭成一个三角形，火柴棒不允许剩余、折断，则搭出的所有三角形中，属于锐角三角形的概率等于________.

18. 如图 10.6 所示，$\angle ABC = 90^\circ$，$AD = BE = EC = 4$ 厘米，$BD = 6$ 厘米，求$\triangle ADF$ 和$\triangle CEF$ 的面积.

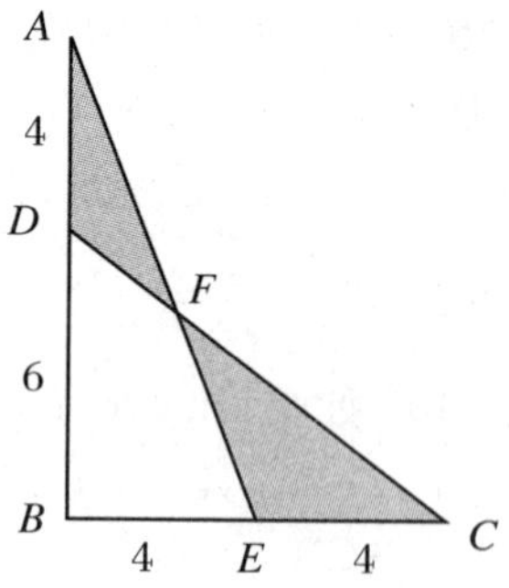

图 10.6

19. 如图 10.7 所示，已知$\triangle ABC$ 是$\angle A = 90^\circ$ 的等腰三角形，点 D 为 AC 的中点，$AF \perp BD$ 于 E，交 BC 于点 F. 求证：$\angle ADB = \angle CDF$.

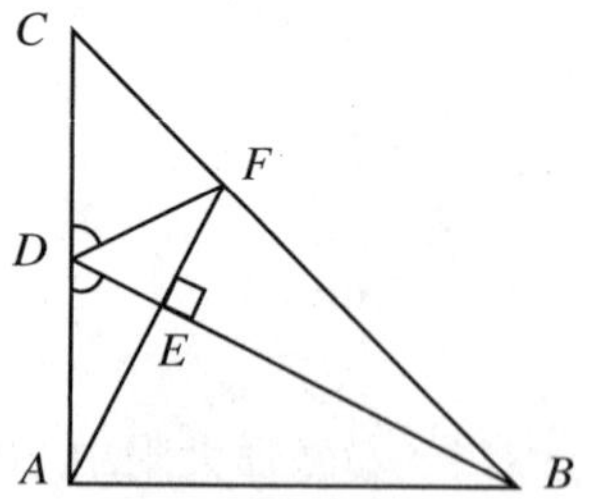

图 10.7

20. 如图 10.8 所示，在$\triangle ABC$中，点 D，E，F 分别是边 AB，BC，AC 的三等分点，且 $EC=2BE$，$BD=2AD$，$AF=2FC$，设 AE 与 CD 交于点 P，AE 与 BF 交于点 Q，BF 与 CD 交于点 R．若 $S_{\triangle ABC}=1$，求 $S_{\triangle PQR}$．

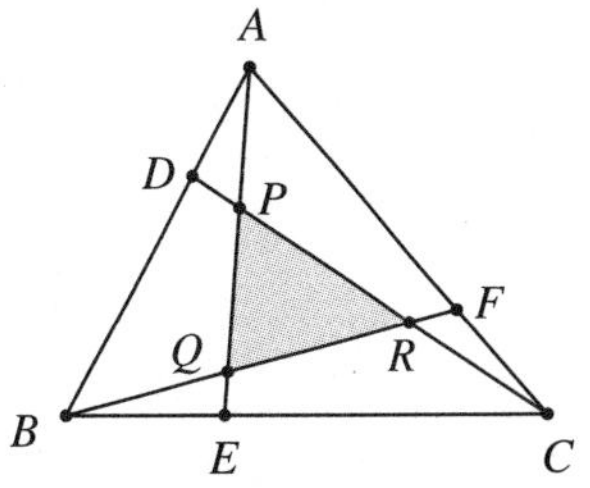

图 10.8

21. 画出塞瓦定理及其逆定理的两类典型示意图，并取其中一个示意图进行证明．

滚动复习

22.（黑龙江省哈尔滨十九中 2016 年高一新生入学试题）如图 10.9 所示，某养鸡专业户准备用一段长为 48 米的篱笆，再利用鸡舍的一面墙（足够长）围成一个中间隔有一道篱笆 EF（$EF\perp AD$）的矩形 $ABCD$，作为鸡的室外活动场所．设矩形的一边 AB 长 x 米，矩形 $ABCD$ 的面积为 S 平方米．

（1）求 S 与 x 的函数关系式．

（2）当 x 为何值时，S 有最大值？并求出最大值．

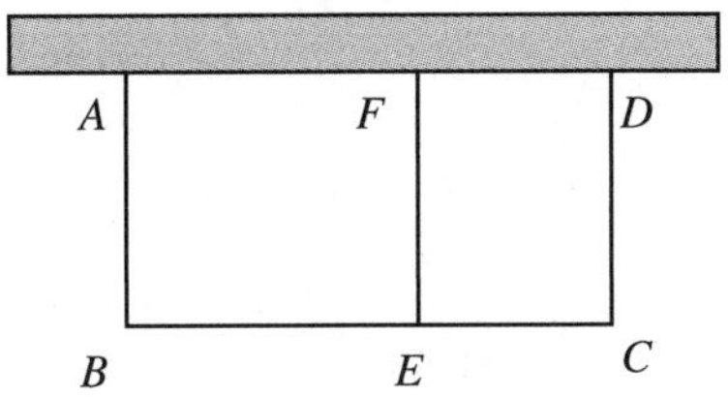

图 10.9

23.(北京大学自主招生试题)若方程 $x^2-3x-1=0$ 的根也是方程 $x^4+ax^2+bx+c=0$ 的根,求 $a+b-2c$ 的值.

24. 设 $a>0$,若二次函数 $y=ax^2-2x+c(-2\leqslant x\leqslant 3)$ 的最大值为 6,最小值为 -3.

(1) 求数对 (a,c).

(2) 当 $c<0$ 时,求二次函数 $y=ax^2-2x+c(-3\leqslant x\leqslant 0)$ 的最大值和最小值.

第11课　三角形的重心、内心、外心、垂心、旁心，欧拉线，费马点

知 识 梳 理

1．三角形的重心

三角形的三条中线交于一点，此点叫做三角形的重心；三角形的重心 G 分每条中线的比为 $2:1$.

2．三角形的内心

三角形的三条内角平分线交于一点，此点叫做三角形的内心；三角形的内心 I 是三角形内切圆的圆心，$\triangle ABC$ 的内切圆半径 $r=\dfrac{2\cdot S_{\triangle ABC}}{a+b+c}$.

3．三角形的外心

三角形的三条边的中垂线交于一点，此点叫做三角形的外心；三角形的外心 O 是三角形外接圆的圆心，$\triangle ABC$ 外接圆半径 $R=OA=OB=OC$.

4．三角形的垂心

三角形的三条高或其延长线交于一点，此点叫做三角形的垂心；锐角、直角、钝角三角形的垂心 H 分别位于三角形的内部、直角顶点、外部.

5．三角形的旁心

三角形的任意两条外角平分线交于一点，此点叫做三角形的旁心；三角形有三个旁心，分别是一边和另外两边延长线的旁切圆的圆心(图11.1).

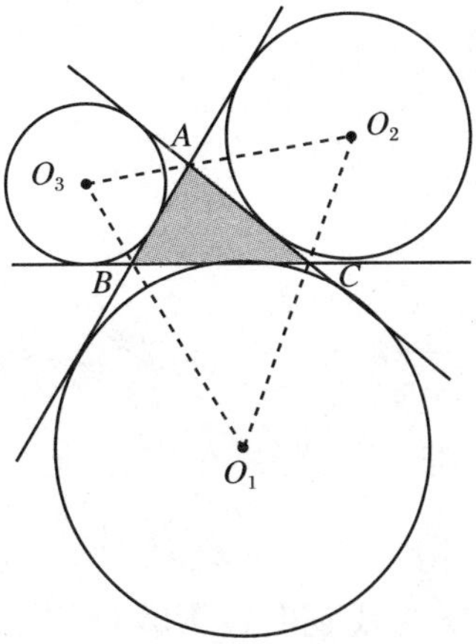

图11.1

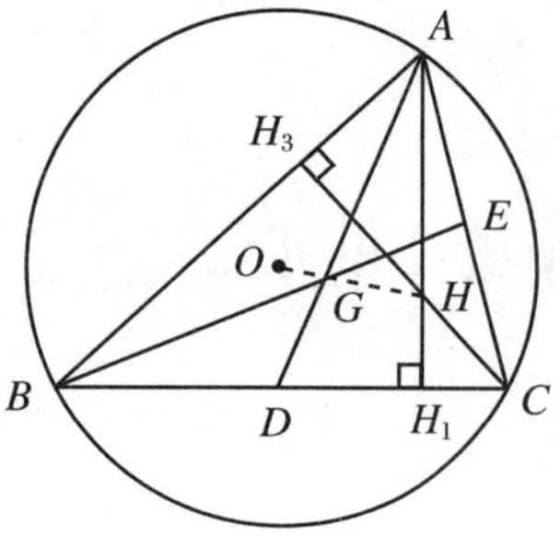

图 11.2

6. 欧拉线定理

任意不等边的$\triangle ABC$的外心O、重心G、垂心H三点共线，且$HG=2GO$(图 11.2).

7. 费马点定理

设P是平面ABC内的动点，若$\triangle ABC$的内角都小于120°，则当点P满足条件$\angle APB=\angle BPC=\angle CPA=120^\circ$时，$PA+PB+PC$取得最小值；若$\triangle ABC$存在一个内角不小于$120^\circ$，则取点$P$位于该钝角顶点时，$PA+PB+PC$取得最小值.

8. 其余知识点

特殊三角形“五心”的特点.

例 1 证明欧拉线定理.

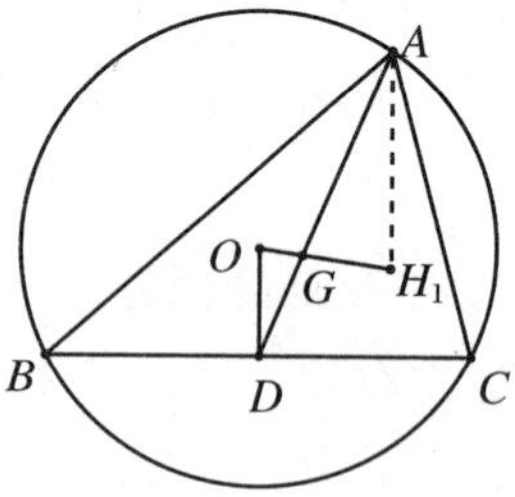

图 11.3

证明 如图 11.3 所示，设不等边的任意$\triangle ABC$的边BC的中点是D，则$AG=2GD$. 延长OG至H_1使$H_1G=2GO$. 连H_1A，则$\triangle AH_1G\backsim\triangle DOG$（边角边），故$\angle AH_1O=\angle DOH_1$，所以$AH_1/\!/DO$.

又因为$DO\perp BC$，所以$AH_1\perp BC$.

同理可证，$BH_1\perp CA$，$CH_1\perp AB$.

故H_1与垂心H重合. 所以欧拉线定理得证.

例 2 证明费马点定理.

证明 (1) 当$\triangle ABC$的内角都小于120°时，如图 11.4 所示，设点P是平面ABC上异于点A的动点，将$\triangle APC$绕点A逆时针旋转60°得$\triangle AP'C'$，则$\triangle PAC\cong\triangle P'AC'$(边角边)，所以$PC=P'C'$. 又因为$\triangle PAP'$是正三角形，所以$PA+PB+PC=PP'+PB+P'C'$表示点$B$经过两点$P$，$P'$到点$C'$的路程. 当两点$P$，$P'$在线段$BC'$上时，路程$BPP'C'$最短. 此时，$\angle APC'=\angle APP'=60^\circ$，同理得$\angle CPC'=60^\circ$，所以$\angle CPA=120^\circ$. 此时，同理得$\angle APB=120^\circ$，$\angle BPC=120^\circ$.

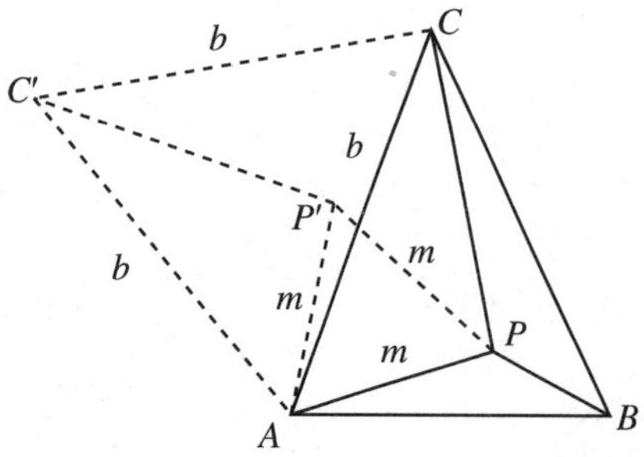

图 11.4

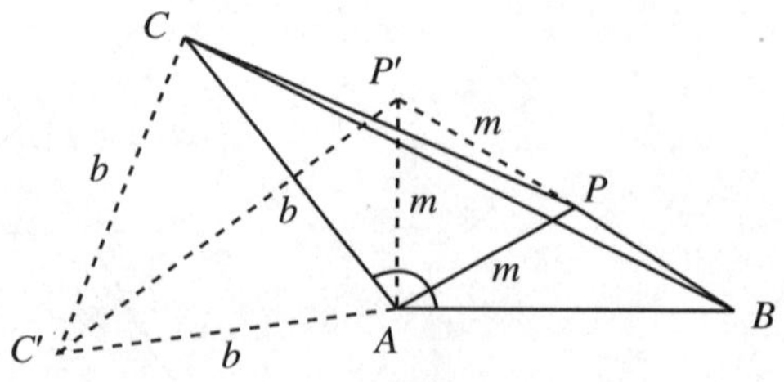

图 11.5

(2) 当$\triangle ABC$存在某个内角不小于120°时，不妨取角$A\geqslant 120^\circ$. 如图 11.5 所示，仍设点P是平面ABC上的动点，将$\triangle APC$绕点A逆时针旋转60°得$\triangle AP'C'$，与上述(1)同理易知$PA+PB+PC=PP'+PB+P'C'$表示点B经过两点P，P'到C'的路程. 在点$\triangle APP'$退化为一点

A 时，$PA+PB+PC=PP'+PB+P'C'\geqslant BA+AC'$.

综上，费马点定理得证.

基 础 自 测

1.（山西省实验中学 2015 年新高一分班测试题）到三角形的三个顶点距离相等的点在（　　）.

A. 三角形内部　　B. 三角形外部

C. 三角形边上　　D. 其他答案

2. 如图 11.6 所示，在 $\triangle ABC$ 中，$\angle A<\angle C=60^\circ<\angle B$，点 D,E 分别在 BC,CA 上，AD 平分 $\angle A$，BE 平分 $\angle B$，求证：$AE+BD=AB$.

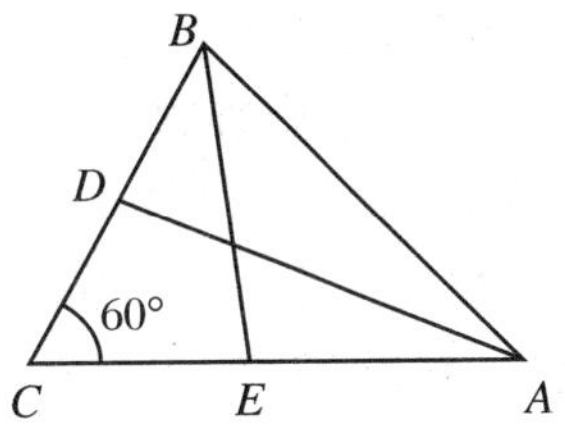

图 11.6

达 标 训 练

3.（湖南省长沙市玉潭中学 2012 年新高一分班测试题）锐角 $\triangle ABC$ 的外心到三边 BC，CA，AB 的距离分别为 m,n,p，则 $m:n:p=$（　　）.

A. $a:b:c$　　B. $\frac{1}{a}:\frac{1}{b}:\frac{1}{c}$

C. $\sin A:\sin B:\sin C$　　D. $\cos A:\cos B:\cos C$

4. 三条直线 $x=6,y=2,y=-\frac{4}{3}x-2$ 所围成三角形的外接圆半径为（　　），内切圆半径为（　　）.

A. 3　　B. 5　　C. $\frac{9}{2}$　　D. $\frac{15}{2}$

5. 已知三角形的三个旁心构成的三角形的三个内角分别是 $30^\circ,70^\circ,80^\circ$，则原三角形的最大内角为（　　），最小内角为（　　）.

A. 120°　　B. 70°　　C. 50°

D. 45°　　E. 20°　　F. 15°

6. 任意直角三角形的外心位于________，垂心位于________.

7.（北京大学自主招生试题）在 $\mathrm{Rt}\triangle ABC$ 中，$\angle C=90^\circ$，$\angle A=60^\circ$，若该三角形的内切圆半径 $r=1$，边 BC 上的切点为 D，则 $AD=$________.

8. 设三点 $A(x_1,y_1),B(x_2,y_2),C(x_3,y_3)$ 不共线，则 $\triangle ABC$ 的重心 $G(x_G,y_G)$ 的坐标公式是 $x_G=$________，$y_G=$________.

9.(清华大学自主招生试题)若$\triangle ABC$的两条高线AD,BE交于点H,其外接圆心为O,作$OF\perp BC$于点F,连OH与AF交于点G,则$\triangle OFG$与$\triangle GAH$的面积之比为________.

10. 如图11.7所示,$\angle ABC=50^\circ$,$\angle BCA=62^\circ$,点I是$\triangle ABC$的内心,作$ID\perp BC$于点D,则$\angle AIB=$________,$\angle AID=$________.

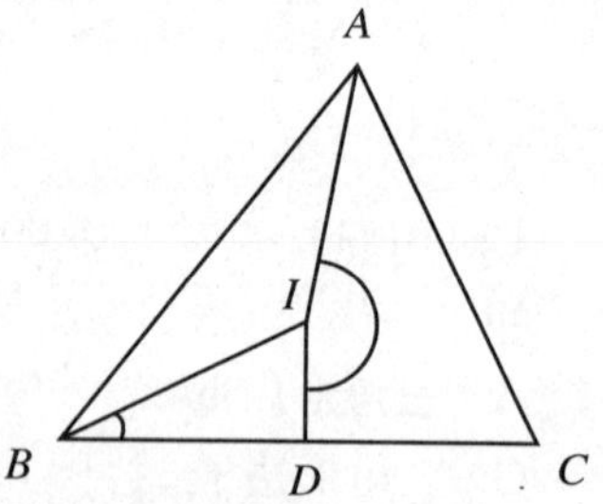

图 11.7

11. 若$\triangle ABC$的内心为点I,与边BC相切的旁切圆圆心为点O_1,则$\angle BIC+\angle BO_1C=$________.

12. 已知直角三角形的两条直角边长分别为14和48,那么此三角形的外接圆半径$R=$________,内切圆半径$r=$________,重心与垂心之间的距离等于________,外心与内心之间的距离等于________.

13.(华中师大一附中2017年高一入学摸底试题)已知锐角$\triangle ABC$的垂心为点H,外心为点O,如果$AH=AO$,那么$\angle A$的大小为________.

14.(江苏省高考试题)如图11.8所示,某地有三家工厂,分别位于矩形$ABCD$的两个顶点A,B及CD的中点P处.$AB=20$千米,$BC=10$千米.为了处理这三家工厂的污水,计划在矩形区域内(含边界)且与A,B等距的点O建污水处理厂,并铺设三条排污管道AO,BO,PO.记铺设管道的总长度为y千米.请确定污水处理厂O的位置,使三条污水管道的总长度最短.

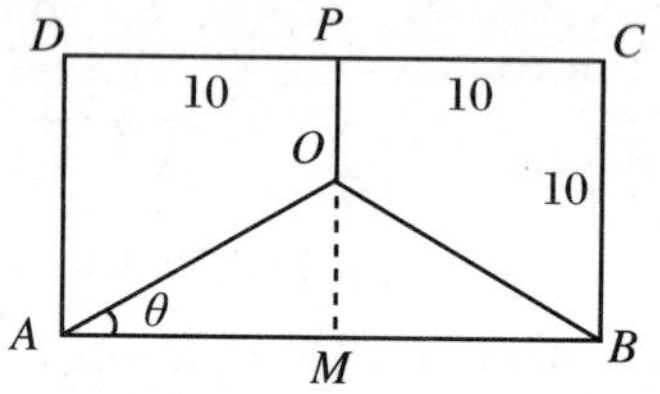

图 11.8

15.(北京市高考试题改编题)有三座新型的城镇分别位于$A(0,a)$,$B(-b,0)$,$C(b,0)$,其中$a,b\in\mathbf{R}^*$.现规划合建一个中心医院,使该医院到三镇的距离之和最小,试求该中心医院的位置.

16.(全国高考试题)如图11.9所示,AB为圆的切线,切点为B,点C在圆上,$\angle ABC$的角平分线BE交圆于点E,DB垂直BE交圆于点D.设圆的半径为1,$BC=\sqrt{3}$,延长CE交AB于点F,求$\triangle BCF$的外接圆半径.

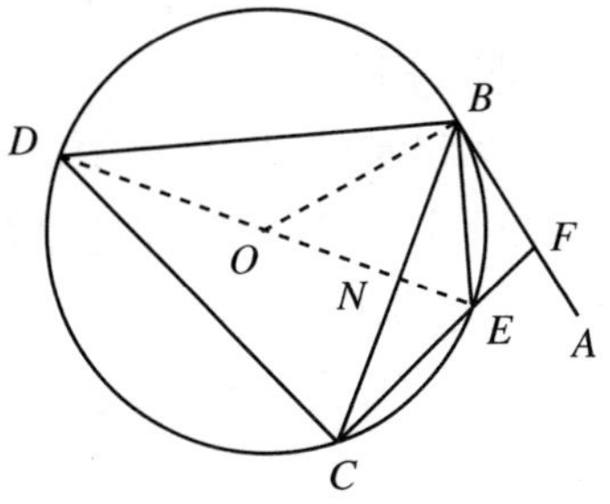

图11.9

17.(1)(清华大学自主招生试题)设$\triangle ABC$的重心为点G,外心为点O,外接圆半径为R,$|OG|=d$,$|BC|=a$,$|CA|=b$,$|AB|=c$.(用解析法)求证:$a^2+b^2+c^2=9R^2-9d^2$;

(2)(华东师大自主招生试题)已知三角形的三边分别为a,b,c,重心与垂心的距离为d,外接圆半径为R,求证:$a^2+b^2+c^2+d^2=9R^2$.

滚动复习

18. $\sin45^\circ=$________,$\cos45^\circ=$________,$\tan45^\circ=$________;$\sin30^\circ=$________,$\cos30^\circ=$________,$\tan30^\circ=$________.

19. 某次某项体育测试,6人的成绩依次为15分,16分,18分,16分,15分,16分,则他们这次成绩的平均值为________,方差为________.

20. 某汽车刹车后的行驶距离y(米)与行驶时间t(秒)近似满足函数关系$y=at^2+bt(a<0)$,图11.10记录了两组数据,则$a=$________,$b=$________;且汽车刹车后经过________秒停车.

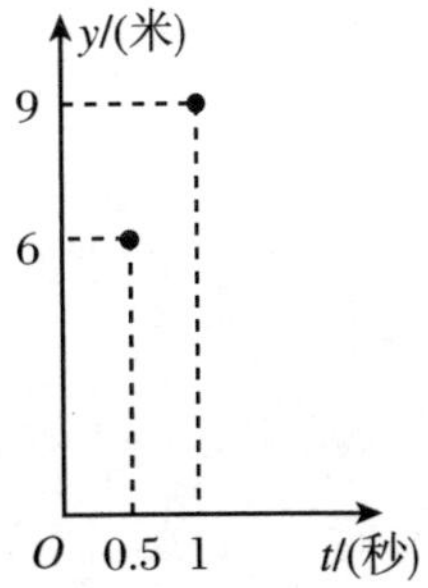

图11.10

21.(陕西省西安市西安中学 2016 年高一入学分班测试题)如图 11.11 所示,小岛 A 在港口 P 的南偏西 45° 方向,距离港口 81 海里处.甲船从 A 出发,沿 AP 方向以 9 海里/小时的速度驶向港口;乙船从港口 P 出发,沿南偏东 60° 方向,以 18 海里/小时的速度驶离港口,且甲、乙两船同时出发.

(1) 出发后,几小时两船与港口的距离相等?

(2) 出发几小时后,乙船在甲船的正东方?(精确到 0.1 小时,已知 $\sqrt{2}\approx1.414$,$\sqrt{3}\approx1.732$)

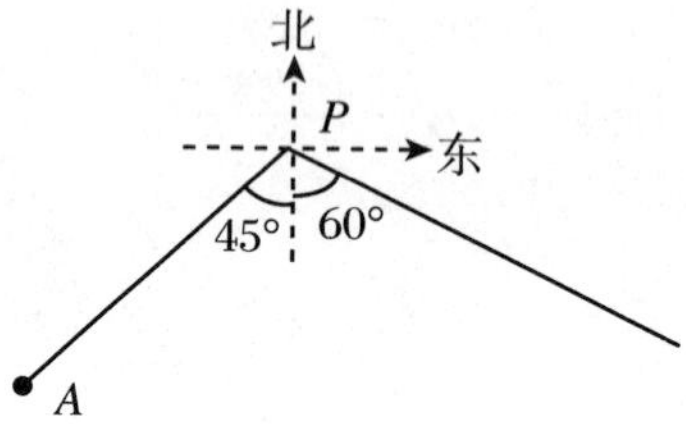

图 11.11

22.(上海交大自主招生试题)如图 11.12 所示,为测量一工件的内圆弧半径 R,用三个半径均为 r 的小圆 O_1,O_2,O_3 从左到右放在与工件圆弧相切的位置上,通过深度卡尺测出卡尺水平底面到中间圆 O_2 顶端的垂直深度 h,试用 r 和 h 表示 R,并计算当 $r=10$ 毫米,$h=4$ 毫米时的 R 值.

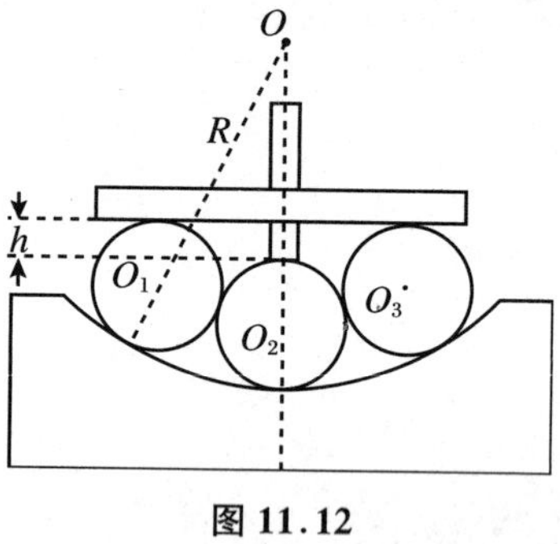

图 11.12

第 12 课　圆的基本性质,圆的弦切角定理、圆幂定理

知识梳理

1. 圆的基本性质

(1) 圆的通径定理:垂直于弦的直径平分弦及其所对的两条弧(反之亦然).

(2) 在等(同)圆中相等的圆心角所对的弧、弦也相等.

(3) 等(同)弧所对的圆周角相等.

(4) 等(同)弧所对的圆周角等于圆心角的一半.

(5) 直径、半圆所对的圆周角等于直角,反之亦然.

(6) 圆的切线垂直于过切点的半径,直线与圆相切当且仅当圆心到直线的距离等于半径.

(7) 圆的切线长定理:从圆外一点引圆的两条切线的长度相等.

2. 圆弧及其扇形面积的计算公式(设圆的半径为 R)

圆心角为 n° 的弧长为 $l=2\pi R\cdot\frac{n^\circ}{360^\circ}=\frac{n\pi R}{180}$,相应的扇形面积为 $S=\pi R^2\cdot\frac{n^\circ}{360^\circ}=\frac{n\pi R^2}{360}=\frac{1}{2}lR$.

3. 圆的弦切角定理

过圆的切线的切点作圆的弦,那么这条切线与这条弦所夹的角等于该角所夹弧所对的圆周角(图 12.1).

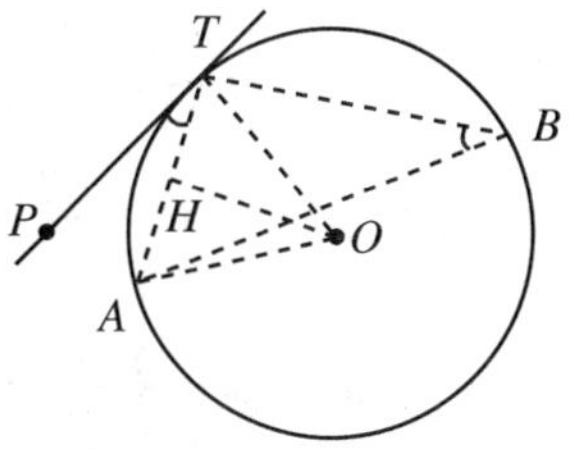

图 12.1

4. 圆幂定理

(1) 圆的切割线定理:过圆外一点 P 作圆的切线 PT(切点为 T)和割线 AB(交点为 A,B),则 $PT^2=PA\cdot PB$[(图 12.2(a)].

(2) 圆的割线定理(相交弦定理):过圆外(圆内)一点 P 作两条直线与圆相交,交点分别为点 A 与点 B、点 C 与点 D,则 $PA\cdot PB=PC\cdot PD$[图 12.2(a)和(b)].

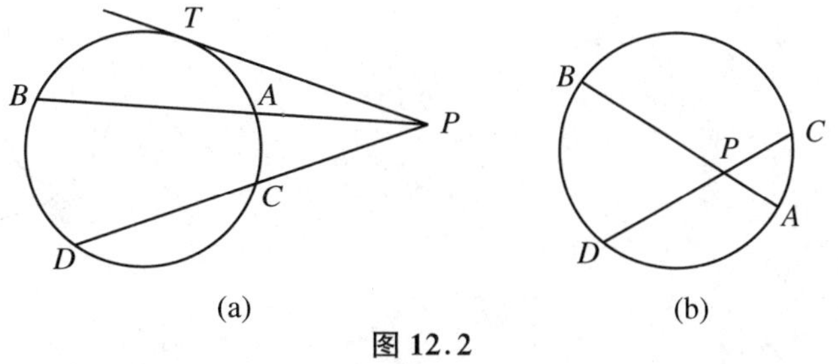

图 12.2

5. 其余知识点

(1) 劣弧,优弧;

(2) 弓形及其面积,圆锥的侧面积;

(3) 圆内接四边形的对角和定理、外角定理;

(4) 两个圆的位置关系:内含、内切、相交、外切、相离.

基础自测

1.(陕西省西安市西安中学2016年高一入学分班测试题)如图12.3所示,将一个长为8厘米、宽为6厘米的长方形$ABCD$的四边沿直线向右滚动(不滑动),当长方形滚动一周时,点A经过的路线长为________.

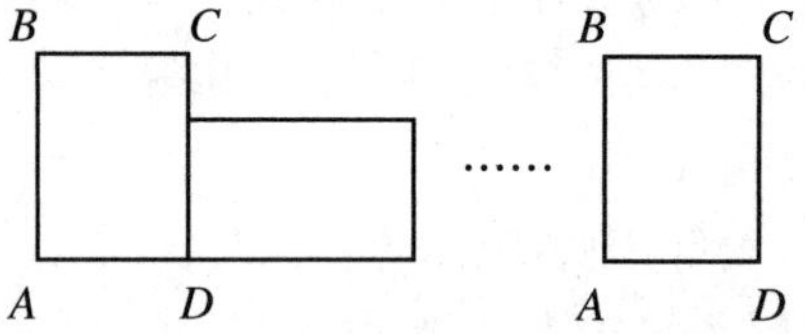

图12.3

2. 证明圆的弦切角定理.

已知:如图12.4所示,PT是圆O的切线,T是切点,TA与TB是圆O的两弦,点B不在$\angle PTA$的内部.

求证:$\angle PTA=\angle TBA$.

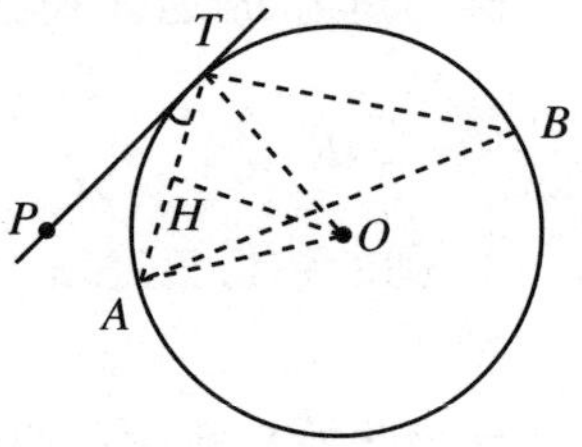

图12.4

3. 证明圆的切割线定理.

已知:如图12.5所示,PT是圆O的切线,T是切点,经过点P作圆的割线与圆交于A,B两点.

求证:$PT^2=PA\cdot PB$.

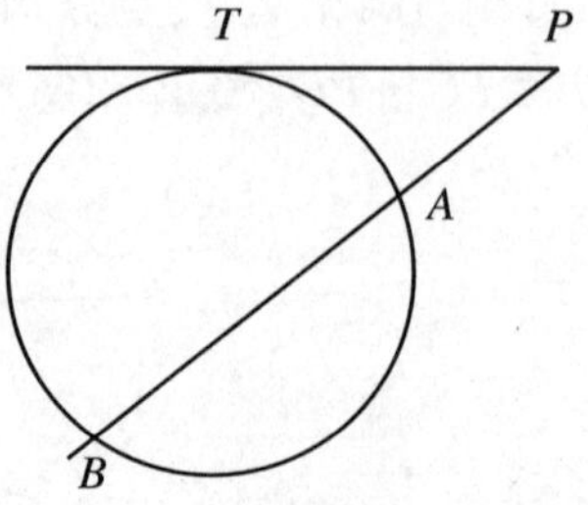

图12.5

4. 证明圆的相交弦定理.

5. 用两种方法证明圆的割线定理.

达标训练

6. 如图 12.6 所示，已知半径都为 3 的三个圆 O_1，O_2，O_3 两两外切，那么它们都内切于一个半径 $R=$（　　）的大圆，也都外切于一个半径 $r=$（　　）的小圆.

A. $\sqrt{3}-3$　　B. $\sqrt{3}+3$　　C. $2\sqrt{3}-3$　　D. $2\sqrt{3}+3$

7. 如图 12.7 所示，以圆 O 上的动点 P 为切点作该圆的切线，交直径 AB 的延长线于点 Q，作 $\angle AQP$ 的平分线交 PB 于点 M，交 PO 于点 N，则 $\angle PMQ=$（　　），$\angle PNQ=$（　　）.

A. 75°　　B. 125°　　C. 135°　　D. 不确定

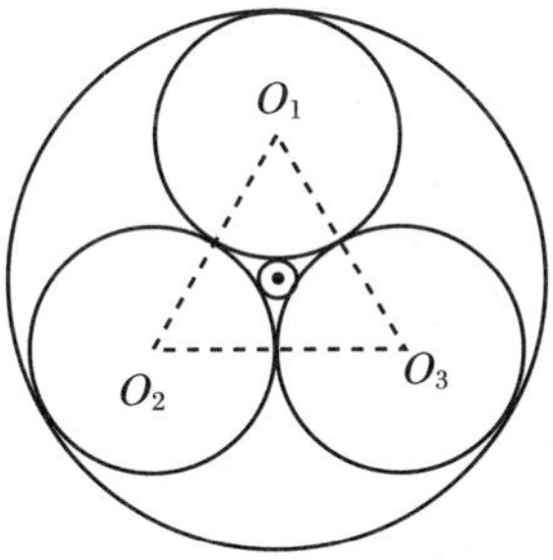

图 12.6

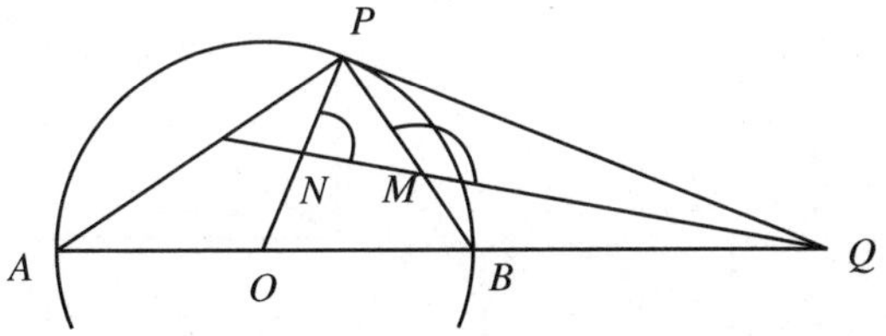

图 12.7

8.（北京大学自主招生试题）O 是凸四边形 $ABCD$ 对角线 AC 和 BD 的交点. 已知三角形 AOB，BOC，COD，DOA 的周长相同. 三角形 AOB，BOC，COD 的内切圆半径分别为 3，4，6，则三角形 DOA 的内切圆半径为（　　）.

A. $\frac{9}{2}$　　B. 5　　C. $\frac{11}{2}$　　D. 前三个答案都错

9.（江苏省淮阴中学 2017 年新高一分班测试题）如图 12.8 所示，在 $\triangle ABC$ 中，$\angle C=90^\circ$，点 O 在 AB 上，以 O 为圆心，OB 为半径的圆与 AB 相交于点 E，与 AC 相切于点 D，若 $AD=2$，$AE=1$，则 $BC=$ ________.

10. 延长圆 O 的一条直径 AB 至 C，且 $BC=2$，过点 C 作圆 O 的切线 CD，其中点 D 为切点，$CD=4$，则直径 $AB=$ ________，弦长 $BD=$ ________.

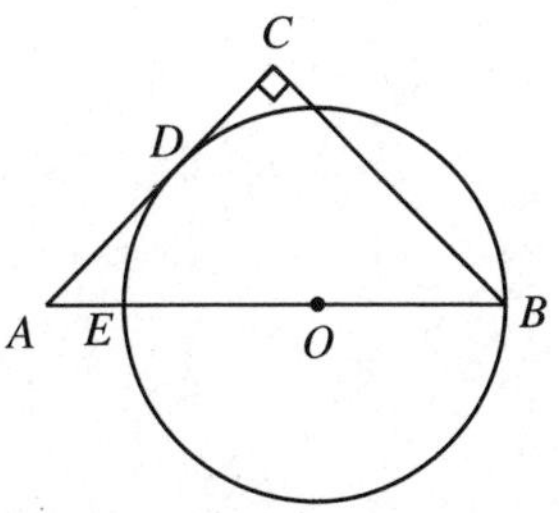

图 12.8

11.（湖北省宜昌一中 2018 年新高一入学测试题）如图 12.9 所示，在正方形 $ABCD$ 中，点 E 在 BC 上，以 E 为圆心经过顶点 C 作半圆，与以点 A 为圆心，AB 为半径的圆弧相外切，则 $\sin\angle EAB=$________.

12. 如图 12.10 所示，扇形的圆心角 $\angle AOB=90^{\circ}$，半径等于 6，将扇形沿折痕 CD 折叠可以使点 A 重合于点 O，则 $CD=$________，图中阴影部分的面积 $S=$________.

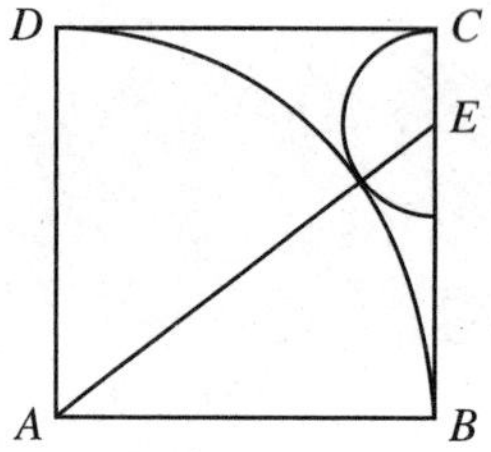

图 12.9

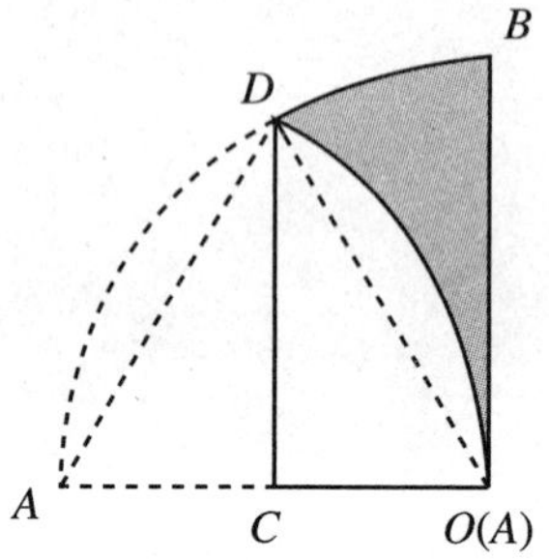

图 12.10

13. 已知点 M 在半径为 13 的圆 O 内，且 $OM=12$，则在过点 M 的所有弦中，最短弦长等于________，弦长为整数的弦共有________条.

14. 如图 12.11 所示，圆 M 与长方形 $ABCD$ 的两长边相切，圆心 M 是两条对角线的交点，再作一个小圆 N 与大圆 M 和边 BC 都相切，且圆心 N 在对角线 BD 上. 假设 $AB=2$，$BC=2\sqrt{2}$，则小圆 N 的半径 $r=$________.

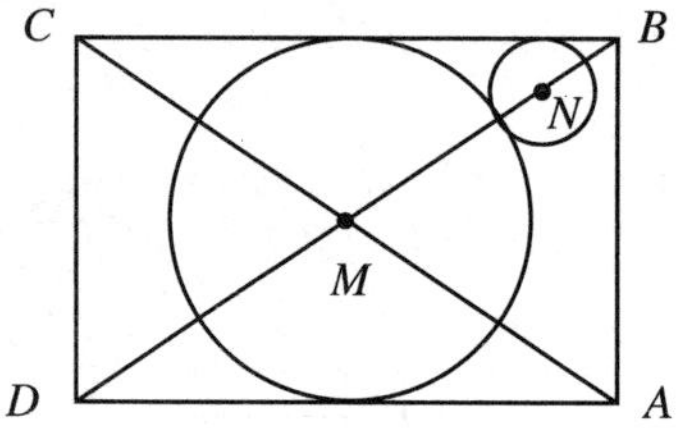

图 12.11

15.（北京市 101 中学 2019 年新高一分班测试题）如图 12.12 所示，圆 O 的直径 $AB=6$，AD 和 BC 是该圆的两条切线，$AD=2$，$BC=\frac{9}{2}$.

(1) 求证：$\triangle DOC\backsim\triangle OBC$.

(2) CD 是圆 O 的一条切线吗？为什么？

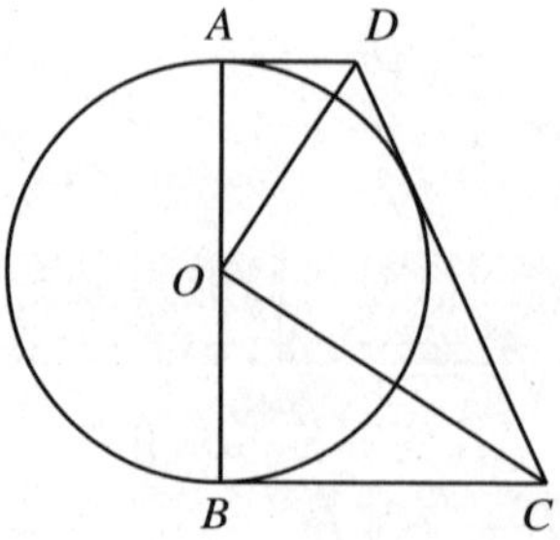

图 12.12

16.（全国高考试题）如图 12.13 所示，O 为等腰三角形 ABC 内一点，圆 O 与 $\triangle ABC$ 的底边 BC 交于 M,N 两点，与底边上的高 AD 交于点 G，与 AB,AC 分别相切于 E,F 两点.

（1）证明：$EF/\!/BC$.

（2）若 AG 等于圆 O 的半径，且 $AE=MN=2\sqrt{3}$，求四边形 $EBCF$ 的面积.

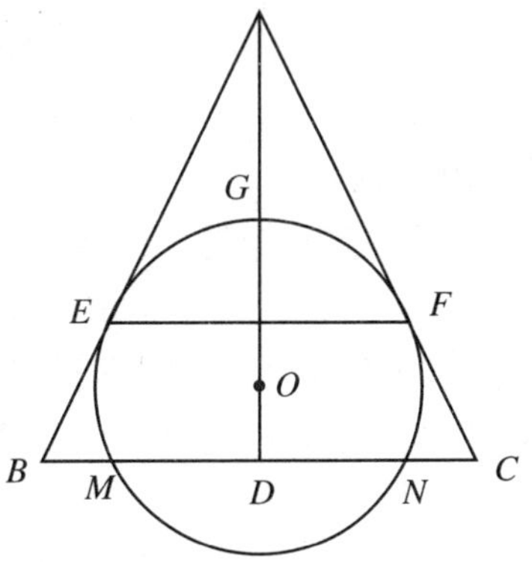

图 12.13

17.（安徽省合肥二中西藏内高班 2019 年新生摸底试题）如图 12.14 所示，AB 为圆 O 的直径，$\overset{\frown}{AC}$ 为圆 O 的一条弧，D 为圆弧 $\overset{\frown}{BC}$ 的中点，过点 D 作 AC 的垂线，分别交 AC 和 AB 的延长线于点 E、F.

（1）求证：DE 为圆 O 的切线.

（2）若 $AD=DF$，$DE=2\sqrt{3}$，求圆 O 的半径.

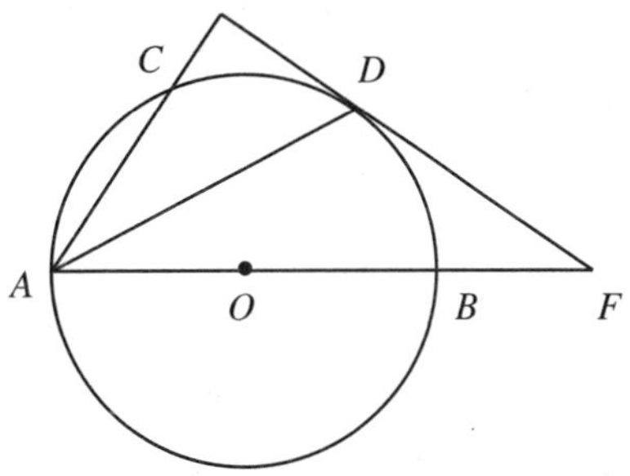

图 12.14

18.（1）求证：若圆 O 的内接四边形 $ABCD$ 的两条对边 AB 与 CD 所在的直线相交于一点 E（图 12.15），则 $2\angle BEC=\angle BOC-\angle AOD$.

（2）为了加深理解（1）中的结论，请指出结论（1）的一个退化结论.

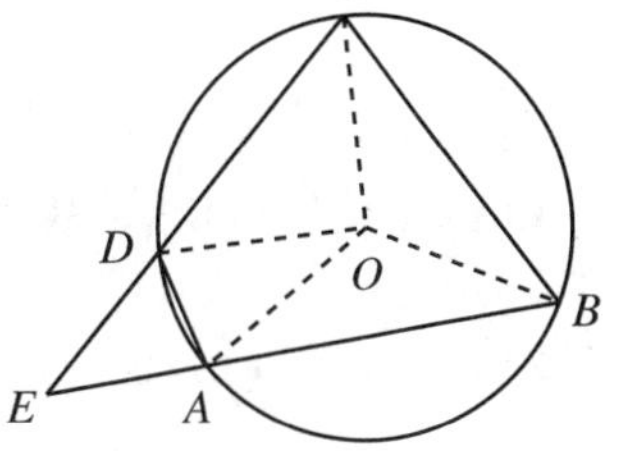

图 12.15

滚动复习

19.(四川省南充市蓬安中学 2018 年新高一入学分班试题)如图 12.16 所示,直线 $l // m$,将等腰直角三角板 ABC 的直角顶点 C 放在直线 m 上,若$\angle 1 = 25^\circ$,则$\angle 2 =$(　　).

A. 20°　　B. 25°　　C. 30°　　D. 35°

20.(安徽师大附中 2017 年新高一科技特长班选拔测试题)如图 12.17 所示,在四边形 $ABCD$ 中,$\angle A = \angle C = 90^\circ$,$\angle ABC = 60^\circ$,$AD = 4$,$CD = 10$,则 $BD =$ ________.

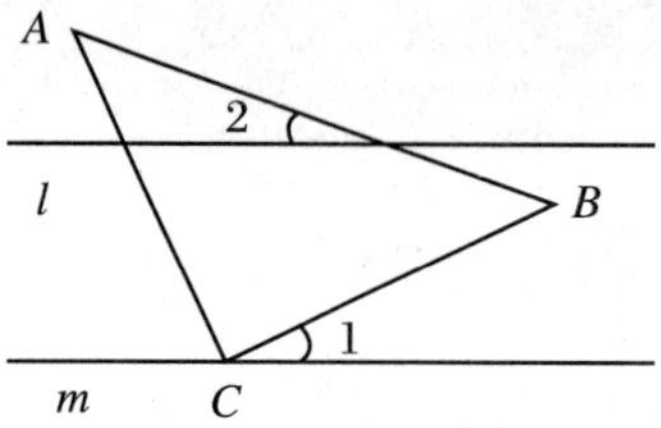

图 12.16

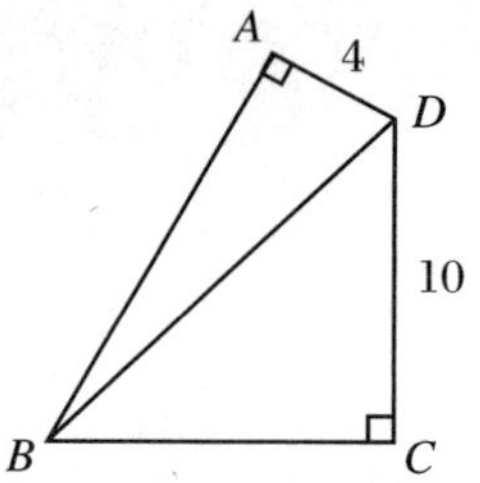

图 12.17

21.(1)方程 $\sqrt{x+3} = x - 2$ 的解是________;

(2)解方程:$x^2 + 18x + 30 = 2\sqrt{x^2 + 18x + 45}$.

22.设 $\sqrt{y} = \sqrt{x} - \frac{1}{\sqrt{x}}$,化简 $\frac{y + 2 - \sqrt{y^2 + 4y}}{y + 2 + \sqrt{y^2 + 4y}}$.

23.高中不少数学题可以化归为一个基本问题:已知点 E,F 分别是正方形 $ABCD$ 的两边 BC,CD 的中点,请判断 $AE \perp BF$ 是否成立.若成立,请验证之,并推广其结论;否则,导出矛盾.

24.已知点 E 是任意平行四边形 $ABCD$ 的边 CD 的中点,AC 与 BE 交于点 F.

(1)点 F 将对角线 AC 分成两段 AF,FC,问:这两条线段 AF,FC 的长度之比是否为定值?

(2)$\triangle ABF$ 与原平行四边形 $ABCD$ 的面积之比是否为定值?

第13课　整数及其带余除法、整除性、同余，一次不定方程

知识梳理

1. 算术基本定理

对于任何正整数 $n\geqslant 2$，都有唯一分解式

$$n=p_1^{k_1}\cdot p_2^{k_2}\cdot\cdots\cdot p_m^{k_m},\qquad (\text{Ⅰ})$$

式(Ⅰ)被简称为质因数分解式，其中 $p_1,p_2,\cdots,p_m$ 是互异质数，$k_1,k_2,\cdots,k_m,m$ 是正整数.

2. 带余除法

对于任意两个整数 n(被除数)和 k(除数)，都存在整数 p 和 r，使得

$$n\div k=p\cdots\cdots r,\quad 即\ n=kp+r,\qquad (\text{Ⅱ})$$

其中余数 $r=0,1,2,\cdots,|k|-1$.

在式(Ⅱ)中，若 $r=0$，则称 n 被 k 整除，或称 k 整除 n，记作 $k\mid n$. 例如，$7\mid 1001$，$11\mid 1001$，$13\mid 1001$.

3. 几个结论

记正整数 $A=\overline{a_na_{n-1}a_{n-2}\cdots a_2a_1a_0}$，则有结论：

(1) $2\mid A\Leftrightarrow 2\mid a_0$；

$5\mid A\Leftrightarrow 5\mid a_0$；

$4\mid A\Leftrightarrow 4\mid \overline{a_1a_0}$；

$25\mid A\Leftrightarrow 25\mid \overline{a_1a_0}$；

$8\mid A\Leftrightarrow 8\mid \overline{a_2a_1a_0}$；

$125\mid A\Leftrightarrow 125\mid \overline{a_2a_1a_0}$.

(2) $3\mid A\Leftrightarrow 3\mid (a_n+a_{n-1}+\cdots+a_2+a_1+a_0)$；

$9\mid A\Leftrightarrow 9\mid (a_n+a_{n-1}+a_{n-2}+\cdots+a_2+a_1+a_0)$；

$11\mid A\Leftrightarrow 11\mid [a_n-a_{n-1}+a_{n-2}-\cdots+(-1)^{n-1}a_1+(-1)^na_0]$.

(3) $7\mid A\Leftrightarrow 7\mid (\overline{a_na_{n-1}a_{n-2}\cdots a_3}-\overline{a_2a_1a_0})$；

$11\mid A\Leftrightarrow 11\mid (\overline{a_na_{n-1}a_{n-2}\cdots a_3}-\overline{a_2a_1a_0})$；

$13\mid A\Leftrightarrow 13\mid (\overline{a_na_{n-1}a_{n-2}\cdots a_3}-\overline{a_2a_1a_0})$.

(4) $6\mid A\Leftrightarrow 2\mid A$ 且 $3\mid A$；

$12\mid A\Leftrightarrow 4\mid A$ 且 $3\mid A$.

4. 带余除法的性质

在带余除法式(Ⅱ)中,若对于不同的数对 n_1,k_1 和 n_2,k_2,而有相同的数对 p,r,则称两个整数 n_1 和 n_2 对于模 p 同余,记作 $n_1\equiv n_2(\mathrm{mod}\ p)$. 例如,$88\equiv10\equiv4\equiv-8(\mathrm{mod}\ 6)$.

5. 裴蜀定理

关于 x,y 的二元一次不定方程 $ax+by=c$(a,b,c 是整数)有整数解 $\Leftrightarrow(a,b)\mid c$. 并且当 $(a,b)=1$ 时,若找出一组整数(特)解 $x=x_0,y=y_0$,则该方程的所有整数(通)解为

$$\begin{cases}x=x_0+bt,\\ y=y_0-at\end{cases}(t=0,\pm1,\pm2,\cdots).$$

6. 其余知识点

(1) 质数、合数,完全平方数;

(2) 运用辗转相除法求两正整数的最大公约数,求二元一次不定方程的特解;

(3) 同余,剩余类,奇偶分析.

基础自测

1.(四川省成都七中 2019 年自主招生试题)满足 $|ab|+|a-b|-1=0$ 的整数对 (a,b) 共有(　　).

A. 4 对　　B. 5 对　　C. 6 对　　D. 7 对

2. 从小往大数,第 10,11,12 个质数(素数)依次是______,______,______;第 10 个合数是______.

3. 9009 的质因数分解式是 $9009=$______;507 的质因数分解式是 $507=$______;9009 与 507 的最大公约数 $(9009,507)=$______;最小公倍数 $[9009,507]=$______.

4. 三个正整数 8,12,140 的最大公约数为 $(8,12,140)=$______,最小公倍数为 $[8,12,140]=$______.

5. $9901=356\times27+$______$=356\times28-$______;$9878\div356=$______……______.

6. 在五个正整数 31801,33331,44415,79362,81356,82250 中,能被 6 整除的数是______;能被 7 整除的数是______;能被 9 整除的数是______;能被 11 整除的数是______.

7. (1)(上海市高考试题)36 的所有正约数之和可按如下方法得到:因为 $36=2^2\times3^2$,所以 36 的所有正约数之和为

$(1+3+3^2)+(2+2\times3+2\times3^2)+(2^2+2^2\times3+2^2\times3^2)=(1+2+2^2)(1+3+3^2)=91.$

参照上述方法,可求 2000 的所有正约数之和为______.

(2) 一般地,设正整数 $n=p_1^{k_1}\cdot p_2^{k_2}\cdot\cdots\cdot p_m^{k_m}$,其中 $p_1,p_2,\cdots,p_m$ 是互异质数,$k_1,k_2,\cdots,k_m,m$ 是正整数,则 n 的所有正约数之和等于多少?

达标训练

8．600 的所有(　　)个正因数的和等于(　　)．

A．3　　B．6　　C．24

D．840　　E．1260　　F．其他数字

9．某机械的主动轮与从动轮相互啮合，主动轮有 221 齿，从动轮有 377 齿，两轮各有一齿啮合后再次啮合，主动轮需要转(　　)圈，从动轮需要转(　　)圈．

A．11　　B．13　　C．17

D．23　　E．29　　F．其他数字

10．在前 100 个正整数 1，2，3，…，100 中，被 3 整除但不被 6 整除的数有(　　)个，既不被 4 整除又不被 5 整除的数有(　　)个．

A．15　　B．17　　C．28

D．60　　E．65　　F．72

11．(上海育才中学 2018 年高一分班试题)记 $1\cdot 2\cdot 3\cdot\cdots\cdot n=n!$，则 $20!$ 的末尾连续有________个零．

12．被 4 除余数等于 3 的小于 150 的正整数共有________个，其中的最大数为________，所有这些正整数的和等于________．

13．(福建省高考试题)五位同学围成一圈依序循环报数，规定：① 第一位同学首次报出的数为 1，第二位同学首次报出的数也为 1，之后每位同学所报出的数都是前两位同学所报出的数之和；② 若报出的数为 3 的倍数，则报该数的同学需拍手一次．

已知甲同学第一个报数，当五位同学依序循环报到第 100 个数时，甲同学拍手的总次数为________．

14．(安徽省合肥二中西藏内高班 2019 年新生摸底试题)观察下列等式：$2^1=2$，$2^2=4$，$2^3=8$，$2^4=16$，$2^5=32$，…．按照这个规律，则 $2^1+2^2+2^3+\cdots+2^{2019}$ 的末尾数字是________．

15．把自然数的平方数 0，1，4，9，16，…称为完全平方数(简称为平方数)，例如 $169=13^2$ 是(完全)平方数，$1.69=1.3^2$ 就不是(完全)平方数．则大于 1000 的最小完全平方数是________，小于 10000 的最大完全平方数是________；从小往大数，第 100 个(完全)平方数被 3 除的余数等于________，前 100 个(完全)平方数分别被 3 除的余数之和等于________．

16．(江苏省淮阴中学 2017 年新高一分班测试题)足球比赛的计分规则是：胜一场得 3 分，平一场得 1 分，输一场得 0 分．则一个足球队共打 14 场得 19 分的情况有________种．

17．把一块长 874 米、宽 646 米的坡地平整成若干块面积相等的边长为整数的正方形实验田，求每块实验田的最大面积，以及此时有多少块这种实验田．

解　作辗转相除法如图 13.1 所示，则

$874=646\times 1+228$，

$646=228\times 2+190$，

$228=190\times 1+38$，

$190=38\times 5+0$．

1	874	646	2
	646	456	
1	228	190	5
	190	190	
	38	0	

图 13.1

于是，倒推代入得 $646-228\times2=(228-190\times1)\times5+0$，

……（请同学们完成后面的求解过程）

18. 从前 50 个正整数 1，2，3，…，50 中取出 m 个数，使得其中任意两个数之和不能被 7 整除，求 m 的最大值.

19.（安徽师大附中 2017 年高一科技特长班选拔测试题）求方程 $x^2+2017y^2=2018x$ 的正整数解.

20. 运用裴蜀定理求方程 $6x-15y=51$ 的整数解、正整数解及负整数解.

21.（浙江省高考试题改编题）我国古代数学著作《张邱建算经》中记载百鸡问题："今有鸡翁一，值钱五；鸡母一，值钱三；鸡雏三，值钱一. 凡百钱，买鸡百只，问鸡翁、鸡母、鸡雏各几何？"

22. 已知 $m=\dfrac{n^2+4n-302}{n-17}$，其中 n 是整数.

(1) 若 m 是正整数，求正数 n 的值；

(2) 若 m 是负整数，求正数 n 的值.

23.（清华大学自主招生试题改编题）共有多少组满足方程 $x+2y+3z=100$ 的非负整数解？

滚动复习

24. (1)（新疆内高班2016年招生试题）一个扇形的圆心角是120°，面积为3π平方厘米，则这个扇形的半径为________；

(2)（安徽省合肥二中西藏内高班2019年新生摸底试题）圆锥的底面直径为6厘米，母线长为5厘米，则这个圆锥的全面积等于________.

25. (1) 把若干个相同的正方体码放在桌（地）面上，正视图、侧视图如图13.2所示，那么这些正方体最少有________个，最多有________个.

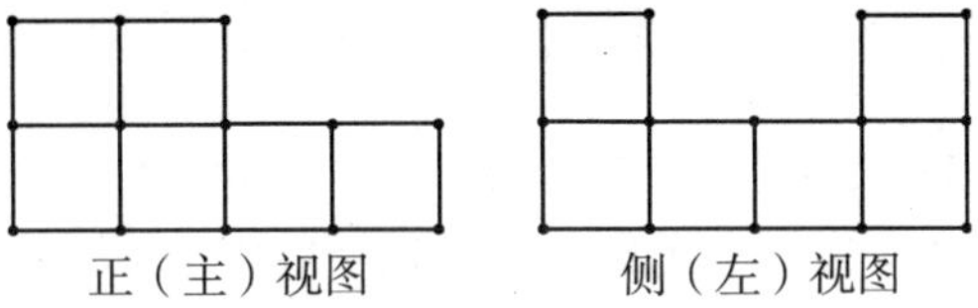

图 13.2

(2) 把若干个相同的正方体码放连在一起（两个正方体连在一起是指它们有公共面），正视图、侧视图如图13.2所示，那么这些正方体最少有________个，最多有________个.

26. 某企业去年在全员节能增效评比活动中，把每个人的得分（都为正整数）的部分信息绘制成扇形统计图和频数直方图，如图13.3所示.

(1) 该企业去年共有多少员工？

(2) 求得分在"89.5～99.5"范围内的人数占全员人数的百分比.

(3) 求得分在"84.5～89.5"范围内的人数.

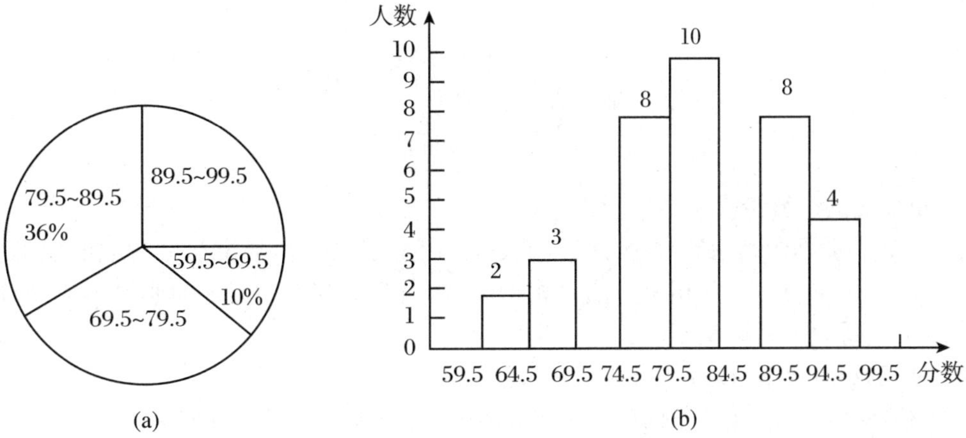

图 13.3

第14课　命题,简单逻辑词,反证法,抽屉原理

知识梳理

1. 定义与命题

(1) 一般地,能清楚地规定某一名称或术语的意义的句子叫做该名称或术语的定义.

(2) 一般地,判断某一件事件的句子叫做命题,命题由条件和结论构成,正确命题是真命题,错误命题是假命题;用推理的方法判断为正确的命题叫做定理;逆命题与原命题的条件、结论互换.

2. 简单连接词"或、且、非"

设甲、乙是两个条件,则"甲或乙"具备就表明甲、乙至少有一个具备;"甲且乙"具备就表明甲、乙同时都具备;"非甲"具备就表明甲不具备.假如再增加一个条件丙,则"甲或乙或丙"具备就表明甲、乙、丙至少有一个具备;"甲且乙且丙"具备就表明甲、乙、丙同时都具备.假如继续增加条件,则依此类推.

3. 证明

从真命题的条件出发,根据已知的定义、定理、条件逐步推导命题的结论成立,这样的推理过程叫做证明.宏观来看,数学证明方法可大致分为:

- 数学证明方法
  - 直接证法
    - 综合法
    - 分析法
  - 间接证法
    - 反证法
    - 归纳法

4. 反证法的一般步骤

首先,假设命题的结论不正确,然后,通过逐步的正确推理,导出与原命题的题设条件、某公理、某定理、某基本事实相矛盾或自相矛盾,从而判定结论不正确的假设不成立;最后,得出结论肯定原命题的结论正确.

5. 抽屉原理(鸽巢原理)

(1) 特别地,把 $n+1$ 个东西放进 n 个抽屉(n 是正整数),每个抽屉至少放1个,则必有一个抽屉放进2个东西.

(2) 一般地,把 $n+k$ 个东西放进 n 个抽屉(n,k 都是正整数),每个抽屉至少放1个,则至少有一个抽屉里至少放进2个东西.

6. 其余知识点

(1) 特殊反例;

(2) 极端性原理.

基础自测

1. 给出九个命题:① 任意两个有理数之间存在着无限个有理数;② 任意两个有理数之间存在着无限个无理数;③ 任意两个无理数之间存在着无限个有理数;④ 任意两个无理数之间存在着无限个无理数;⑤ 两个有理数的加、减、乘、除(分母不为零)的计算结果仍然是有理数;⑥ 两个无理数的加、减、乘、除的计算结果仍然是无理数;⑦ 一个无理数的平方是无理数;⑧ 一个无理数的平方不是无理数;⑨ 一个无理数的平方可能是无理数.其中正确命题的序号是________.

2. 某次聚会共有100份礼品.若分送给23位客人,每人至少分得4份,则至少有________人可以分得5份礼品,至多有________人分得6份礼品,至多有________人分得7份礼品.

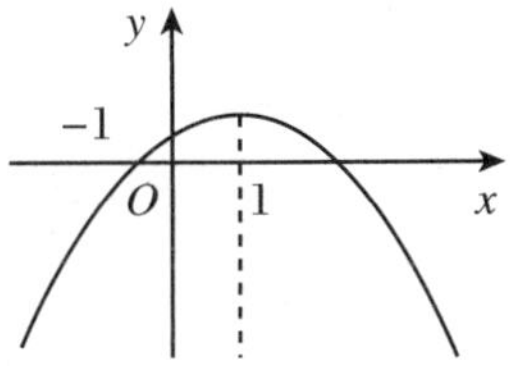

图 14.1

3. (湖南省长沙市南雅中学2017年新高一入学测试题改编题)二次函数 $y=ax^2+bx+c$ 的图像如图14.1所示,给出六个命题:① $b>0$;② $abc>0$;③ $9a+3b+c<0$;④ $a+b>m(ma+b)$,这里实数 $m\neq1$;⑤ $3a+c>0$;⑥ $3a+b<0$.其中正确命题的序号是________.

4. (1) 80与72的最大公约数为$(80,72)=$________,最小公倍数为$[80,72]=$________;21与49的最大公约数为$(21,49)=$________,最小公倍数为$[21,49]=$________;

(2) 一般地,两个正整数 m 与 n 的最大公约数与最小公倍数满足的抽象命题为________.

5. (华中师大一附中2017年高一入学摸底试题)已知实数 a 和 b,证明:当 $a>b$ 时,$a^3>b^3$.

达标训练

6. 原命题:直角三角形斜边的中线等于斜边的一半.那么逆命题是________________________________;这个逆命题是________(真、假)命题.

7. (陕西省西安市西安中学2016年高一入学分班测试题)有八个球的编号是从①到⑧,其中6个球一样重,另外两个球都轻1克.为了找到这两个轻球,用天平称了三次,结果如下:第一次,①+②比③+④重;第二次,⑤+⑥比⑦+⑧轻;第三次,①+③+⑤与②+④+⑧一样重.那么这两个轻球的编号是________.

8. (清华大学自主招生试题)一道四选项的选择题,赵、钱、孙、李各选一个,且所选恰好各不相同.赵说:我选的是A;钱说:我选的是B,C,D之一;孙说:我选的是C;李说:我选的是D.已知四人中只有一人说了假话,则说假话的人可能是________.

9．对于函数 $y=x^2+bx+c$ 有四个判断：① 函数图像的对称轴上各个点的横坐标是 $x=1$；② $y_{\min}=3$；③ 函数图像经过点$(-1,0)$；④ 函数图像经过点$(2,4)$．其中正确的判断恰有三个，那么第________个判断是错误的；且当 $-2\leqslant x\leqslant 0$ 时，函数的最大值 $y_{\max}=$________，最小值 $y_{\min}=$________．

10．(1) 射击训练的靶子有 10 环，李强国 6 枪共击中 52 环，则他至少有一枪至少击中________环；

(2) 某校有 2556 名学生，在一年 365 天中有最多学生过生日的那天，至少________人同时过生日．

11．设 a,b 为正实数，现有下列命题：① 若 $a^2-b^2=1$，则 $a-b<1$；② 若 $\dfrac{1}{b}-\dfrac{1}{a}=1$，则 $a-b<1$；③ 若 $|\sqrt{a}-\sqrt{b}|=1$，则 $|a-b|<1$；④ 若 $|a^3-b^3|=1$，则 $|a-b|<1$．其中真命题是________．

12．(1)（上海交大附中 2019 年自主招生试题）已知 $ABCDE$ 是边长为 1 的正五边形，则它的内切圆与外接圆所围圆环的面积等于________；

(2) 由(1)推广可得的一个抽象结论是____．

13．(1) 把 $0.\dot{7}$，$0.\dot{7}\dot{3}$，$0.\dot{7}3\dot{6}$ 分别化成分数；

(2) 把(1)抽象成一个真命题(这里不需证明)；

(3) 求在乘积 $0.\dot{2}4\dot{3}\times 0.\dot{3}252\dot{3}$ 的小数点后第 136 位的数字．

14．(1) 已知两个实数 a,b 满足 $a+b>0$ 且 $ab>0$，求证：$a>0$ 且 $b>0$．

(2) 已知三个实数 a,b,c 满足 $a+b+c>0$，$ab+ac+bc>0$，$abc>0$，求证：$a>0$，$b>0$，$c>0$．

15．求证：任取五个整数，必然能够从中选出三个，使它们的和能够被 3 整除．

16. 如图 14.2 所示，两点 M，N 分别在正△ABC 两边 CA，CB 的延长线上，且∠$BAN=2$∠$ANM=40^\circ$，求证：

(1) AN 平分∠CNM；

(2) $MA+AB=BN$.

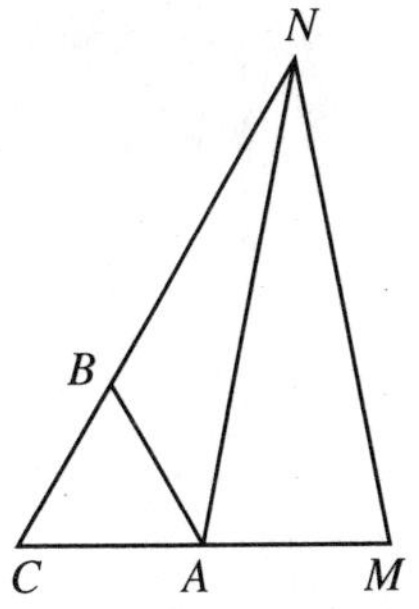

图 14.2

17. 求证：$\sqrt{3}$是无理数.

18. (1) 填充证明下列结论的过程：

已知四数 $a,b,c,\sqrt{a}+\sqrt{b}+\sqrt{c}$都是有理数，求证：三数$\sqrt{a},\sqrt{b},\sqrt{c}$也都是有理数.

证明　① 当________时，设有理数$\sqrt{a}+\sqrt{b}+\sqrt{c}=p$，则

$$(\sqrt{a}+\sqrt{b})^2=(p-\sqrt{c})^2,$$

则 $a+b+2\sqrt{ab}=p^2+c-2p\sqrt{c}$.

取有理数 $m_1=p^2+c-a-b$，则

$$2\sqrt{ab}=\_\_\_\_\_\_\_\_,$$

则 $4ab=m_1^2-4m_1p\sqrt{c}+4p^2c$，故$\sqrt{c}=$________是有理数.

同理可证，$\sqrt{a},\sqrt{b}$也是有理数.

② 当________时，三数$\sqrt{a}=$________；$\sqrt{b}=$________；$\sqrt{c}=$________都是有理数.

综上，原结论正确.

(2) 已知三个实数 $a,b,\sqrt{a}+\sqrt{b}$都是有理数，求证：两个实数$\sqrt{a},\sqrt{b}$也都是有理数.

19. (1) 求证：$\sqrt{7}-\sqrt{3}<\sqrt{6}-\sqrt{2}$.

(2) (全国高考试题)已知 $a>0,b>0$，如果 $a^3+b^3=2$，证明：$a+b\leqslant 2$.

滚动复习

20. $2^{99}+3^{98}$的末位数字是________；$2^{99}+3^{100}$的末位数字是________；$2^{99}+3^{101}$的末位数字是________.

21. (北京市 101 中学 2019 年新高一分班测试题)在$\triangle ABC$ 中，$AB=AC$，DE 垂直平分 AB，$BE\perp AC$ 于 E，$AF\perp BC$ 于 F，则$\angle EFC=$________.

22. 圆 C_1 与圆 C_2 的半径分别等于 2 和 3，连心距等于 6，点 P_1，P_2 分别是圆 C_1 与圆 C_2 上的动点，那么线段 P_1P_2 的最大值等于________，最小值等于________；线段 C_1P_2 的最大值等于________，最小值等于________；线段 P_1C_2 的最大值等于________，最小值等于________.

23. 观察质因数分解式 $20856=2^3\times 11\times 237$，其中 $2-0+8-5+6=11$，$20-856=-836=-2^2\times 11\times 19$. 由此抽象命题：

设 $A=\overline{a_na_{n-1}a_{n-1}\cdots a_3a_2a_1a_0}$，其中 $n\in\mathbf{N}_+$. 这里取 $n=5$ 时的情形，试证：

(1) $11|A\Leftrightarrow 11|(a_5-a_4+a_3-a_2+a_1-a_0)$；

(2) $11|A\Leftrightarrow 11|(\overline{a_5a_4a_3}-\overline{a_2a_1a_0})$.

24. 对于实数 x,y，记二次二元多项式 $f(x,y)=(x+y-2)^2+(2x+y-6)^2+(y-1)^2$.

(1) 求证：$f(x,y)>0$.

(2) $f(x,y)$何时取得最小值？并求此最小值.

下篇

高一数学入门知识

第15课　集合及其子集的概念

知识梳理

1. 集合的概念

数学上把研究对象组成的总体叫做集合，称这里的研究对象为该集合的元素．集合中的元素具有确定性、互异性、无序性等特征，例如，

$$\{x\in \mathbf{R} \mid (x+3)(x-2)^2(x^2-x+1)=0\}=\{-3,2\}=\{2,-3\}\neq\{-3,2,2\}.$$

2. 集合的表示与图示

集合的表示方法通常分为列举法、描述法；集合的图示方法通常有韦恩图、数轴图．无论是表示集合还是图示集合，都要分清楚元素是数、式、点、图，还是人、物、地，或是其他特定对象．

特殊地，若不特殊说明，则默认用 $\mathbf{N}^*$ ($\mathbf{N}_+$)，$\mathbf{N}$，$\mathbf{Z}$，$\mathbf{Q}$，$\mathbf{R}$ 分别表示正整数集、自然数集、整数集、有理数集、实数集．

3. 集合的分类

若按集合中的元素个数来分类，可把集合分为空集 $\varnothing$(没有任何元素)、有限集(包含有限个元素)、无限集(包含无限个元素)．

4. 子集的概念

对于两个集合 A，B，若属于 A 的元素都属于 B(即任取 $a\in A$，都有 $a\in B$)，则称 A 是 B 的子集，记作 $A\subseteq B$ 或 $B\supseteq A$．

进一步地，若 $A\subseteq B$，且存在元素 $b\in B$ 但 $b\notin A$，则称 A 是 B 的真子集，记作 $A\subsetneqq B$ 或 $B\supsetneqq A$．

若 $A\subseteq B$ 且 $A\supseteq B$，则称两个集合 A 与 B 相等，记作 $A=B$．

例如，$\varnothing\subsetneqq\mathbf{N}_+\subsetneqq\mathbf{N}\subsetneqq\mathbf{Q}\subsetneqq\mathbf{R}$．特别地，空集 $\varnothing$ 是任意集合的子集，是任何非空集合的真子集．

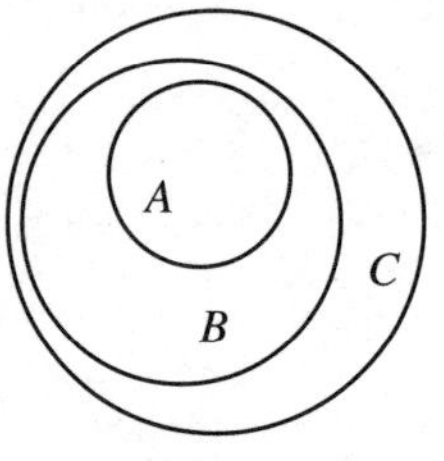

图 15.1

5. 传递性

子(等)集具有传递性(图 15.1)：

$$A\subseteq B\subseteq C\Rightarrow A\subseteq C;$$

$$A\subseteq B\subsetneqq C\Rightarrow A\subsetneqq C;$$

$$A\subsetneqq B\subseteq C\Rightarrow A\subsetneqq C;$$

$$A\subsetneqq B\subsetneqq C\Rightarrow A\subsetneqq C.$$

6. 其余知识点

取值范围要用集合规范表示.

基础自测

1. 对于“前5个正奇数”的集合,用列举法表示为(　　);用描述法表示为(　　).

A. $\{x|1,3,5,7,9\}$　　B. $\{x=2k-1|k\in\mathbf{N}_+,k\leqslant 5\}$

C. $\{1,3,5,7,9\}$　　D. $\{x|x=2k-1,k\in\mathbf{N}_+,k\leqslant 5\}$

2. $\{x|x^2+4x=0\}=$(　　);$\{y|y=x^2+4x\}=$(　　).

A. $\{-4\}$　　B. $\{-4,0\}$　　C. $\{y|-4\leqslant y\leqslant 0\}$　　D. $\{y|y\geqslant -4\}$

3. 一元二次不等式 $x(9-x)>0$ 的解集是(　　);$x(9-x)<0$ 的解集是(　　).

A. $\{x|x<0$ 或 $x>9\}$　　B. $\{x|0<x<9\}$

C. $\{x|x<-9$ 或 $x>0\}$　　D. $\{x|-9<x<0\}$

4. (浙江省永嘉中学2015年新高一分班测试题)设 $a,b\in\mathbf{R}$,集合 $\{1,a+b,a\}=\left\{0,\frac{b}{a},b\right\}$,则 $b-a=$________.

5. 设 $A=\{x|x^2-x-2<0\}$,$B=\{x|-1<x<1\}$,$C=\{x|2x+3\geqslant 0\}$,则 A 中元素含有________个整数,三个集合 A,B,C 之间的包含关系是________.

6. (1) 已知 $-20\in\{2,x-8,2x^2-19x-30\}$,求实数 x 的取值范围.

(2) 已知 $-9\in\{6,x-8,2x^2-19x-30\}$,求实数 x 的取值范围.

达标训练

7. (华中师大一附中2017年高一入学摸底试题)已知关于 x 的不等式 $ax^2+bx+c<0$ 的解集为 $\{x|x<-2$ 或 $x>3\}$,则关于 x 的不等式 $cx^2+bx+a<0$ 的解集是(　　).

A. $\{x|-2<x<3\}$　　B. $\{x|x<-2$ 或 $x>3\}$

C. $\left\{x|x<-\frac{1}{2}\text{或 }x>\frac{1}{3}\right\}$　　D. $\left\{x|-\frac{1}{2}<x<\frac{1}{3}\right\}$

8. 集合 $M=\{5k-1|k\in\mathbf{Z},-5\leqslant k\leqslant 6\}$ 中的元素共有(　　)个,这些元素之和等于(　　).

A. 12　　B. 15　　C. 18　　D. 24

9. 已知 $P=\{3k-1|k\in\mathbf{Z}\}$，$Q=\{3k+1|k\in\mathbf{Z}\}$，$M=\{x|x=3k,k\in\mathbf{Z}\}$，任取 $p\in P$，$q\in Q$，则 $p+q$(　　)，$p-q$(　　)，pq(　　).

A. $\in P$　　B. $\in Q$　　C. $\in M$　　D. 其他答案

10. 已知 $A=\{7k-1|k\in\mathbf{Z}\}$，$B=\{7k-2|k\in\mathbf{Z}\}$，$C=\{7k+5|k\in\mathbf{Z}\}$，$D=\{7k+6|k\in\mathbf{Z}\}$，其中相等的集合关系有________.

11. (1) $\{x|10x^2-29x-21=0\}=$________；

(2) $\{y|y=10x^2-29x-21\}=$________；

(3) $\{x|y=\sqrt{1-x}\}=$________；

(4) $\{y|y=\sqrt{1-x}\}=$________.

12. 设集合 $A=\{x|x\geqslant 2a\}$，$B=\{x|2x+b<0\}$，$C=\{-2,3\}$，则使得 $A\supseteq C$ 的实数 a 的取值范围是________；使得 $B\supseteq C$ 的实数 b 的取值范围是________.

13. 已知集合 $A=\{x\in\mathbf{R}|ax^2+ax+1=0\}$，则使得 A 是单元集的实数 a 的取值集合为________；使得 A 是空集的实数 a 的取值范围是________.

14. 设 $P=\{x\in\mathbf{R}|x^2+(a-2)x-a^2+15=0\}$，$Q=\{x\in\mathbf{R}|2x^2+(a+1)x-4a=0\}$，则使 $Q=\varnothing$ 成立的实数 a 的取值范围是________；使 $P=Q$ 成立的实数 a 的取值范围是________.

15. (浙江省温州中学2019年自主招生试题)若函数 $y=\dfrac{1}{x^2+2x+m}$ 的自变量 x 的取值范围是 $\mathbf{R}$，则实数 m 的取值范围是________.

16. (1) 任何单元集有________个子集，任何双元集有________个子集，任何三元集有________个子集；

(2) 根据(1)的结果，推测任意含有 n 个元素的集合共有________个子集；

(3) 设 $M=\{(x,y)|x+y\leqslant 2,x\in\mathbf{N},y\in\mathbf{N}\}$，用列举法写出平面点集 M，并指出 M 有多少个子集.

17. (全国高考试题改编题)(1) 已知集合 $A=\{-1,1\}$，$B=\{0,2\}$，用列举法表示集合 $C=\{z|z=x+y,x\in A,y\in B\}$；

(2) 已知集合 $A=\{1,2,3,4,5\}$，用列举法表示集合 $B=\{(x,y)|x\in A,y\in A,x-y\in A\}$.

18. (1) 满足条件$\{a,b\}\subseteq M\subseteq\{a,b,c,d,e\}$的集合$M$共有多少个？写出这些集合.

(2) 已知非空子集$M\subseteq\{1,2,3\}$,且对于任意$m\in M$都有$4-m\in M$,求子集M.

(3) 已知非空子集$M\subseteq\{1,2,3,4,5,6\}$,且对于任意$m\in M$都有$7-m\in M$,求子集$M$的个数.

19. (上海市高考试题改编题)已知两个集合$A=\{-1,4,2m+3\}$,$B=\{-1,m^2\}$,且$B\subseteq A$.求：

(1) 实数m所构成的集合；

(2) 集合A中各元素之和的集合.

20. 设$\{x\mid ax=6\}\subsetneqq\{-2,3\}=\{x\mid x^2+bx+c=0\}$.

(1) 求实数a的取值集合.

(2) 用列举法表示$\{x\mid x^2+bx+c=4\}$.

滚动复习

21. 某个年级有男生560人,女生420人.若从该年级全体学生中抽取一个容量为280的调查样本,则此样本中男生人数应为________;若从该年级全体学生中抽取一个容量为210的样本,则此样本中女生人数应为________.

22. 在实数范围内,给出六个判断:① $2\sqrt[3]{2}$是16的立方根;② 16的立方根是$2\sqrt[3]{2}$;③ $2\sqrt{7}$是28的平方根;④ 28的平方根是$2\sqrt{7}$;⑤ 立方根与算术平方根相等的实数只有0和1;⑥ 观察$\sqrt{8}=2\sqrt{2}>2=\sqrt[3]{8}$与$\sqrt{1}=1=\sqrt[3]{1}$知,正数的算术平方根大于或等于其立方根.其中正确的判断序号为________.

23. (1) 若锐角 α 满足 $\tan\alpha=\dfrac{2}{3}$,则 $\sin\alpha=$________,$\cos\alpha=$________;

(2) 若锐角 β 满足 $\sin\beta=\dfrac{2}{3}$,则 $\cos\beta=$________,$\tan\beta=$________.

24.(北京市101中学2019年新高一分班测试题)下面是按一定规律排列的一列数:$\dfrac{1}{4}$,$\dfrac{3}{7}$,$\dfrac{5}{12}$,$\dfrac{7}{19}$,…那么第 $n(\geqslant 2)$ 个数是________.

25. 已知 α,β 是二次方程 $4x^2-4mx+m+2=0$ 的两个实根.求:

(1) $\alpha^2+\beta^2$ 的最小值;

(2) $\dfrac{1}{\alpha}+\dfrac{1}{\beta}$的取值范围.

26. 如图15.2所示,矩形 $ABCD$ 的长 $AB=4$,宽 $AD=3$,点 E 是边 CD 的中点,作点 D 关于 AE 的对称点为 F,连 EF,连 AF 并延长交 BC 于点 G.

(1) 求证:四点 E,F,G,C 共圆.

(2) 求四边形 $EFGC$ 的面积.

(3) 连接 DF,CF,求 DF,CF 的长度.

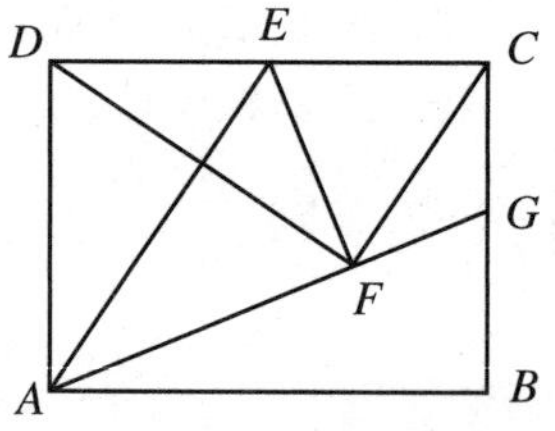

图 15.2

第16课　集合的并集与交集

知识梳理

1. 并集

把属于集合 A 或属于集合 B 的元素组成的集合称为 A 与 B 的并集，记为 $A\cup B$（图16.1的阴影部分），即 $A\cup B=\{x\mid x\in A$ 或 $x\in B\}$.

例如，当 $P_1=\{-1,3,6\}$，$P_2=\{-1,1,3,5\}$，$P_3=\{-1,5\}$ 时，$P_1\cup P_2=\{-1,1,3,5,6\}$，$P_1\cup P_3=\{-1,3,5,6\}$，$P_2\cup P_3=P_2$.

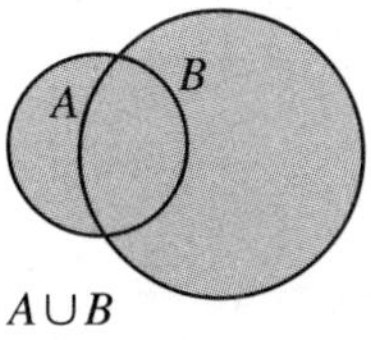

图16.1

2. 并集的性质

(1) $A\subseteq A\cup B$；$B\subseteq A\cup B$；

(2) $\varnothing\cup A=A$；$A\cup A=A$；

(3) $A\cup B=B\Leftrightarrow A\subseteq B$.

3. 交集

把属于集合 A 且属于集合 B 的元素组成的集合称为 A 与 B 的交集，记为 $A\cap B$（图16.2的阴影部分），即 $A\cap B=\{x\mid x\in A$ 且 $x\in B\}$. 其实解方程组、不等式组的本质就是求交集.

例如，当 $P_1=\{x\mid x^2\leqslant 2\}$，$P_2=\{x\mid x^2-2x<0\}$，$P_3=\{x\mid x+1\geqslant 0\}$ 时，$P_1\cap P_2=\{x\mid 0<x\leqslant\sqrt{2}\}$（图16.3），$P_1\cap P_3=\{x\mid -1\leqslant x\leqslant\sqrt{2}\}$，$P_2\cap P_3=P_2$.

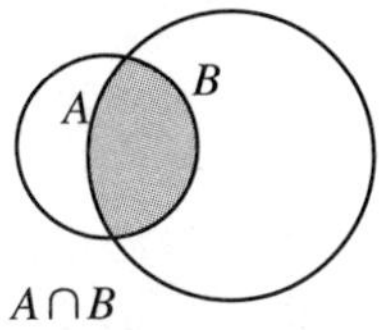

图16.2

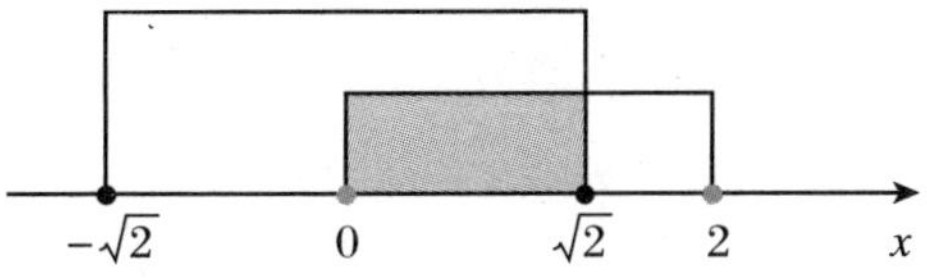

图16.3

4. 交集的性质

(1) $A\cap B\subseteq A$；$A\cap B\subseteq B$；

(2) $\varnothing\cap A=\varnothing$；$A\cap A=A$；

(3) $A\cap B=A\Leftrightarrow A\subseteq B$.

5. 并集与交集的（交换、结合、分配）运算律

(1) $A\cup B=B\cup A$；$A\cap B=B\cap A$；

(2) $A\cup B\cup C=A\cup(B\cup C)$，$A\cap B\cap C=A\cap(B\cap C)$；

(3) $A\cap(B_1\cup B_2)=(A\cap B_1)\cup(A\cap B_2)$；

(4) $(A_1\cup A_2)\cap B=(A_1\cap B)\cup(A_2\cap B)$.

基础自测

1. 已知集合 $A=\{1,2,3\}$，$B=\{3,4,5,6\}$，则 $A\cap B=$（　　），$A\cup B=$（　　）.

A. $\{3\}$　　B. $\{1,2\}$

C. $\{4,5,6\}$　　D. $\{1,2,3,4,5,6\}$

2.（全国高考试题扩充题）已知 $A=\{x\mid x-1\geqslant 0\}$，$B=\{0,1,2\}$，则 $A\cup B=$（　　），$A\cap B=$（　　）.

A. $\{0\}$　　B. $\{1\}$　　C. $\{1,2\}$

D. $\{0,1,2\}$　　E. $\{x\mid x=0$ 或 $x\geqslant 1\}$　　F. $\{x\mid x=0$ 且 $x\geqslant 1\}$

3.（浙江省高考试题扩充题）已知 $P=\{x\mid x^2\leqslant 1\}$，$Q=\{x\mid 0<x<2\}$，则 $P\cup Q=$（　　），$P\cap Q=$（　　）.

A. $\{x\mid -1\leqslant x<2\}$　　B. $\{x\mid 0<x\leqslant 1\}$

C. $\{x\mid -1\leqslant x<0\}$　　D. $\{x\mid 1\leqslant x<2\}$

4. 已知集合 $A=\{1,2,6\}$，$B=\{2,4\}$，$C=\{x\in\mathbf{R}\mid -1\leqslant x\leqslant 5\}$，则 $(A\cup B)\cap C=$________，$A\cap(B\cup C)=$________.

5. 已知集合 $A=\{x\mid |x|<2\}$，$B=\{-2,0,1,2\}$，$C=\{x\mid x^2-4x-5\geqslant 0\}$，则 $A\cap B=$________，$A\cap C=$________.

6. 已知 $P=\left\{x\left|\dfrac{2x+1}{x-2}\geqslant 0\right.\right\}$，$Q=\left\{x\left|\dfrac{x+\pi}{3x-4}\leqslant 0\right.\right\}$，则 $P\cap Q=$________，$P\cup Q=$________.

7.（甘肃省天水市第三中学 2018 年高一入学试题）解不等式组 $\begin{cases}2x-1\leqslant x+1,\\ x+8\geqslant 4x-1;\end{cases}$ 并把解集在数轴上表示出来.

达标训练

8. 已知 $P=\{x\mid x$ 是长方形$\}$，$Q=\{x\mid x$ 是菱形$\}$，则 $P\cap Q=$（　　），$P\cup Q=$（　　）.

A. $\{x\mid x$ 是正方形$\}$

B. $\{x\mid x$ 是矩形$\}$

C. $\{x\mid x$ 是对角线垂直或相等的平行四边形$\}$

D. $\{x\mid x$ 是两组对角相等的平行四边形$\}$

9. 已知集合 $M=\{x\in\mathbf{R}^*\mid x^2-2ax+3-a=0\}$，则使 M 恰有一个元素的实数 a 的取值范围是（　　）；使 M 恰有两个元素的实数 a 的取值范围是（　　）；使 $M\cap\{x\mid x>2\}$ 恰有一个元素的实数 a 的取值范围是（　　）.

A. $\left\{a\,\middle|\,a>\frac{7}{5}\right\}$　　B. $\{a\mid -3<a<3\}$　　C. $\left\{a\,\middle|\,a\geqslant\frac{7}{5}\right\}$

D. $\left\{a\,\middle|\,a=\frac{-1+\sqrt{13}}{2}\text{或 }a\geqslant 3\right\}$　　E. $\left\{a\,\middle|\,\frac{-1+\sqrt{13}}{2}<a<3\right\}$　　F. 其他答案

10.（江苏省南京市金陵中学 2018 年新高一分班测试题）若不等式组 $\begin{cases}\frac{1}{5}(x-2)+2>x-\frac{4}{5},\\ x>a\end{cases}$ 的解集是空集，则实数 a 的取值范围是________.

11. 已知两个集合 $A=\{x\mid -1\leqslant 2x+1\leqslant 3\}$，$B=\left\{x\,\middle|\,\frac{x-2}{x}\leqslant 0\right\}$，则 $A\cap B=$________，$A\cup B=$________.

12. 已知 $A=\{x\mid x^2\geqslant 4\}$，$B=\{x\mid x^2-4x-5\leqslant 0\}$，$C=\left\{x\,\middle|\,\frac{3-x}{2x+5}\geqslant 0\right\}$，则 $A\cap B=$________，$A\cup C=$________，$B\cup C=$________.

13. 设 $A=\{x\mid x<a\}$，$B=\{x\mid x^2-2x-15\leqslant 0\}$，则使 $A\cap B\neq\varnothing$ 的实数 a 的取值范围是________；使 $A\cup B=A$ 的实数 a 的取值范围是________.

14. 设 $P=\left\{x\,\middle|\,\frac{x^2-12x-15}{2x-3}\geqslant 1\right\}$，$Q=\{x\mid x\leqslant m\}$，则使 $P\cap Q\cap\mathbf{Z}$ 恰有 5 个元素的实数 m 的取值范围是________；使 $P\cap Q\cap\mathbf{N}$ 恰有 5 个元素的实数 m 的取值范围是________.

15. 设 $A=\{0,1,3,5\}$，$B=\{a+2,a^2-1\}$，$A\cap B=\{3\}$，求：

(1) 实数 a；

(2) $A\cup B$.

16.（全国高考试题改编题）设集合 $A=\{1,2,4\}$，$B=\{x\mid x^2-4x+m=0\}$，若 $A\cap B=\{1\}$，求：

(1) m 的值；

(2) $A\cup B$.

17. 已知两个集合 $P=\{x\mid x^2-2x-8\leqslant 0\}$，$Q=\{x\mid x^2+(a-5)x-5a\geqslant 0\}$，如果 $P\cup Q=\{x\mid x^2-9x+20\geqslant 0\}$，试求：

(1) 实数 a 的取值范围；

(2) $P\cap Q$.

18. 已知两个集合 $A=\{x\mid x^2-2ax+4a-3=0\}$，$B=\{x\mid x^2-2\sqrt{2}ax+a^2+a+2\leqslant 0\}$.

(1) 若 $A\cup B=\varnothing$，求实数 a 的取值范围；

(2) 若 $A\neq\varnothing$ 或 $B\neq\varnothing$，求实数 a 的取值范围.

19. (南京大学自主招生试题改编题)已知集合 $A=\{x\mid x^3+2x^2-x-2>0\}$，$B=\{x\mid x^2+ax+b\leqslant 0\}$，且 $A\cup B=\{x\mid x>-2\}$，$A\cap B=\{x\mid 1<x\leqslant 3\}$.

(1) 试求 a,b 的值.

(2) 解不等式 $x^2-ax+b\leqslant 0$.

滚动复习

20. (四川省成都七中 2019 年自主招生试题)已知三角形的边长均为整数，其和等于 40，则这样的三角形共有________个.

21. (1) 若集合 $\{x\in\mathbf{R}\mid ax^2-x+a=0\}$ 中只有一个元素，则实数 a 的取值范围是________；

(2) 若集合 $\{x\in\mathbf{R}^*\mid ax^2-x+a=0\}$ 中只有一个元素，则实数 a 的取值范围是________.

22. (北京大学自主招生试题改编题)计算：

(1) $53+503+5003+\cdots+5\underbrace{00\cdots0}_{150个0}3$；

(2) $9+95+995+\cdots+\underbrace{99\cdots9}_{150\text{个}9}5$.

23. 在同一平面内,已知定直线 l 与定圆 C 相离,过直线 l 上的动点 P 向圆 C 作两条切线,切点分别为点 M,N.问:$\angle MPN$ 何时最大?为什么?

24. 已知两定点 $A(5,2)$,$B(1,4)$,两动点 M,N 分别在 x 轴、y 轴上滑动.求:

(1) 折线 AMB 的最短长度;

(2) 折线 $AMNB$ 的最短长度.

25. (2008 年北京大学自主招生试题)解方程组:

$$\begin{cases} xy=2x+y-1, \\ yz=2z+3y-8, \\ zx=4z+3x-8. \end{cases}$$

第 17 课　集合的补集，容斥原理

知识梳理

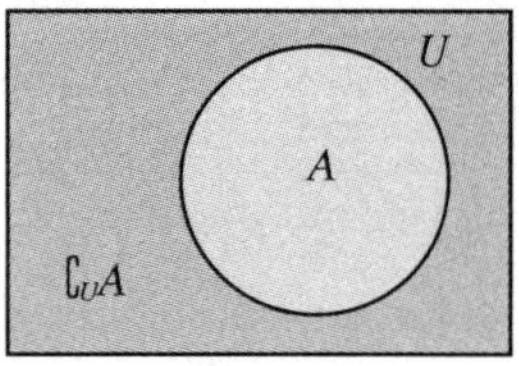

图 17.1

1. 补集

由全集 U 中不属于集合 A 的其余所有元素组成的集合，称为子集 A 相对于 U 的补集，记作 $\complement_U A$，即 $\complement_U A=\{x\mid x\in U$ 且 $x\notin A\}=\{x\in U\mid x\notin A\}$（图 17.1）.

例如，当 $E=\{a,b,c,d\}$，$F=\{a,b,c\}$，$G=\{b,c\}$时，补集 $\complement_E F=\{d\}$，$\complement_E G=\{a,d\}$，$\complement_F G=\{a\}$.

再如，取 $M=\{x\mid x\geqslant 5\}$，则 $\complement_{\mathbf{R}} M=\{x\mid x<5\}$，$\complement_{\mathbf{R}^*} M=\{x\mid 0<x<5\}$.

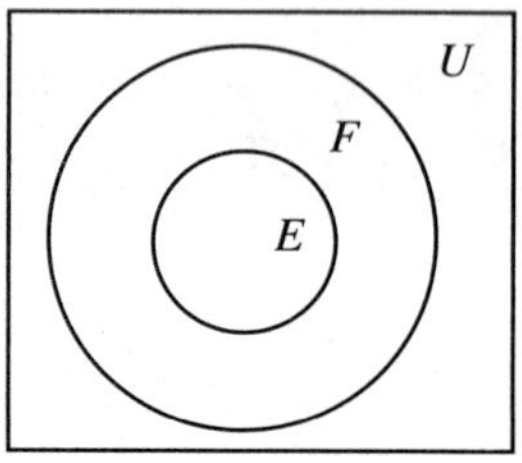

图 17.2

2. 补集与子集的关系（图 17.2）

$E\subseteq F\subseteq U\Leftrightarrow \complement_U E\supseteq \complement_U F\Leftrightarrow \complement_U E\supseteq \complement_F E$.

例如，$N\subseteq Q\subseteq \mathbf{R}$ 等价于 $\complement_{\mathbf{R}} N\supseteq \complement_{\mathbf{R}} Q$，又等价于 $\complement_{\mathbf{R}} N\supseteq \complement_Q N$.

特殊地，$\complement_A A=\varnothing$，$\complement_A \varnothing=A$.

3. 容斥原理的简单形态

用记号 card(X)表示任意有限集合中的元素个数.

(1) 由于全集 U 被任意两个子集 A 与 B（图 17.3）最多划分成四个不重叠的子集 $A\cap B$，$A\cap \complement_U B$，$B\cap \complement_U A$，$\complement_U(A\cup B)$，所以有 $\text{card}(A\cup B)=\text{card}(A)+\text{card}(B)-\text{card}(A\cup B)$；$\text{card}[\complement_U(A\cup B)]=\text{card}(U)-\text{card}(A\cup B)$.

(2) 对于全集 U 的任意三个子集 A,B,C（图 17.4），同理可以得到

$$\begin{aligned}\text{card}(A\cup B\cup C)=&\ \text{card}(A)+\text{card}(B)+\text{card}(C)\\&-\text{card}(A\cap B)-\text{card}(A\cap B)-\text{card}(B\cap C)\\&+\text{card}(A\cap B\cap C),\end{aligned}$$

$$\text{card}[\complement_U(A\cup B\cup C)]=\text{card}(U)-\text{card}(A\cup B\cup C).$$

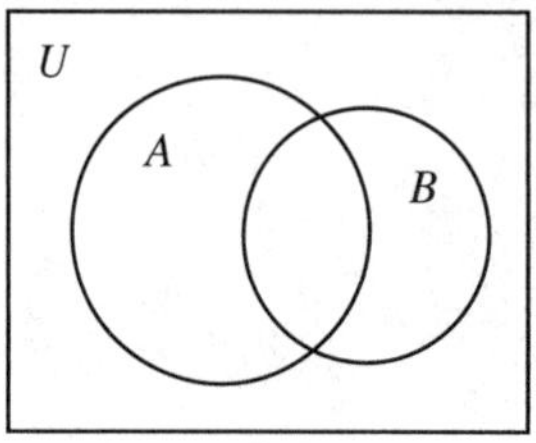

图 17.3

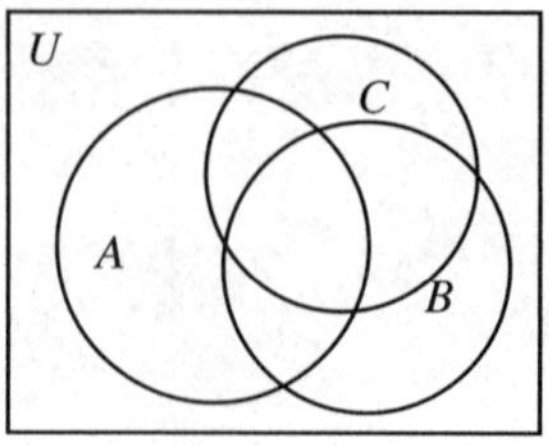

图 17.4

基础自测

1. 已知全集 $U=\{1,2,3,4,5\}$，$A=\{1,3\}$，则 $\complement_U A=$（　　）.

A. $\varnothing$　　B. $\{1,3\}$　　C. $\{2,4,5\}$　　D. $\{1,2,3,4,5\}$

2. 设全集 $U=\{1,2,3,4,5,6\}$，集合 $P=\{1,2,3,4\}$，$Q=\{3,4,5\}$，则 $P\cap\complement_U Q=$________，$Q\cup\complement_U P=$________.

3.（上海交大附中2019年自主招生试题）某校英才班在一次体育课中，部分学生参加篮球小组，其余学生参加排球小组，篮球小组中男生人数比女生多五分之一，排球小组男女生人数相等；一段时间后，有一名男生从篮球小组转到排球小组，一名女生从排球小组转到篮球小组，这样篮球小组的男女生的人数相等，排球小组的女生人数比男生人数少四分之一.则英才班共有________人.

4. 已知 $M=\{x\mid\sqrt{3}x-6>0\}$，则 $\complement_{\mathbf{R}}M=$________，$\complement_{\mathbf{R}_+}M=$________.

5. 已知 $A=\{x\mid x^2+2x-3\geqslant0\}$，$B=\{x\mid x^2+2x>0\}$，则 $\complement_{\mathbf{R}}A=$________，$\complement_{\mathbf{R}}B=$________，$\complement_B A=$________.

6. 对于全集 $U=\mathbf{R}_+$，其子集 $A=\left\{x\,\middle|\,\dfrac{x-2}{x-5}\leqslant0\right\}=$________，补集 $\complement_U A=$________，$\complement_U(\complement_U A)=$________.于是领悟到一个真命题：对于全集 U 及其任意子集 X，都有________.

7. 在前100个正整数中，被3整除但不被2整除的正整数共有多少个？既不被3整除又不被2整除的正整数共有多少个？

达标训练

8.（全国高考题）已知 $A=\{x\mid x^2-x-2>0\}$，则 $\complement_{\mathbf{R}}A=$（　　）.

A. $\{x\mid-1<x<2\}$　　B. $\{x\mid x<-1\}\cup\{x\mid x>2\}$

C. $\{x\mid-1\leqslant x\leqslant2\}$　　D. $\{x\mid x\leqslant-1\}\cup\{x\mid x\geqslant2\}$

9. 已知集合 A,B 是全集 $U=\{1,2,3,4\}$ 的子集，且 $\complement_U(A\cup B)=\{4\}$，$A\cap B=\{1,2\}$，$3\notin B$，则 $B\cap\complement_U A=$________，$\complement_U B=$________.

10. 设 $A=\{x\mid y=\sqrt{1-x^2}\}$，$B=\{y\mid y=\sqrt{1-x^2}\}$，则 $\complement_{\mathbf{R}}A=$________，$\complement_{\mathbf{R}}B=$________.

11. 已知集合 $A=\{n\leqslant100\mid n=2k,k\in\mathbf{N}\}$，$B=\{n\leqslant100\mid n=3k,k\in\mathbf{N}\}$，$C=\{n\leqslant100\mid n=5k,k\in\mathbf{N}\}$，则 $A\cap B$ 共有________个元素，$A\cap C$ 共有________个元素，

$B\cap C$ 共有________个元素，$A\cap B\cap C$ 共有________个元素.

12. 设 $A=\left\{x\left|\frac{1}{x}\geqslant x\right.\right\}$，$B=\left\{x\left|\frac{x}{2-x}\geqslant 0\right.\right\}$，则 $A\cap \complement_{\mathbf{R}}B=$________，$A\cup \complement_{\mathbf{R}}B=$________.

13. 用 $p_1(x)$，$p_2(x)$，$p(x)$表示一般的代数式，给出三个判断：

① $\{x\mid p_1(x)p_2(x)=0\}=\{x\mid p_1(x)=0\}\cup\{x\mid p_2(x)=0\}$；

② 设 $M=\{x\mid p(x)\geqslant 0\}$，则 $\complement_{\mathbf{R}}M=\{x\mid p(x)<0\}$；

③ 设 $M=\{x\mid p(x)>0\}$，则 $\complement_{\mathbf{R}}M=\{x\mid p(x)\leqslant 0\}$.

其中正确的判断共有________个.

14. 为某班共 46 名学生提供护理、种植、机械等三种选修课，每人至少选报一门课，有 25 人选报护理课，28 人选报种植课，19 人选报机械课，而同时选报护理、种植课的有 10 人，同时选报护理、机械课的有 12 人，同时选报种植、机械课的有 9 人.那么，共有多少人同时选报这三种选修课？共有多少人选报机械、种植课而没有选报护理课？

15. 已知全集 $S=\{1,3,x^3-x^2-2x\}$，$A=\{1,|2x-1|\}$，如果 $\complement_S A=\{0\}$，则这样的实数 x 是否存在.若存在，求出 x；若不存在，请说明理由.

16. 如图 17.5 所示，已知全集 $U=\{0,1,2,3,4,5,6,7,8,9\}$，集合 $A=\{0,1,3,5,8\}$，集合 $B=\{2,4,5,6,8\}$.

(1) 求$(\complement_U A)\cap(\complement_U B)$，$(\complement_U A)\cup(\complement_U B)$，$\complement_U(A\cup B)$，或 $\complement_U(A\cap B)$.

(2) 根据(1)的结果，你能推测出什么结论(不证)？

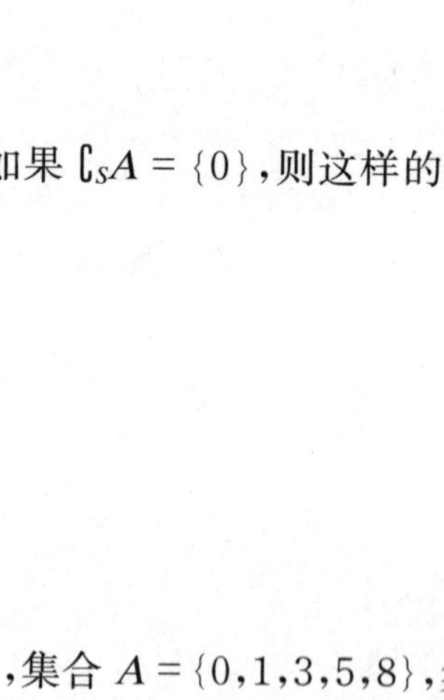

图 17.5

17. 设 $f(x)=(x+a)(x^2+bx+c)$, $g(x)=(ax+1)(cx^2+bx+1)$. 记 $S=\{x\mid f(x)=0, x\in\mathbf{R}\}$, $T=\{x\mid g(x)=0, x\in\mathbf{R}\}$, 且记元素个数 $|S|=\mathrm{card}(S)$, $|T|=\mathrm{card}(T)$.

(1) 下列结论中错误的是(　　).

A. $|S|=1$ 且 $|T|=0$　　B. $|S|=1$ 且 $|T|=1$

C. $|S|=2$ 且 $|T|=2$　　D. $|S|=2$ 且 $|T|=3$

(2) 当 $a=2$, $c\neq 0$ 且 $|S|=|T|=1$ 时, 探究 b 与 c 的取值情况.

18. 已知 $A=\{x\mid x^2-2x-8=0\}$, $B_1=\{x\mid x^2+ax=12-a^2\}$, $B_2=\{x\mid x^2+ax\leqslant 12-a^2\}$.

(1) 若 $\complement_{\mathbf{R}}A\subseteq\complement_{\mathbf{R}}B_1$, 求实数 a 的取值范围;

(2) 若 $\complement_{\mathbf{R}}A\supsetneqq\complement_{\mathbf{R}}B_2$, 求实数 a 的取值范围.

19. 对于实数 a, 给出下面两个命题.

命题 P: 抛物线 $y=x^2+(2a-3)x+1$ 与 x 轴相交.

命题 Q: 当 $x\in[-2,-1)$ 时, 不等式 $x^2>a$ 恒成立.

(1) 若 P 与 Q 都是真命题, 求 a 的取值范围;

(2) 若 P 与 Q 都是假命题, 求 a 的取值范围;

(3) 若 P, Q 之中恰有一个真命题, 求 a 的取值范围.

滚动复习

20. 在等腰梯形 $ABCD$ 中，上底 $AB=3$，下底 $CD=5$，腰长等于 4，则该梯形的面积 $S=$ ________，对角线长等于________，$\tan\angle BDC=$ ________.

21.（陕西省西安市西安中学 2016 年高一入学分班测试题）小明家有一块长 8 米、宽 6 米的矩形空地，现准备在该空地上建一个十字花园（图 17.6 中的阴影部分），并使花园面积为空地面积的一半，求图中花园宽度 x 的值.

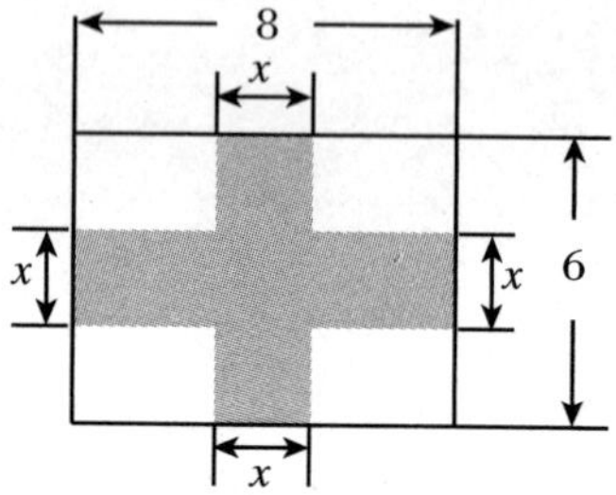

图 17.6

22. 已知 $A=\{a\,|\,a=p^2-q^2, p, q\in\mathbf{Z}\}$，试问：

(1) 任意奇数是否属于 A？

(2) A 中任意两个元素之积是否属于 A？

23. 已知两个正整数 744 与 527，求：

(1) 最大公约数；

(2) 最小公倍数.

24. 已知多项式 $x^4+mx^3+3x^2+\dfrac{49}{2}x+5$ 被 $x+2$ 整除，求：

(1) m 的值；

(2) 商式.

第 18 课　抽象的集合语言，数学的临时定义

知识梳理

1. 抽象的集合语言

新版《普通高中数学课程标准》指出，要“引导学生会用数学眼光观察世界，会用数学思维思考世界，会用数学语言表达世界”．集合语言是高中数学语言的基础语言，具有简约地、抽象地、准确地表达数学内容的学科优势．

例如，集合 $\{3k+1\mid k\in\mathbf{Z}\}$ 表示整数中被 3 除的余数等于 1 的数的全体；再如，求 $\{(x,y)\mid y=x^2-2x\}\cap\{(x,y)\mid y=3x+6\}$，表示求抛物线 $y=x^2-2x$ 与直线 $y=3x+6$ 的交点．

2. 数学(包括集合)的临时定义

数学题中的临时定义题，一般分为定义概念和规定法则两大类．破解命题专家经常命制的临时定义题，可以提高自学阅读、自主建构的能力．对于题目的临时新定义，要大胆运用，但一般不适用于之后的题目．集合中的定义题，通常是定义集合及其元素或规定新运算法则的．

例 1　(高考试题改编题)若规定数集 $E=\{a_1,a_2,\cdots,a_{10}\}$ 的子集 $\{a_i,a_j,\cdots,a_k\}$ 为 E 的第 t 个子集，其中 $t=2^{i-1}+2^{j-1}+\cdots+2^{k-1}$，且 $\{i,j,\cdots,k\}\subseteq\{1,2,\cdots,10\}$．

(1) 写出数集 E 的前 5 个子集；

(2) 求数集 E 的第 1000 个子集．

解　(1) 由于 $1=2^0=2^{1-1}$，$2=2^1=2^{2-1}$，$3=1+2=2^{1-1}+2^{2-1}$，$4=2^{3-1}$，$5=1+4=2^{1-1}+2^{3-1}$，则数集 E 的前 5 个子集分别是 $\{a_1\}$，$\{a_2\}$，$\{a_1,a_2\}$，$\{a_3\}$，$\{a_1,a_3\}$．

(2) 因为

$$\begin{aligned}1000&=512+488=2^9+256+232\\&=2^9+2^8+128+104=2^9+2^8+2^7+64+40\\&=2^3+2^5+2^6+2^7+2^8+9^9,\end{aligned}$$

所以数集 E 的第 1000 个子集是 $\{a_4,a_6,a_7,a_8,a_9,a_{10}\}$．

基础自测

1. 如果 $A=\{0,1,2\}$，那么 $B=\{x-y\mid x\in A,y\in A\}$ 中元素的个数为（　　），$C=\left\{\frac{x}{y}\mid x\in A,y\in A\right\}$ 中元素的个数为（　　）.

A. 2　　B. 4　　C. 5　　D. 其他答案

2. 设 $M=\{2,3,4,5\}$，$N=\{2,3,6\}$. 若定义 $A-B=\{x\mid x\in A,x\notin B\}$，则 $M-N$ 有（　　）；若定义 $A-B=\{a-b\mid a\in A,b\in B\}$，则 $M-N$ 有（　　）.

A. 2 个元素　　B. 3 个元素　　C. 7 个元素　　D. 8 个元素

3.（清华大学 2017 年中学生标准学术能力模拟试题改编题）用 $|X|$ 记录任意有限集合 X 的元素个数，若集合 N 的三个子集 A,B,C 满足 $A\cap B\cap C=\varnothing$，且 $|A\cap B|=|B\cap C|=|C\cap A|=1$，则称 (A,B,C) 为 N 的"有序子集列". 现有 $N=\{1,2,3,4\}$，则 N 有________个有序子集列.

4.（上海市七宝中学 2016 年新高一入学摸底测试题）定义"$*$"：$A*B=\frac{X}{A+B}+\frac{Y}{(A+1)(B+1)}$. 已知 $1*2=3$，$2*3=4$，则 $3*4=$________.

5.（湖北省高考试题改编题）已知两个平面点集 $A=\{(x,y)\mid x^2=1,y^2=1\}$，$B=\{(x,y)\mid |x|\leqslant 2,|y|\leqslant 2,x,y\in\mathbf{Z}\}$，再定义新集合 $A\oplus B=\{(x_1+x_2,y_1+y_2)\mid (x_1,y_1)\in A,(x_2,y_2)\in B\}$，试问：$A\oplus B$ 中共有多少个元素？

达标训练

6. 已知 $P=\{x\in\mathbf{R}\mid x^2+(a-2)x-a^2+15=0\}$，$Q=\{x\in\mathbf{R}\mid 2x^2+(a+1)x-4a=0\}$，则使 $P=Q\neq\varnothing$ 的实数 a 的取值范围是（　　），使 $P\cup Q\neq\varnothing$ 的实数 a 的取值范围是（　　）.

A. $\{5\}$　　B. $\{a\mid 2-2\sqrt{71}<5a<2+2\sqrt{71}\}$

C. $\{-3,5\}$　　D. $\{a\mid -17-12\sqrt{2}<a<-17+12\sqrt{2}\}$

E. 其他答案：________.

7. 设 A 是整数集的一个非空子集，对于 $k\in A$，如果 $k-1\notin A$ 或 $k+1\notin A$，则称 k 是集合 A 的一个"边元". 那么集合 $P=\{1,2,3,4,7,8,9,10\}$ 中的"边元"共有（　　）个，集合 $Q=\{-1,0,1,2,3,5,6,8,9,10\}$ 中不含"边元"的 3 元子集共有（　　）个.

A. 2　　B. 3　　C. 4

D. 5　　E. 6　　F. 7

8. 若对于任意 $x_1,x_2\in X$,总有 $x_1+x_2\in X$ 且 $x_1-x_2\in X$,则称集合 X 是闭集.给出如下四个判断:① 集合 $A=\{-2,-1,0,1,2\}$是闭集;② 偶数集是闭集;③ 若集合 A,B 都是闭集,则 $A\cup B$ 是闭集;④ 恰有一个元素的闭集只能是$\{0\}$.其中正确判断的序号是________.

9. 已知 a,b 是实数,则:

(1) 集合$\{(a,b)\mid(a^2-2)^2+(3b-4)^2=0\}=$________;

(2) 集合$\{(a,b)\mid\sqrt{11+4\sqrt{4-2\sqrt{3}}}=a+\sqrt{3}b\}=$________.

10. 设 $P=\{1,3,4\}$,$Q=\{2,4,5\}$,则:

(1) 若规定 $P\oplus Q=\{x=a+b\mid a\in P,b\in Q\}$,则 $P\oplus Q=$________;

(2) 若规定 $P\oplus Q=\{(a,b)\mid a\in P,b\in Q,\}$,则 $P\oplus Q=$________.

11. 在平面直角坐标系中,定义 $d(P,Q)=|x_1-x_2|+|y_1-y_2|$为两点 $P(x_1,y_1)$,$Q(x_2,y_2)$之间的"折线距离".

(1) 设 $A(2,-3)$,$B(-1,4)$,则 $d(A,B)=$________;

(2) 坐标原点 O 与一次函数 $y=-2x+2\sqrt{5}$的图像上一点的"折线距离"的最小值为________.

12. 非空有限集合 S 满足:若 $a,b\in S$,则必有 $ab\in S$.请写出一个满足此条件的二元数集 $S=$________.

13. (浙江省杭州高级中学 2015 年新高一分班测试题)已知两个正数 a,b,可按规则 $c=ab+a+b$ 扩充一个新数 c,再在 a,b,c 三个数中取两个较大的数,按上述规则扩充得到一个新数,依次下去,每扩充一次得到一个新数称为一次操作.

(1) 若 $a=1,b=3$,将上述规则操作 3 次,则扩充所得到的新数是________;

(2) 若 $p>q>0$,经过 6 次操作后扩充所得到的新数是$(q+1)^m(p+1)^n-1$,其中 m,n 为正整数,则 $m+n=$________.

14. 设 $A=\{x\mid 2ax+a^2-3\geqslant 0\}$,$B=\{x\mid x^2+x-2\leqslant 0\}$,记 $M=A\cap B$.

(1) 若 $M=\{x\mid x^2+3x+2\leqslant 0\}$,求实数 a;

(2) 若 $M=\{x\mid x^2-x\leqslant 0\}$,求实数 a;

(3) 若 $M=\varnothing$,求实数 a 的取值范围.

15. (浙江省温州中学2019年自主招生试题)对实数 x,y 定义一种新运算▲,规定:x▲$y=ax+by$(其中 a,b 均为非零常数).例如,1▲0 = a.已知 1▲1 = 3, −1▲1 = −1.

(1) 求 a,b 的值;

(2) 若关于 m 的不等式组"$3m$▲$(1-2m)\leqslant 4$ 且 $2m$▲$m>p$"恰有 3 个整数解,求实数 p 的取值范围.

16. (北京大学保送生测试题改编题)称有限集合 $\{1,2,3,\cdots,n\}$ 的某些非空子集为奇子集,如果其中所有数(包括只有 1 个数)之和为奇数.求:

(1) 集合 $\{1,2,3,4\}$ 的所有奇子集;

(2) 集合 $\{1,2,3,4,5\}$ 共有几个奇子集.

17. (清华大学自主招生试题改编题)求下列集合的面积:

(1) $\{(x,y)\mid x+2y\leqslant 1,x>0,y>0\}$;

(2) $\{(x,y)\mid 1\leqslant x+2y\leqslant 4,x>0,y>0\}$;

(3) $\{(x,y)\mid 1\leqslant x+2y<4,x\geqslant 1,y>-1\}$.

滚动复习

18. (1) (辽宁省盘锦市高级中学2018年高一分班测试题)图 18.1 是由八个相同的小正方体组合而成的几何体,则其主视图是(　　);(2) (1)中几何体的侧视图是(　　).

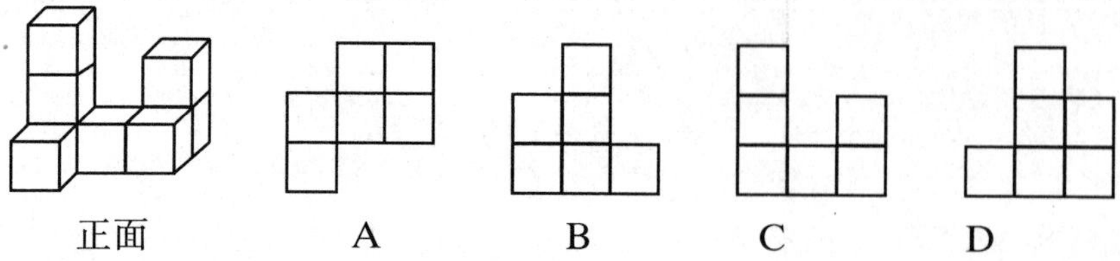

图 18.1

19.（上海交大附中2019年自主招生试题）若关于 x 的方程 $(x-2)(x^2-6x+m)=0$ 的3个根恰好可以组成某直角三角形的三边，则 $m=$ ________.

20.（1）已知 $M=\left\{x\left|\dfrac{x+3}{x-6}\leqslant 0\right.\right\}$，$M\supseteq N=\{x\mid a+1\leqslant x\leqslant 2a-1\}$（这里不再默认 N 为自然数集），求 a 的取值范围；

（2）已知不等式 $x^2-3x-4\leqslant 0$ 的解集为 A，关于 x 的不等式 $x^2-(a+1)x<0$ 的解集为 B，若 $A\cap B=B$，求实数 a 的取值范围.

21.求证两个内角相等的三角形是等腰三角形（注意不能用目标结论来循环论证）.

已知：如图18.2所示，在 $\triangle ABC$ 中，$\angle A=\angle B$.

求证：$AC=BC$.

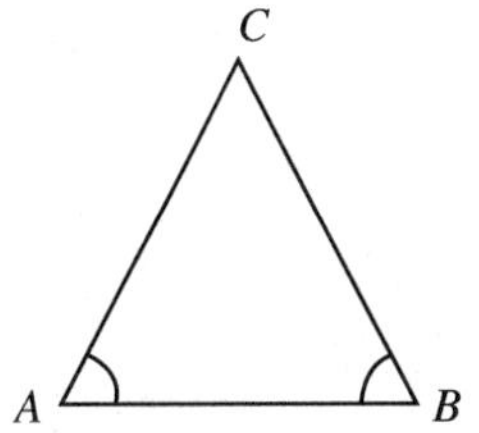

图18.2

22.已知两定点 $A(1,2)$，$B(5,-1)$，两动点 M，N 分别在 x 轴、一次函数 $y=x$ 的图像上移动.求：

（1）$|AM|+|MB|$ 的最小值，$||AM|-|MB||$ 的最大值；

（2）$|AN|+|NB|$ 的最小值，$||AN|-|NB||$ 的最大值.

第 19 课　函数的概念及表示，分段函数

知识梳理

1. 已经学过的函数

(1) 一次函数：$y=kx+b(k\neq 0)$.

(2) 二次函数：$y=ax^2+bx+c(a\neq 0)$.

(3) 反比例函数：$y=\dfrac{a}{x}(a\neq 0)$.

(4) 常函数：$y=a$.

试问：既然垂直于 y 轴的直线 $y=3$ 是函数的图像，那么垂直于 x 轴的直线 $x=3$ 是函数的图像吗？

2. 函数的一般概念

对于两个非空数集 A 和 B，如果按照某种确定的对应关系 f，使对于集合 A 中的任意一个数 x，在集合 B 中都有唯一确定的数 $f(x)$ 和它对应，那么就称 $f:A\to B$ 为集合 A 到集合 B 的一个函数，记作 $y=f(x)$，$x\in A$.

例如，垂直于 x 轴的任何直线 $x=a$ 都不是函数的图像，因为函数不能出现"x 对 y"的"一对多"，只可以"一对一"或"多对一".

3. 函数的定义域与值域

上述函数 $y=f(x)$ 中的 x 叫做自变量，x 的取值范围 A 叫做函数的定义域；与 x 的值相对应的 y 值叫做函数值，函数值 y 的集合 $\{f(x)\mid x\in A\}$ 叫做该函数的值域，且值域 $\subseteq B$.

例如，函数 $f(x)=\sqrt{4x-x^2}$ 的定义域是 $\{x\mid 0\leqslant x\leqslant 4\}$，值域是 $\{y\mid 0\leqslant y\leqslant 2\}$.

4. 函数的构成三要素

函数的构成三要素是定义域、对应关系、值域. 当且仅当两个函数的定义域与对应关系都相同时，这两个函数相同（也可说这两个函数相等）.

5. 函数的表示

常用解析法、图像法、列表法表示函数. 其中，分段函数的解析法要分别写出各个局部的解析式，分段函数的图像可能间断.

6. 函数的区间表示

假设 $a<b$，则有如下四类实数区间：

(1) 闭区间：$[a,b]=\{x\mid a\leqslant x\leqslant b\}$.

(2) 开区间：$(a,b)=\{x\mid a<x<b\}$.

(3) 左开右闭区间：$(a,b]=\{x\mid a<x\leqslant b\}$.

(4) 左闭右开区间：$[a,b)=\{x\mid a\leqslant x<b\}$.

例如，函数 $f(x)=\sqrt{4x-x^2}$ 的定义域可以写成 $[0,4]$，值域可以写成 $[0,2]$.

基础自测

1. （清华大学 2018 年中学生标准学术能力测试诊断题）已知集合 $M=\{y\mid y=x^2-1,x\in\mathbf{R}\}$，$N=\{x\mid y=\sqrt{4-x^2}\}$，则 $M\cup N=($　　$)$.

A. $[-1,2]$　　B. $[-1,+\infty)$　　C. $[-2,+\infty)$　　D. $\varnothing$

2. 小明骑车上学，开始时匀速行驶，途中因交通堵塞停留了一段时间. 若之后再加快速度行驶，则与全程吻合得最好的图像是（　　）；若之后仍匀速行驶，则与全程吻合得最好的图像是（　　）.

A.
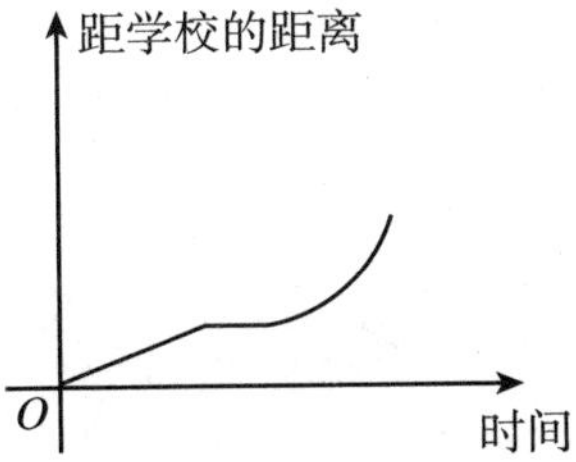

B.
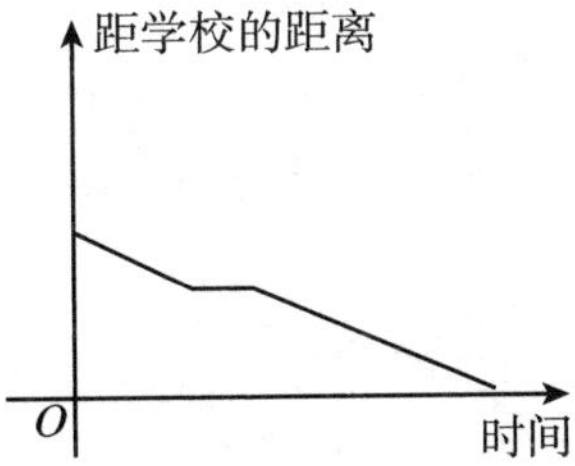

C.
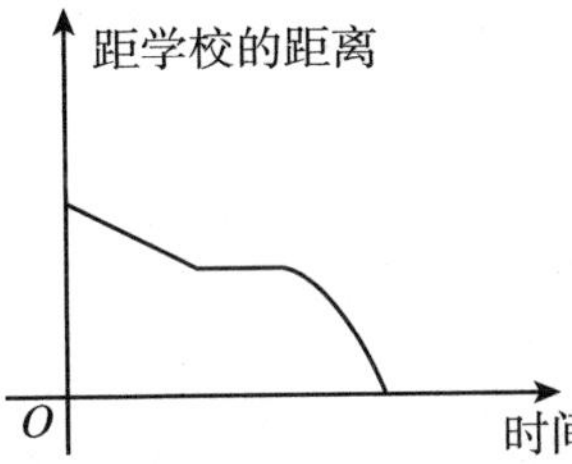

D.
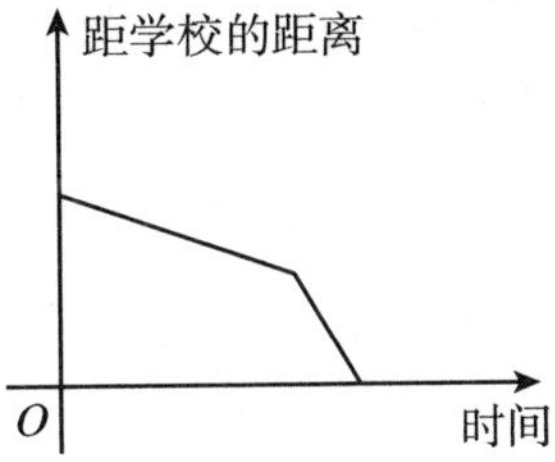

3. 分别作出下列三个函数的图像：

(1) $y=\sqrt{x^2}$；　　(2) $y=(\sqrt{x})^2$；　　(3) $y=\sqrt[3]{x^3}$.

4. 函数 $y=\sqrt{7+6x-x^2}$ 的定义域是________，值域是________.

5. 已知函数 $y=\dfrac{x+1}{2x^2-5x-3}$，求其：(1) 定义域；(2) 值域.

达标训练

6. 某人某天在 8 小时生产期间内的生产速度总在不断提高，其中后 4 个小时生产的增长速度保持不变. 若前 4 个小时的生产增长速度越来越慢，则此人在这天 8 小时生产期间内的产量 y 与时间 t 的函数图像可能是(　　)；若前 4 个小时生产增长速度越来越快，则此人在这天 8 小时生产期间内的产量 y 与时间 t 的函数图像可能是(　　).

A. 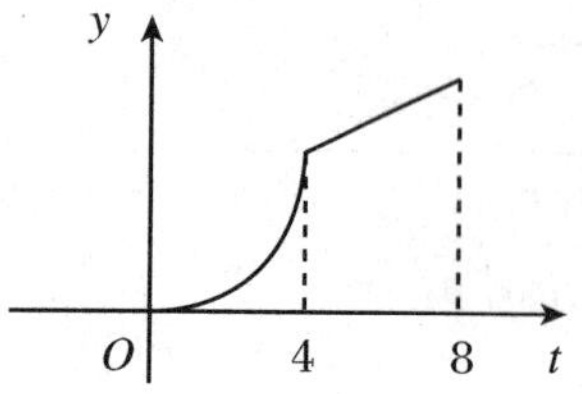

B. 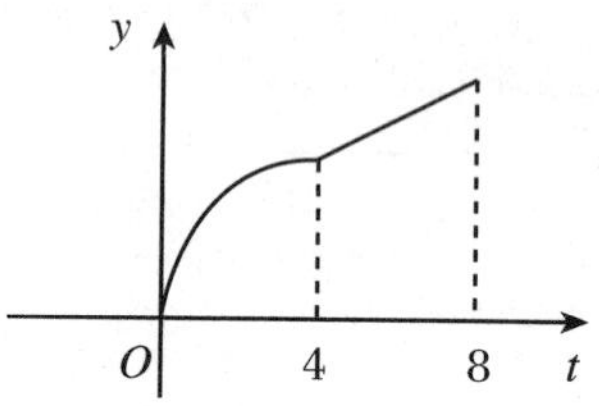

C. 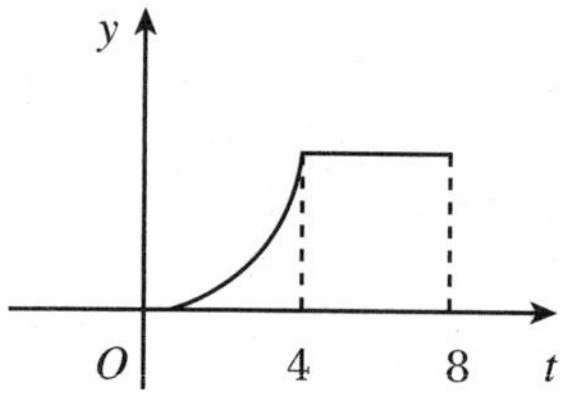

D. 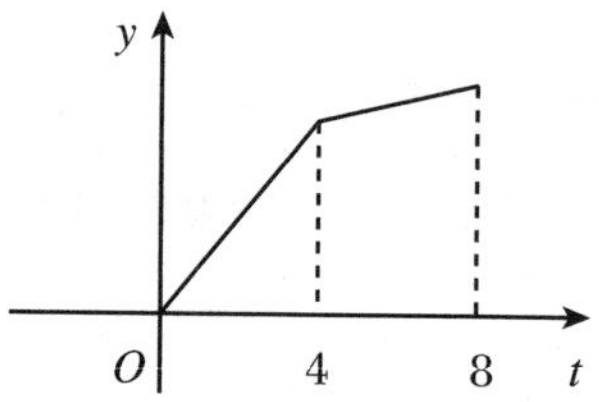

7. (华中师大一附中 2017 年自主招生试题)已知 $y=f(x)$ 满足：① $f(1)=1$；② 当 $0<x<1$ 时，$f(x)>0$；③ 对于任意 x,y，有 $f(x+y)-f(x-y)=2f(1-x)f(y)$. 则 $f\left(\dfrac{1}{3}\right)=$(　　).

A. 1　　B. $\dfrac{1}{2}$　　C. $\dfrac{\sqrt{2}}{2}$　　D. $\dfrac{\sqrt{3}}{3}$

8. 已知分段函数 $f(x)=\begin{cases} x+\dfrac{3}{x}-3, & x\geqslant 1; \\ x^2+1, & x<1; \end{cases}$ 则 $f(f(-3))=$________，$f(f(2))=$________.

9. 函数 $y=\dfrac{\sqrt{4-x^2}}{x-2}$ 的定义域是________；函数 $y=\dfrac{\sqrt{4-x^2}}{x^2-2}$ 的定义域是________；函数 $y=\dfrac{\sqrt{4x-3}}{\sqrt{x+2}}$ 的定义域是________；函数 $y=\sqrt{\dfrac{4x-3}{x+2}}$ 的定义域是________.

10. 设 $f(x)=x^2+bx+c$，若 $f(-4)=f(0)$，$f(-2)=-1$，则 $b=$________，$c=$________.

11. 函数 $y=\sqrt{3-x}+\sqrt{5+x}$的定义域是________，值域是________.

12.（黑龙江省哈尔滨十九中 2016 年高一新生入学测试题）在运动会田径赛中，甲、乙同时起跑，刚跑出 200 米，甲不慎摔倒，他又爬起来继续投入比赛，若他们所跑的路程 y（米）与比赛时间 x（秒）的关系如图 19.1 所示，有下列说法：① 他们进行的是 800 米比赛；② 甲比乙先到达终点；③ 乙全程的平均速度为 6.4 米/秒；④ 甲再次投入比赛后在距离终点 300 米时追上乙. 其中说法正确的序号是________.

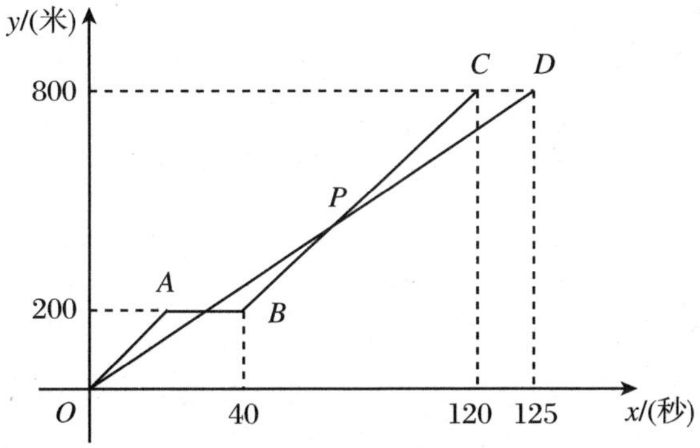

图 19.1

13. 如图 19.2 所示，质点 P 在菱形 $ABCD$ 的三边 AB，BC，CD 上按 $A\to B\to C\to D$ 进行匀速且连续地移动，设△APD 的面积为 y，移动时间为 x.

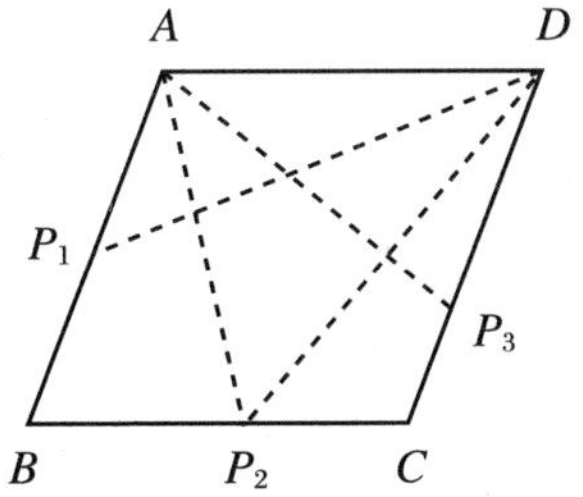

图 19.2

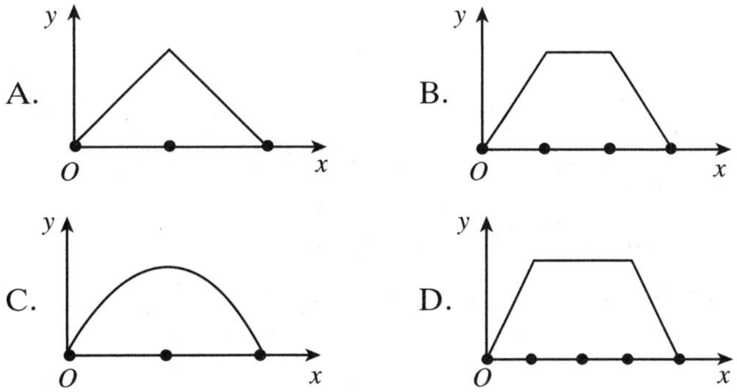

（1）y 关于 x 的图像只可能是（　　）.

（2）若 $AD=2$ 米，$\angle ABC=45^\circ$，且质点移动速度为 $v=50$（厘米/秒），试求面积 y（平方米）关于时间 x（秒）的函数表达式.

14. 根据下列函数迭代式分别求出函数解析式：

(1) $f(x)+2f(-x)=3x-4$；

(2) $f(x)+2f\left(\dfrac{1}{x}\right)=3x-4$.

15. (1) 已知 $f(x)=\sqrt{3-2x}+\dfrac{4}{x-1}$，则 $f(x)$的定义域是________；函数 $f(x-1)=$________的定义域是________；函数 $f\left(\dfrac{1}{x}\right)=$________的定义域是________.

(2) 一般地，设函数 $f(x)$的定义域是 D，给出三个判断：① 复合函数 $f(kx+b)$的定义域由 $kx+b\in D$ 解得；② 复合函数 $f\left(\dfrac{k}{x}+h\right)$的定义域由$\dfrac{k}{x}+h\in D$ 解得；③ 复合函数 $f(g(x))$的定义域由 $g(x)\in D$ 解得. 其中判断正确的序号是________.

(3) 已知函数 $f(x+1)$的定义域是$[-2,3)$，求 $f\left(\dfrac{2x+1}{x}\right)$的定义域.

16. 已知分段函数 $f(x)=\begin{cases}x^2+4x, & x<0;\\ -x^2, & x\geqslant 0.\end{cases}$ 求：

(1) 方程 $f(f(x))+4=0$ 的解集；

(2) 不等式 $f(f(x))-5\leqslant 0$ 的解集.

滚动复习

17.（四川省成都七中2019年自主招生试题）当 $x=\frac{3+\sqrt{13}}{2}$ 时，$x^4-3x^3-3x+1=$ ________.

18. 若规定数集 $E=\{a_1,a_2,\cdots,a_{10}\}$ 的子集 $\{a_i,a_j,\cdots,a_t\}$ 为 E 的第 k 个子集，其中 $k=2^{i-1}+2^{j-1}+\cdots+2^{t-1}$，且 $\{i,j,\cdots,t\}\subseteq\{1,2,\cdots,10\}$. 试求：

(1) $\{a_2,a_3,a_5\}$ 是集合 E 的第几个子集；

(2) 集合 E 的第 618 个子集.

19. 已知 $A=\left\{x\left|\frac{ax-1}{x-a}<0\right.\right\}$，若 $2\in A$，且 $3\notin A$.

(1) 求实数 a 的取值范围.

(2) 判断 4 是否属于 A（即 $4\in A$ 是否成立）.

20. 如图 19.3 所示，依次有一系列点 $P_1(1,0)$，$P_2(2,0)$，$P_3(2,1)$，$P_4(1,1)$，$P_5(1,2)$，$P_6(2,2)$，$P_7(3,2)$，$P_8(3,1)$，$P_9(3,0)$，$P_{10}(4,0)$，…

(1) 写出点 P_4，P_9，P_{16}，P_{25}，P_{36}，P_{49} 的坐标；

(2) 求两点 P_{200} 与 P_{300} 之间的距离 $|P_{200}P_{300}|$.

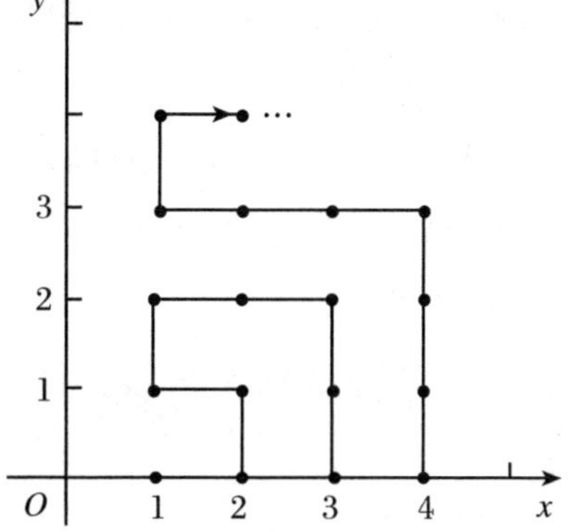

图 19.3

第20课　函数的单调性、值域及最值

知识梳理

1．函数的单调性

设函数 $f(x)$ 的定义域为 I，在 I 的某个区间 D 上任取两个自变量 x_1 与 x_2，且 $x_1<x_2$．

(1) 若都有 $f(x_1)<f(x_2)$，则称函数 $f(x)$ 在区间 D 上是增函数，此时 D 是 $f(x)$ 的一个递增区间；

(2) 若都有 $f(x_1)>f(x_2)$，则称函数 $f(x)$ 在区间 D 上是减函数，此时 D 是 $f(x)$ 的一个递减区间．

例如，二次函数 $y=2x^2-3x+4$ 的递增区间是 $\left[\frac{3}{4},+\infty\right)$，递减区间是 $\left(-\infty,\frac{3}{4}\right]$，也可以说 $[1,6]$，$(1,9]$，$(\sqrt{2},2)$ 都是此函数的单调区间．

2．单调函数的运算性质

在同一区间 D 上，两个增函数（减函数）的和函数仍然是增函数（减函数），增函数减去减函数的差函数是增函数，减函数减去增函数的差函数是减函数；增函数（减函数）乘以正常数的积函数仍然是增函数（减函数），增函数（减函数）乘以负常数的积函数改变为减函数（增函数），两个函数值恒正的增函数（减函数）相乘的积函数仍然是增函数（减函数），等等．

例如，由于两个函数 $y=2x$，$y=\frac{4}{x}$ 在 $(0,+\infty)$ 上分别是增函数和减函数，所以差函数 $y=2x-\frac{4}{x}$ 在区间 $(0,+\infty)$ 上是增函数．

3．函数的最值

函数的最大（小）值是函数值域中可能存在的最大（小）值，或者说是函数图像中可能存在的最高点（最低点）的纵坐标．

例如，函数 $y=\frac{6}{x}(0<|x|<2)$ 的值域是 $(-\infty,-3)\cup(3,+\infty)$，没有最值；函数 $y=\frac{6}{x}$ $(3\leqslant x<6)$ 的值域是 $(1,2]$，最大值是 2，没有最小值．注意，函数值域的边界值不一定达到最值．

基础自测

1.（浙江省温州中学 2019 年自主招生试题）对于反比例函数 $y=\frac{k}{x}$，如果当 $-2\leqslant x\leqslant -1$ 时，有最大值 $y_{max}=4$，则当 $x\geqslant 8$ 时，有（　　）.

A. 最小值 $y_{min}=-\frac{1}{2}$　　B. 最大值 $y_{max}=-\frac{1}{2}$

C. 最小值 $y_{min}=-1$　　D. 最大值 $y_{max}=-1$

2. 对于反比例函数 $y=\frac{-2}{x}$，给出下列判断：① $f(x)$ 在 $(-\infty,0)$ 上递增；② $f(x)$ 在 $(0,+\infty)$ 上递增；③ $f(x)$ 在 $(-\infty,0)\cup(0,+\infty)$ 上递增；④ $[-5,-3]$ 是 $f(x)$ 的一个递增区间；⑤ $f(x)$ 在 $[2,4]$ 上的最大值为 $-\frac{1}{2}$、最小值为 -1；⑥ 函数在 $[1,+\infty)$ 上的最大值无限接近于 0，最小值等于 -2. 其中，判断正确的序号是________.

3. 函数 $y=2x^2+3x-1$ 的递增区间是________，递减区间是________；在区间 $[-3,-1)$ 上的最大值________，最小值________；在区间 $[-2,0)$ 上的最大值________，最小值________.

4. 作出函数 $y=\begin{cases}2x+x^2, & x\leqslant 0;\\ 2x-x^2, & x>0\end{cases}$ 的图像，则该函数的增区间是________，减区间是________.

5. 若定义 $\min\{a,b\}$ 为两实数 a,b 的较小者，则 $f(x)=\min\left\{x^2,\frac{8}{x}\right\}$ 在 $(1,3]$ 上的值域是________.

6. 已知函数 $f(x)$ 在区间 D 上是增(减)函数且总有 $f(x)\geqslant 0$，求证：复合函数 $g(x)=\sqrt{f(x)}$ 在区间 D 上仍然是增(减)函数.

达标训练

7. 函数 $y=\sqrt{2x^2+4x-6}$ 的递增区间是（　　），递减区间是（　　）.

A. $(-\infty,-1]$　　B. $[-1,+\infty)$　　C. $(-\infty,-3]$　　D. $[1,+\infty)$

8. 如果函数 $y=-x^2+(2m-6)x-5+m$ 在闭区间 $[-2,3]$ 上递减，则实数 m 的取值范围是（　　）；如果该函数在上述区间上递增，则实数 m 的取值范围是（　　）.

A. $(-\infty,1]$　　B. $[1,+\infty)$　　C. $(-\infty,6]$　　D. $[6,+\infty)$

9. 如果分段函数 $y=\begin{cases}a-2x, & x<1;\\ x^{-1}, & x\geqslant 1\end{cases}$ 在 $\mathbf{R}$ 上是减函数，则实数 a 的取值范围是________，

函数的值域是________.

10．已知 $f(x)=\begin{cases}x^2+2x-3, & x<1;\\ 2x+b, & x\geqslant 1\end{cases}$ 的增区间是 $[-1,+\infty)$，则最小值 $f(x)_{\min}=$________，且实数 b 的取值范围是________.

11．(广东省惠州一中2017年新高一分班测试题)已知 x,y 是正实数，且满足 $2x+y+6=xy$，则 $2xy$ 的值域为________.

12．(上海交大自主招生试题改编题)求函数 $y=\dfrac{x+1}{x^2+8}$ 的最大值、最小值及值域.

13．求下列函数的最大值和最小值：

(1) $f(x)=\sqrt{2x+3}+\sqrt{2x-4}$；

(2) $g(x)=\sqrt{2x+3}+\sqrt{4-2x}$；

(3) $h(x)=\sqrt{3-2x}-\sqrt{4+2x}$.

14．(华中师大一附中2017年新高一入学摸底试题)求函数 $f(x)=x^2-4x+3(t\leqslant x\leqslant t+2)$ 的最大值与最小值.

15. 运用定义求证：

(1) 函数 $f(x)=x^3+2x$ 在 $\mathbf{R}$ 上是增函数；

(2) 函数 $g(x)=\frac{2}{x}-x$ 在$(0,+\infty)$是减函数.

16.（全国高考试题、浙江学考试题、浙江高考试题、浙江竞赛试题、上海高考试题、上海竞赛试题、北京竞赛试题、天津高考试题、武汉大学自招试题等的合编题）

(1) 求证：函数 $g(x)=x+\frac{4}{x}$ 在$(0,2]$上单调递减，在$[2,+\infty)$上单调递增.

(2) 函数 $g(x)=x+\frac{4}{x}$ 在区间$\left[\frac{1}{2},\frac{9}{2}\right]$上的最大值等于________，最小值等于________.

(3) 函数 $g(x)=x+\frac{4}{x}$ 在区间$[1,\sqrt{3}]$上的最大值等于________，最小值等于________.

(4) 某公司一年内购买某种货物 8 吨，每次购买 x 吨，每次运费为 3 万元，一年内的总存储费为 $6x$ 万元. 当 x 为何值时，一年的总运费与总存储费之和最小？并求此最小值.

(5) 函数 $y=\frac{x}{3}+\frac{4}{x}\ (x>0)$ 的最小值等于________，此时对应的正数 x 的值等于________.

(6*) 选做：设 $a>0,b>0$，对于定义在 $\mathbf{R}_+$ 上的函数 $g(x)=ax+\frac{b}{x}$，求 $g(x)$ 的最小值及其对应的 x 值，并猜想（直接写出且在草稿纸上验证）函数 $g(x)$ 的单调性.

滚动复习

17. 在实数范围内,48 的平方根为________,立方根为________,四次方根为________.

18. (浙江省杭州市源清中学 2018 年新高一分班测试题)若不等式组 $\begin{cases}1+x<a,\\ \frac{1}{2}(x+1)\leqslant\frac{1}{3}(x+2)-1\end{cases}$ 的解是 $x<a-1$,则实数 a 的取值范围是________.

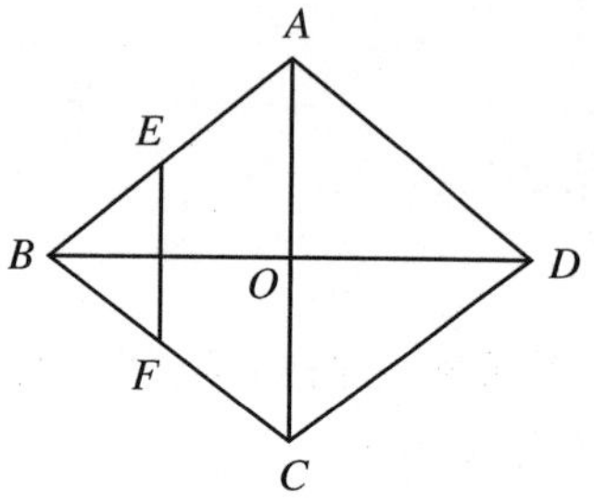

图 20.1

19. (广西 2015 年重点高中实验班选拔试题)如图 20.1 所示,菱形 $ABCD$ 的两条对角线相交于点 O,点 E,F 分别是 AB,BC 的中点,连接 EF,已知 $EF=\sqrt{3}$,$BD=4$,则该菱形的周长为________.

20. 从 1,2,3,4 这四张卡片中任意取出两张,则和为 5 的概率为________,和不大于 5 的概率为________,和为偶数的概率为________,积为偶数的概率为________.

21. (四川省成都七中 2019 年自主招生试题改编题)设 x,y 是实数,记 $M=5x^2-12xy+10y^2-6x-4y+13$,则当 $x=$________,$y=$________时,二元函数 M 取得最小值________.

22. 如图 20.2 所示,边长为 8 米的正方形钢板有一个角被锈蚀,$AE=4$ 米,$CD=6$ 米.要在五边形 $ABCDE$ 内截取一个矩形 $BNPM$,使点 P 在边 DE 上,求矩形 $BNPM$ 面积的最大值.

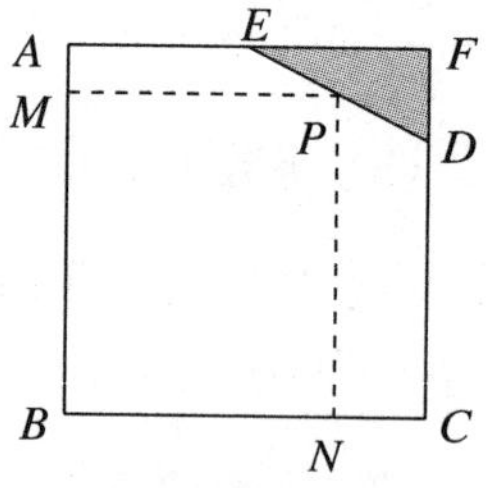

图 20.2

23. 已知正方形 $ABCD$ 的顶点逆时针排列,且 $A(-3,-3)$,$C(1,-1)$.求:

(1) 点 B,D 的坐标;

(2) 直线 BD 所表示的一次函数解析式.

24. (江西省临川一中 2019 年新高一摸底试题)解关于 x 的不等式:$(a-1)x^2+(2a-1)x+2>0$.

第21课　函数的奇偶性及其图像的对称性

知识梳理

1．函数的奇偶性

如果在函数 $f(x)$的定义域内任意非零的 x 与 $-x$ 是成对出现的，从定义域内任取一个自变量 x：

(1) 若 $f(-x)=-f(x)$，则称函数 $f(x)$为奇函数，奇函数的图像关于坐标原点对称（反之亦然）．

(2) 若 $f(-x)=f(x)$，则称函数 $f(x)$为偶函数，偶函数的图像关于 y 轴对称（反之亦然）．

例如，函数 $y=\frac{2}{x}$在定义域$(-\infty,0)\cup(0,+\infty)$上是奇函数，图像关于坐标原点对称；函数 $y=x^2-2$ 在定义域 $\mathbf{R}$ 上是偶函数，图像关于 y 轴对称．

再如，函数 $y=\frac{2}{x}(x\neq 0,x\in\mathbf{Z})$是奇函数，函数 $y=x^2-2(|x|\geqslant 3,x\in\mathbf{Z})$是偶函数．

2．奇偶函数的性质

(1) 当 $x=0$ 在奇函数 $f(x)$的定义域内时，必有 $f(0)=0$；而偶函数则不然．

(2) 在两个同奇（偶）函数的公共定义域内，它们的和差函数仍然是奇（偶）函数．

例如，函数 $f_1(x)=x+2x^3$ 是奇函数，函数 $f_2(x)=2x-\frac{1}{x}$是奇函数，函数 $f_3(x)=2x^4+\frac{1}{x^2}$是偶函数，函数 $f_4(x)=x^2-2x^4$ 是偶函数．

(3) 定义域在 x 轴上的对应点关于原点对称的函数$f(x)$总可以写成一个奇函数与一个偶函数的和，即 $f(x)=\frac{f(x)-f(-x)}{2}+\frac{f(x)+f(-x)}{2}$．

(4) 奇（偶）函数 $f(x)$在 $x>0$ 与 $x<0$ 对应范围内的增减单调性相同（相反）．例如，奇函数 $f(x)=\begin{cases}2-(x-1)^2, & x>0;\\(x+1)^2-2, & x<0\end{cases}$的增区间是$[-1,0)$，$(0,1]$；减区间是$(-\infty,-1]$，$[1,+\infty)$．

基础自测

1.（内蒙古萨拉齐二中2014年新高一分班测试题）下列函数中，既是偶函数又在区间$(-\infty,0)$上单调递增的是(　　).

A. $f(x)=\frac{1}{x^2}$　　B. $f(x)=x^2+1$　　C. $f(x)=x^3$　　D. $f(x)=x^2+\frac{4}{x^2}$

2. 给出5个函数：$f_1(x)=\sqrt{x}$，$f_2(x)=\sqrt[3]{x^2}$，$f_3(x)=x^{-3}$，$f_4(x)=\sqrt{2-x^2}-\frac{3}{4-|x|}$，$f_5(x)=\sqrt{2-x^2}+\sqrt{x^2-2}$. 其中有(　　)个是奇函数，有(　　)个是偶函数，有(　　)个是非奇非偶函数.

A. 1　　B. 2　　C. 3　　D. 4

3. 作出偶函数 $y=\begin{cases}-x^2-4x-3, & x\leqslant 0;\\ \underline{\qquad\qquad}, & x>0\end{cases}$ 的图像.

4. 作出奇函数 $y=\begin{cases}\underline{\qquad\qquad}, & x<0;\\ \underline{\qquad\qquad}, & x=0;\\ x^2+2x+1, & x>0\end{cases}$ 的图像.

5. 判断下列函数的奇偶性：

(1) $f(x)=2$；

(2) $f(x)=2x^3-3x^2$；

(3) $f(x)=\frac{\sqrt{1+x^2}+x-1}{\sqrt{1+x^2}+x+1}$.

达标训练

6. 已知定义在 $\mathbf{R}$ 上的函数 $f(x)$ 在开区间 $(0,+\infty)$ 上是增函数，$f(\sqrt{3})<0<f(\sqrt{7})$. 若 $f(x)$ 是奇函数，则方程 $f(x)=0$ 共有(　　)个实根；若 $f(x)$ 是偶函数，则方程 $f(x)=0$ 共有(　　)个实根.

A. 2　　B. 2 或 3　　C. 3　　D. 其他答案

7. 若 $f(x)$ 在 $(-\infty,+\infty)$ 上是递减的奇函数，$f(-4)=2$，则不等式 $|f(x-3)|\leqslant 2$ 的解集是(　　).

A. $[1,7]$　　B. $[-7,-1]$　　C. $[-7,1]$　　D. $[-1,7]$

8. 给出下列 5 个命题：① 常函数 $y=0$ 既是奇函数又是偶函数；② 奇函数 $f(x)$ 必有 $f(0)=0$；③ 如果偶函数在区间 $[m,n)$ 上递增，且 $n<0$，那么此函数在 $(-n,-m]$ 上递减；④ 一个奇函数与一个偶函数在公共定义域内相乘的积函数是奇函数；⑤ 一个非零奇函数与一个非零偶函数在公共定义域内相加的和函数既不是奇函数又不是偶函数. 其中，真命题的序号是________.

9. (1) 对于偶函数 $f(x)=x^4+2x^2-3$，函数值 $f(2)$，$f(3)$，$f(-\sqrt{5})$，$f(-\sqrt{10})$ 的大小关系是________；

(2) 如果定义在 $\mathbf{R}$ 上的偶函数 $f(x)$ 在 $[0,+\infty)$ 上递增，则当且仅当________时，$f(m)<f(n)$；

(3) 如果定义在 $\mathbf{R}$ 上的偶函数 $f(x)$ 在 $[0,+\infty)$ 上递减，则当且仅当________时，$f(m)<f(n)$.

10. 定义在 $\mathbf{R}$ 上的偶函数 $f(x)$ 满足 $f(x-1)=f(x+1)$，且在 $[-1,0]$ 上为减函数，则 $f(\sqrt{2})$，$f(2)$，$f(3)$ 的大小关系是________.

11. 设函数 $f(x)$ 的定义域是 $\mathbf{R}$.

(1) 若 $f(x-4)$ 是偶函数，则 $f(x)$ 的图像关于直线________对称；

(2) 若 $f(x-4)$ 是奇函数，则 $f(x)$ 的图像关于点________对称.

12. 如果函数 $f(x)$ 的定义域是 $\{x\in\mathbf{R}\,|\,x\neq 1\}$，函数 $f(x-1)$ 是偶函数，当 $x<1$ 时，$f(x)=2x^2-x-1$，则当 $x>1$ 时，$f(x)$ 的递减区间是________.

13. (浙江省温州中学 2019 年自主招生试题)已知关于 x 的函数 $y=kx^2-(k-1)x-2k-2$，若当 $x\geqslant\dfrac{1}{3}$ 时，函数 y 的值随着 x 值的增大而增大，求实数 k 的取值范围.

14.（全国高考试题改编题）已知偶函数 $f(x)$ 在 $[0,+\infty)$ 单调递减，$f(2)=0$. 求：

(1) 不等式 $f(x)\leqslant 0$ 的解集；

(2) 不等式 $f(2x-3)\geqslant 0$ 的解集.

15. (1) 当实数 a 为何值时，绝对值函数 $y=2|x+3|+|2x+a|$ 是偶函数？并给予证明.

(2) 当实数 a 为何值时，分式函数 $f(x)=\dfrac{x}{(2x+1)(x-a)}$ 为奇函数？并给予证明.

16. 已知函数 $f(x)=\dfrac{(1+x)^2+\sqrt[3]{x}}{1+x^2}(|x|\leqslant 9)$.

(1) 设 $g(x)=f(x)-1$，判断 $g(x)$ 的奇偶性.

(2) 求 $f(x)$ 的最大值与最小值之和.

17. 已知 $f(x)$ 是定义在 $\mathbf{R}$ 上的奇函数，当 $x>0$ 时，$f(x)=x^2-4x$，求：

(1) 集合 $\{x|f(x)\geqslant 0\}$；

(2) 集合 $\{x|f(x)>x\}$.

18. 已知 $f(x)$ 是定义在区间 $[-1,1]$ 上的偶函数，$f(x)$ 与 $g(x)$ 的图像关于 $x=1$ 对称，且当 $x\in[2,3]$ 时，$g(x)=6(x-2)-2(x-2)^3$. 求：

(1) $f(x)$ 的解析式；

(2) $g\left(\dfrac{3}{2}\right)$ 的值.

滚动复习

19.（山东省枣庄实验高中2018年自主招生试题）图21.1是由若干个相同的小立方体搭成的几何体的俯视图和左(侧)视图，则小立方体的个数可能是________.

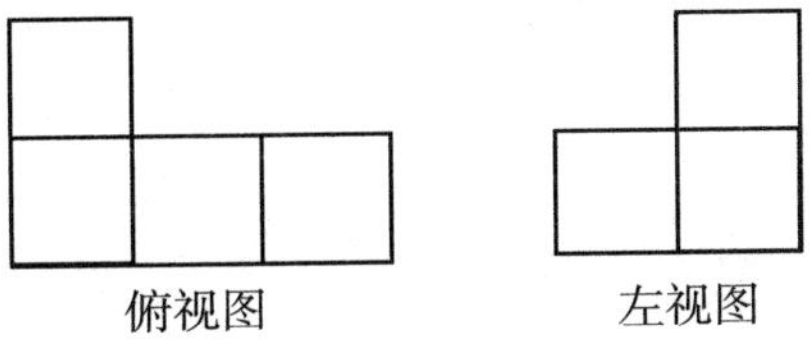

图21.1

20.（1）（甘肃省天水一中2019年新高一分班测试题）已知圆 O 是边长为2的等边 $\triangle ABC$ 的内切圆，则圆 O 的面积等于________；

（2）已知一个等腰三角形的腰长为13，底长为10，则该三角形的外接圆半径等于________.

21.（1）证明：任意平行四边形四边的平方和等于两条对角线的平方和.

（2）（浙江省竞赛试题改编题）在▱$ABCD$ 中，已知 $AB=2$，$BC=1$，$CA=\sqrt{7}$，求 BD.

（3）证明三角形的中线定理：若点 D 是 $\triangle ABC$ 的边 BC 的中点，则 $AD=\frac{1}{2}\sqrt{2(AB^2+AC^2)-BC^2}$.

22. 已知三个实数 a,b,c 满足两个等式 $(a+2)^3+15(a+2)=c$，$(b-6)^3+15(b-6)=-c$，试问：$a+b$ 是否为定值？若是，求出该定值；否则，说明理由.

23. 如图21.2所示，两点 D,E 分别在 $\triangle ABC$ 的两边 BC,CA 上，两条连线段 AD 与 BE 交于一点 O，如果 $\frac{CD}{DB}=\frac{1}{2}$，$\frac{CE}{EA}=\frac{3}{2}$，试问：$\frac{S_{\text{四边形}CEOD}}{S_{\triangle ABC}}$ 是否为定值？为什么？

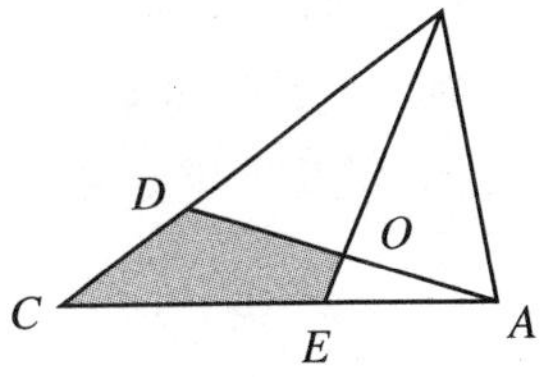

图21.2

第22课　绝对值函数，绝对值方程，绝对值不等式

知识梳理

1．绝对值函数

绝对值符号内含有自变量的函数叫做绝对值函数，其图像一般包含折线或折曲线．例如，函数 $y=2-|x|$ 即 $y=\begin{cases}2+x, & x<0;\\ 2-x, & x\geqslant 0\end{cases}$ 的图像如图22.1所示，可知该函数在$(-\infty,0]$上递增，在$[0,+\infty)$上递减，当 $x=0$ 时，函数取得最大值2.

再如，绝对值函数 $y=|x+1|+|x-2|$ 即 $y=\begin{cases}1-2x, & x<-1;\\ 3, & -1\leqslant x<2;\\ 2x-1, & x\geqslant 2\end{cases}$ 的图像如图22.2所示，可知该函数在$(-\infty,-1]$上递减，在$[2,+\infty)$上递增，当 $-1\leqslant x\leqslant 2$ 时，函数取得最小值3.

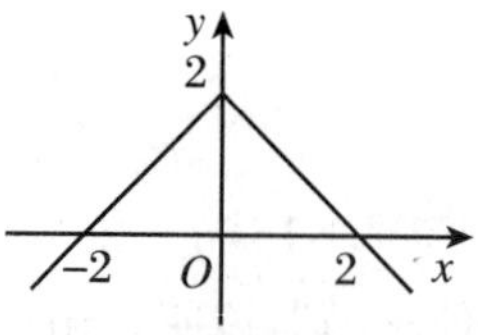

图22.1

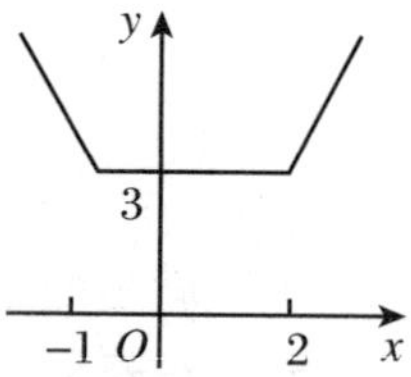

图22.2

2．绝对值方程

绝对值符号内含有未知数的方程叫做绝对值方程，解绝对值方程的常用方法是定义法、零点区间分类法、图像法．其中，定义法的操作方式是：

$$|x|=a\,(a>0)\Leftrightarrow x=\pm a;$$
$$|x|=0\quad\Leftrightarrow x=0;$$
$$|x|=a\,(a<0)\Leftrightarrow x\in\varnothing.$$

3．绝对值不等式

绝对值符号内含有未知数的不等式叫做绝对值不等式，解绝对值不等式的常用方法是定义法、零点区间分类法、图像法．其中，定义法的操作方式是：

$$|x|<a\,(a>0)\Leftrightarrow -a<x<a;$$
$$|x|<a\,(a\leqslant 0)\Leftrightarrow x\in\varnothing;$$
$$|x|>a\,(a\geqslant 0)\Leftrightarrow x<-a \text{ 或 } x>a;$$
$$|x|>a\,(a\leqslant 0)\Leftrightarrow x\in\mathbf{R}.$$

基础自测

1.(湖南省长沙市周南中学2016年新高一入学测试题)函数 $y=2x^2+4|x|-1$ 的最小值为________.

2. 把绝对值函数化成分段函数并作其图像:

(1) $y=|x+2|-3$;　　(2) $y=|2x-3|$;

(3) $y=|x-1|+|x+2|$;　　(4) $y=|x-1|-|x+2|$.

3. 函数 $y=|x+2|-3$ 的递增区间是(　　),递减区间是(　　);函数 $y=|x-1|+|x+2|$ 的递增区间是(　　),递减区间是(　　);函数 $y=|x-1|-|x+2|$ 的递增区间是(　　),递减区间是(　　).

A. $(-\infty,-2]$　　B. $[-2,1]$　　C. $[-2,+\infty)$

D. $(-\infty,1]$　　E. $[1,+\infty)$　　F. 不存在的

4. 方程 $|2x-3|=4$ 的解是________;不等式 $|2x-3|\leqslant 4$ 的解是________;不等式 $|2x-3|>4$ 的解是________.

5. 方程 $|x-1|-|x+2|=3$ 的解是________;方程 $|x-1|-|x+2|=-2$ 的解是________;不等式 $|x-1|-|x+2|+2>0$ 的解是________.

达标训练

6. 绝对值方程 $|x-2|=4$ 的解是(　　);绝对值方程 $||x-2|+3|=4$ 的解是(　　);绝对值方程 $||x-2|-4|=3$ 的解是(　　).

A. $\{-5,3\}$　　B. $\{-2,6\}$　　C. $\{-5,1,3,9\}$

D. $\{1,3\}$　　E. $\{-2,9\}$　　F. $\{-5,1,3,6\}$

7. 已知二次函数 $f(x)=x^2+2mx+n$,则当(　　)时,$f(x_1)>f(x_2)$;当(　　)时,$f(x_1)<f(x_2)$.

A. $|x_1+m|>|x_2+m|$　　B. $|x_1+m|<|x_2+m|$

C. $|x_1-m|>|x_2-m|$　　D. $|x_1+m|<|x_2+m|$

8. 绝对值方程$|x^2-x-6|+|x^2-2x-8|=0$的解是________；绝对值不等式$|x^2-x-6|+|x^2-2x-8|>0$的解是________.

9. 函数$y=|2x-1|-3$的单调增区间是________，单调减区间是________；它的图像折线与x轴所围成的封闭图形的面积等于________.

10. 若方程$|x^2-3|=a$恰有4个相异实数根，则实数a的取值范围是________；若方程$|x^2-3|=a$恰有2个相异实数根，则a的取值范围是________；不等式$|x^2-3|\leqslant 1$的解是________.

11. 已知两个函数的图像都呈"V"形，如图22.3所示，那么图(a)所对应的函数式是________；图(b)所对应的函数式是________.

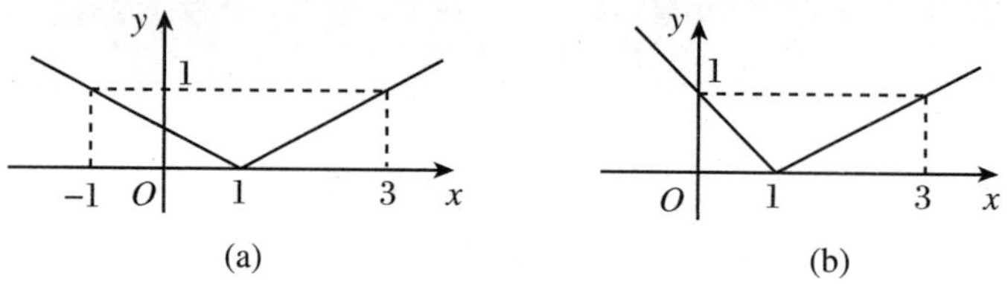

图 22.3

12. 已知函数$f(x)=|x+2|+2|x-1|$.

(1) 求函数$f(x)$的单调性.

(2)（清华大学2018年中学生标准学术能力测试诊断题）解不等式$f(x)\geqslant 5$.

13.（湖北省宜昌一中2018年新高一入学测试题）已知关于x的方程$x^2-(m-2)x-\frac{1}{4}m^2=0$的两个实根$x_1,x_2$满足$|x_2|=|x_1|+2$，求$m$的值及其对应的实根$x_1,x_2$.

14. 把下列绝对值函数化成分段函数，作出函数图像，并指出函数的单调性和奇偶性.

(1) $y=x^2-2|x|-3$；

(2) $y=|x^2-2x-3|$.

15. 已知两个函数 $f(x)=1-|x-2|, g(x)=kx$ 的图像.

(1) 若两图像有两个交点,求实数 k 的取值范围;

(2) 若两图像没有公共点,求实数 k 的取值范围.

16. (全国高考试题改编题)已知函数 $f(x)=|x+1|-|2x-3|$.

(1) 作出 $y=f(x)$的图像;

(2) 指出函数 $f(x)$的单调区间和最大值;

(3) 解不等式 $f(x)\geqslant 1$;

(4) 解不等式$|f(x)|>1$.

17. 已知函数 $f(x)=\left|x-\dfrac{1}{x}\right|+\left|x+\dfrac{1}{x}\right|$.

(1) 判断函数 $f(x)$的奇偶性;

(2) 作出函数 $f(x)$的图像;

(3) 如果函数 $f(x)$在区间$[-1, m^2-2)$上单调递增,求实数 m 的取值范围.

滚动复习

18. 下列四个坐标图形不间断且含有端点,如图 22.4 所示,其中图(c)中间的线段端点坐标是$\left(\dfrac{1}{3},1\right),\left(\dfrac{5}{4},1\right)$,则能够表示函数关系的图形标号分别是________;其对应的函数式依次是________________________________.

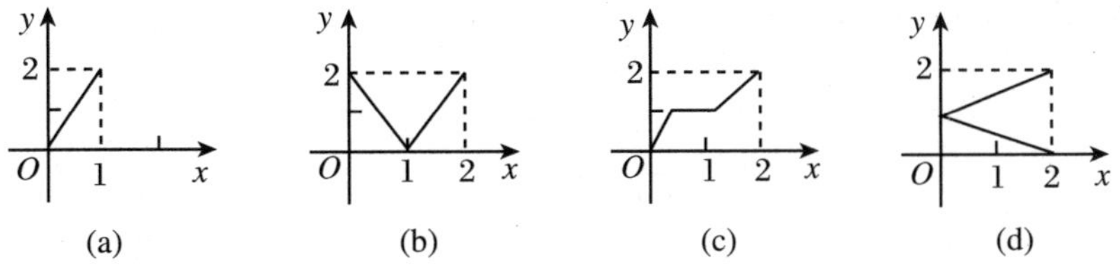

图 22.4

19. (1) 填充表22.1所示函数的定义域和值域.

表22.1

函数	定义域	值域
$y=\sqrt{x^2+9}$		
$y=\sqrt{x^2}$		
$y=\sqrt{x^2-9}$		
$y=\sqrt{-x^2+9}$		

(2) 设函数 $f(x)=\sqrt{x^2-mx+m}$,则使 $f(x)$定义域为 $\mathbf{R}$ 的 m 的取值范围是________;使 $f(x)$值域为$[0,+\infty)$的 m 的取值范围是________;使 $f(x)$值域为$[3,+\infty)$的 m 的取值范围是________.

(3) 设函数 $f(x)=\sqrt{mx^2-x+m}$,则使 $f(x)$定义域为 $\mathbf{R}$ 的 m 的取值范围是________;使 $f(x)$值域为$[0,2]$的 m 的取值范围是________.

20. 如图22.5所示,$\triangle ABC$ 是正三角形,$\angle ADC=120^\circ$,连 BD,求证:$BD=AD+DC$.

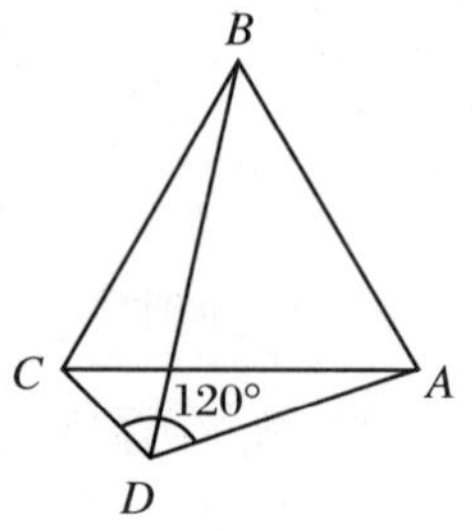

图22.5

21. (1) 设函数 $f(x)=3x^4-x^3-5x^2+4x+m$,若 $f(6)=136$,求 $f(-6)$的值;

(2) 领悟(1)的题意和解法,请你抽象出一个某一层次的概括结论.

22. 如图22.6所示,梯形 $ABCD$ 的对角线交于点 O,两条对角线 BD,AC 的中点依次为点 E,F,且上底 $AB=6$,下底 $CD=9$.

(1) 求线段 EF 的长度;

(2) 求$\triangle OEF$ 与梯形 $ABCD$ 的面积之比;

(3) 抽象出(1)和(2)的推广结论.

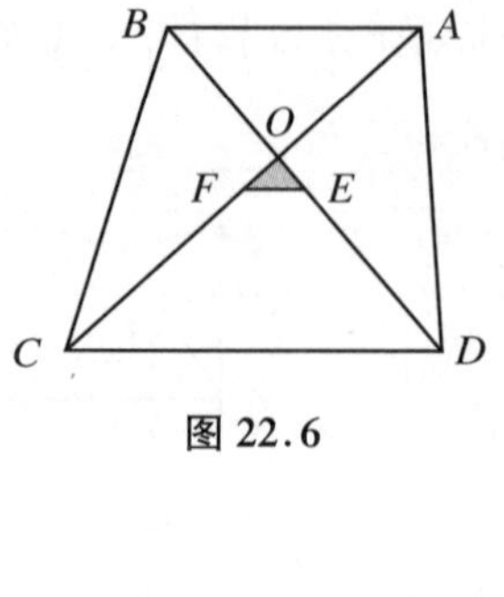

图22.6

第23课　函数图像的平移变换、翻转变换、折叠变换

知识梳理

1. 函数图像的平移变换

引例1　在同一坐标系内作出各组函数的图像(图23.1).

(1) $y=x^2, y=(x-2)^2+1, y=(x-2)^2-1$;

(2) $y=x^2, y=(x+2)^2+1, y=(x+2)^2-1$.

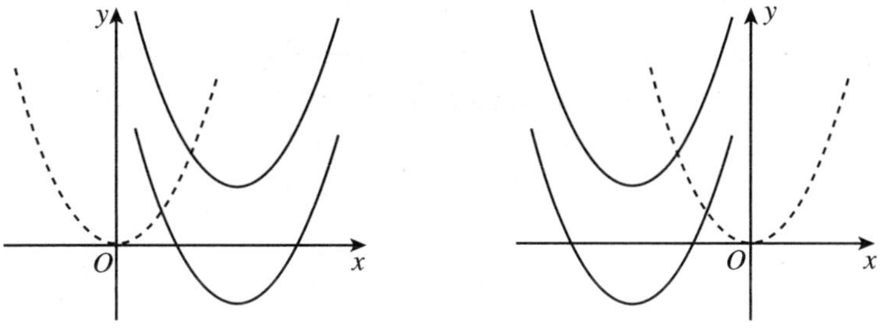

(a)　(b)

图23.1

提炼规则:设 $k>0, h>0$,则

(1) $y=f(x)$的图像$\xrightarrow[\text{上移}h\text{个单位}]{\text{右移}k\text{个单位}}$$y=f(x-k)+h$ 的图像;

(2) $y=f(x)$的图像$\xrightarrow[\text{下移}h\text{个单位}]{\text{右移}k\text{个单位}}$$y=f(x-k)-h$ 的图像;

(3) $y=f(x)$的图像$\xrightarrow[\text{上移}h\text{个单位}]{\text{左移}k\text{个单位}}$$y=f(x+k)+h$ 的图像;

(4) $y=f(x)$的图像$\xrightarrow[\text{下移}h\text{个单位}]{\text{左移}k\text{个单位}}$$y=f(x+k)-h$ 的图像.

2. 函数图像的翻转变换

引例2　在同一坐标系内,作出函数 $y=x^2-2x$, $y=x^2+2x, y=-x^2+2x$的图像(图23.2).

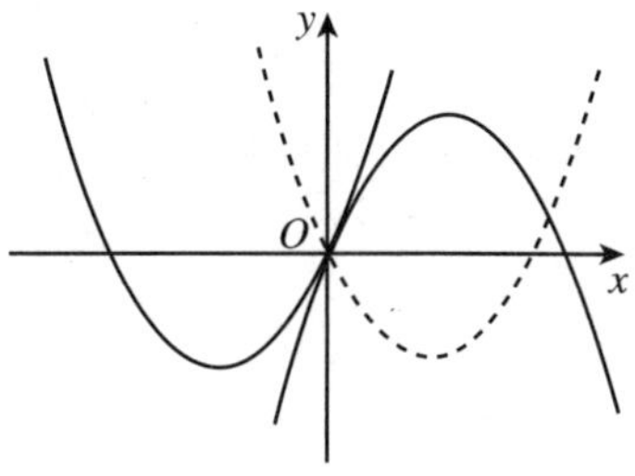

图23.2

提炼规则:

(1) $y=f(x)$的图像$\xrightarrow[x\to -x]{\text{关于}y\text{轴翻转}}$$y=f(-x)$的图像;

(2) $y=f(x)$的图像$\xrightarrow[y\to -y]{\text{关于}x\text{轴翻转}}$$y=-f(x)$的图像.

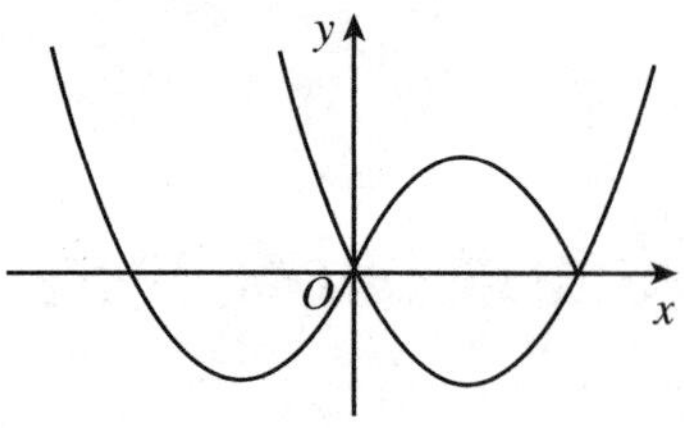

图 23.3

3. 函数图像的折叠变换

引例 3 在同一坐标系内,作出函数 $y=x^2-2x$,$y=x^2-2|x|$,$y=|x^2-2x|$的图像(图 23.3).

提炼规则:

(1) $y=f(x)$的图像$\xrightarrow[x\to|x|]{\text{左消,右保,右翻左}}$$y=f(|x|)$的图像;

(2) $y=f(x)$的图像$\xrightarrow[y\to-y]{\text{上保,下翻上,下消}}$$y=|f(x)|$的图像.

••••✿•• 基 础 自 测 ••✿••••

1. (安徽省合肥二中西藏内高班 2019 年新生摸底试题)若将抛物线 $y=x^2$ 向右平移 3 个单位长度,再向上平移 2 个单位长度,则所得到的抛物线的表达式是(　　).

A. $y=(x-3)^2+2$　　B. $y=(x+3)^2+2$

C. $y=(x+3)^2-2$　　D. $y=(x-3)^2-2$

2. 奇函数 $y=f(x)$的图像如图 23.4 所示,则函数 $y=f(2-x)$的图像是(　　);函数 $y=-f(x-2)$的图像是(　　);函数 $y=-f(x+2)$的图像是(　　).

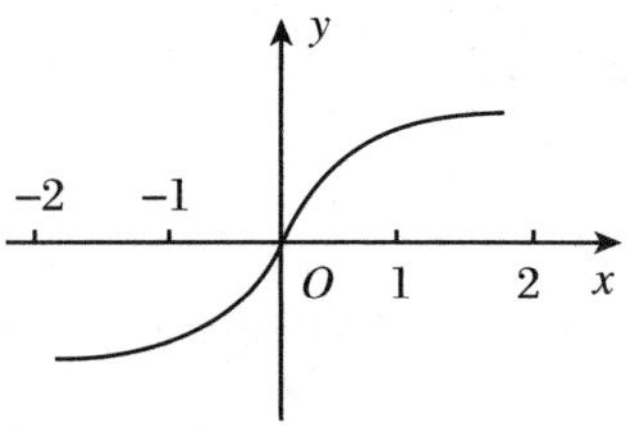

图 23.4

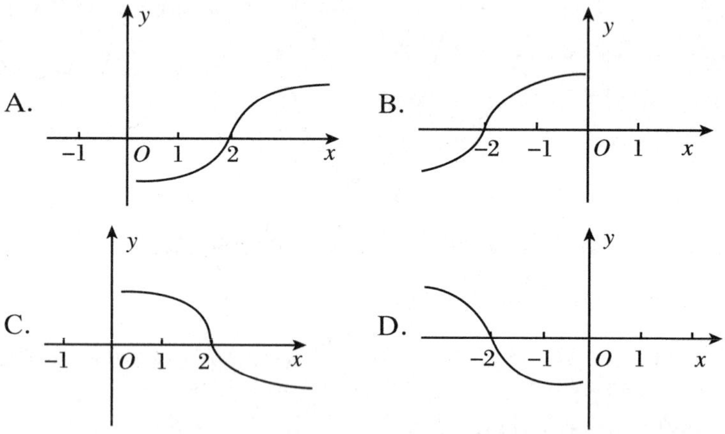

3. 函数 $y=x$ 与 $y=4-2|x|$的图像所围成的三角形的面积等于________,最短边长等于________.

4. (全国高考试题改编题)给出直线 $y=1$ 与曲线 $y=x^2-|x|+a$,则它们恰有四个公共点时,实数 a 的取值范围是________;它们恰有两个公共点时,实数 a 的取值范围是________.

5. 函数 $y=\dfrac{4}{|x-2|}$的单调递增区间是________,单调递减区间是________.

6. 作出分式函数 $y=\dfrac{2-x}{1+x}$的图像,并指出该函数的单调性.

达标训练

7. (黑龙江省哈尔滨十九中 2016 年高一新生入学试题)二次函数 $y=-2x^2$ 的图像如何移动能得到函数 $y=-2(x-1)^2+3$ 的图像?(　　)

A. 向左移动 1 个单位,向上移动 3 个单位

B. 向右移动 1 个单位,向上移动 3 个单位

C. 向左移动 1 个单位,向下移动 3 个单位

D. 向右移动 1 个单位,向下移动 3 个单位

8. (上海市七宝中学 2016 年新高一入学摸底测试题)已知 $y=2x^2$ 的图像是抛物线,若抛物线不动,把 x 轴、y 轴分别向上、向右平移 2 个单位,则在新坐标系下抛物线的解析式是(　　).

A. $y=2(x-2)^2+2$　　　　B. $y=2(x+2)^2-2$

C. $y=2(x-2)^2-2$　　　　D. $y=2(x+2)^2+2$

9. 定义在区间[0,2]上的函数 $y=f(x)$的图像如图 23.5 所示,则函数 $y=f(x)-1$ 的图像为(　　);函数 $y=-f(x)$的图像为(　　);函数 $y=-f(2-x)$的图像为(　　).

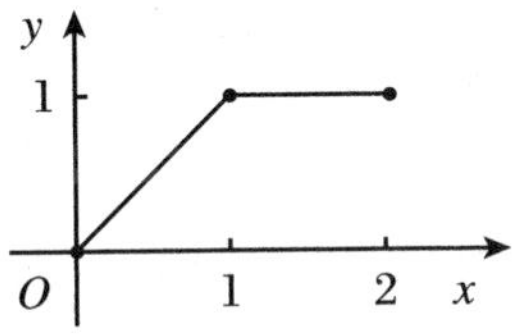

图 23.5

A.
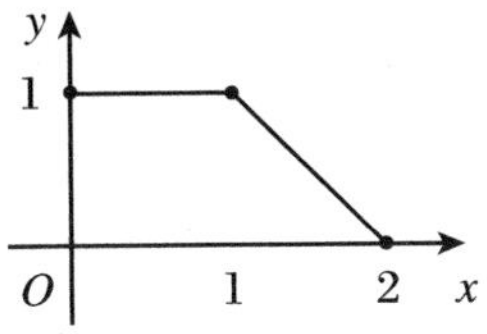

B.
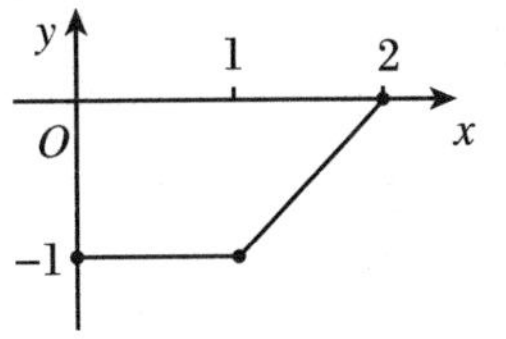

C.
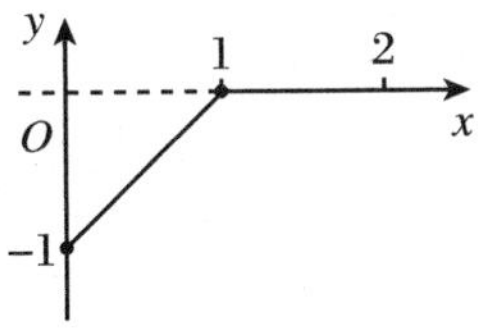

D.
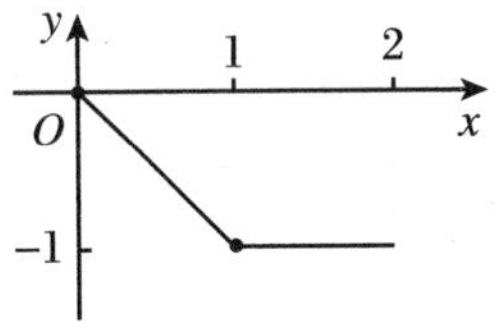

10. 将二次函数 $y=-2x^2-3x+4$ 的图像向左移动 3 个单位后再向上移动 3 个单位,便得到函数________的图像,这两个图像的交点坐标是________.

11. 函数 $y=|x+2|-3$ 图像与 x 轴所围成的封闭图形的面积等于________;此函数的单调增区间是________,单调减区间是________.

12. 分式函数 $y=\dfrac{3x-10}{x-2}(3\leqslant x\leqslant 5)$的值域是________;分式函数 $y=\dfrac{3x-10}{x-2}(x\geqslant 3)$的值域是________.

13. (1) 设 $f(x)=2x-3$,将函数 $f(x+2)=$________的图像右移 3 个单位,便得到函数________的图像;

(2) 将函数 $f(x+a)$的图像向右移动 b 个单位,便得到函数________的图像;

(3) 设 $f(x)=x^2-2x-3$,将函数 $f(2x-1)=$________的图像右移 4 个单位,便得到函数________的图像;

(4) 将函数 $f(kx+a)$的图像向右移动 b 个单位,便得到函数________的图像.

14.（1）求函数 $y=||2x+1|-3|$ 的单调递减区间；

（2）解不等式 $||2x+1|-3|<2$.

15. 已知函数 $f(x)=|x^2-3|x|+2|$.

（1）作出函数的图像；

（2）指出函数的单调性；

（3）讨论方程 $f(x)=a$ 的实根个数.

16.（清华大学2017年中学生标准学术能力测试诊断题）若函数 $f(x)=2|x-1|-a$ 的图像恒在函数 $g(x)=-|x+4|$ 的上方，求实数 a 的取值范围.

17. 作出函数 $y=\left|\frac{2-|x|}{1+|x|}\right|$ 的图像，并指出该函数的单调区间.

18. 已知函数 $g(t)=|t-a|+a$.

(1) 当 $a=3$ 时,求 $g(t)$在$(2,3]$上的值域;

(2) 若函数 $g(t)$在$(2,3]$上的最大值为 3,求实数 a 的取值范围.

19. 已知 k 是实数,函数 $f(x)=|x^2-4|x|+3|$.

(1) 如果方程 $f(x)=kx$ 有两个相异实根,求实数 k 的取值范围;

(2) 如果方程 $f(x)=kx$ 有四个相异实根,求实数 k 的取值范围.

滚动复习

20. (山西省实验中学 2016 年新高一分班测试题)设$\angle BAC=15^\circ$,$AB=2\sqrt{3}$,动点 M,N 分别在边 AB,AC 上,则 $MN+NB$ 的最小值为________.

21. 求值:

(1) $\sqrt{729}$;

(2) $\dfrac{\sqrt{2}+\sqrt{3}+\sqrt{6}}{1+3\sqrt{2}-2\sqrt{3}}$.

22. (1) 将点 $M(a,b)$绕原点 $O(0,0)$逆向旋转 90°到点 M_1,则点 M_1 的坐标是________,顺向旋转 90°到点 M_2,则点 M_2 的坐标是________;

(2) 如图 23.6 所示,已知 $A(4,0)$,$C(0,4)$,绕原点 $O(0,0)$将正方形 $OABC$ 逆向旋转 θ 角($0^\circ<\theta<45^\circ$)到正方形 $OA'B'C'$,记 $A'B'$与直线 $y=x$ 相交于点D,$B'C'$与 y 轴相交于点E,则 Rt$\triangle DB'E$ 的周长是否为定值?若是,求出该定值;否则,求此周长的最小值.

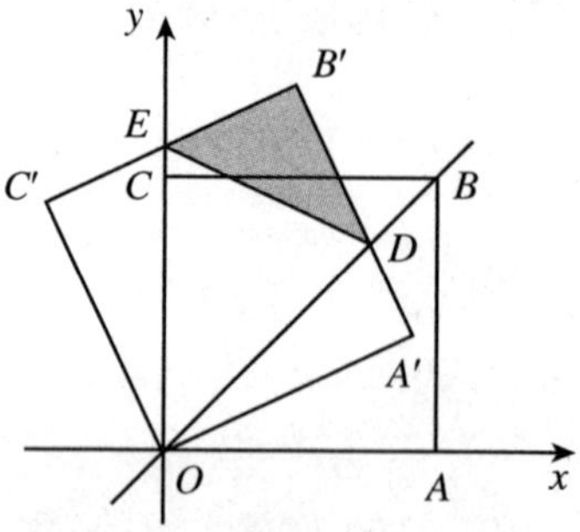

图 23.6

23. 已知集合 $M=(-\infty,1)\cup(5,+\infty)$,函数 $f(x)=x^2-2(m-2)x+m$.

(1) 若不等式 $f(x)>0$ 的解集是 M,求实数 m 的取值范围;

(2) 若不等式 $f(x)>0$ 对于任意 $x\in M$ 恒成立,求实数 m 的取值范围.

24. 如图 23.7 所示,已知点 O 在正$\triangle ABC$ 内,且 $OA=3$,$OB=4$,$OC=5$,将 BO 绕点 B 逆向旋转 60°到 BO_1,连 O_1O,O_1B.求:

(1) O_1A 的长度;

(2) $\triangle AOC$ 的面积;

(3) 正$\triangle ABC$ 的边长.

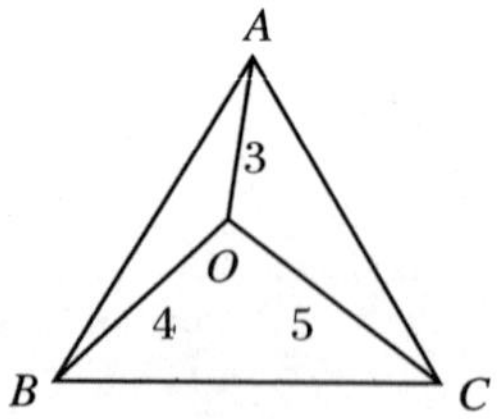

图 23.7

第 24 课　有理指数幂的概念与运算

知识梳理

1．n 次方根与根式(其中整数 $n\geqslant 2$)

(1) 定义:在实数范围内,如果 $x^n=a$,则称 x 是 a 的 n 次方根.例如,± 2 都是 16 的四次方根.

(2) 分类:在实数范围内,有

① 正数 a 的正奇数 n 次方根 $\sqrt[n]{a}$ 是一个正数;

② 负数 a 的正奇数 n 次方根 $\sqrt[n]{a}$ 是一个负数;

③ 正数 a 的正偶数 n 次方根 $\pm\sqrt[n]{a}$ 是两个相反数;

④ 负数 a 的正偶数 n 次方根不存在;

⑤ 0 的正整数 n 次方根 $\sqrt[n]{0}=0$.

其中,$\sqrt[n]{a}$ 叫做根式.注意,$\sqrt[n]{a}$ 是 a 的 n 次方根,但反之不然,即说法"a 的 n 次方根是 $\sqrt[n]{a}$"不一定正确.例如,"$\sqrt{3}$ 是 3 的一个 2 次方根"当然是正确的,但"3 的 2 次方根是 $\sqrt{3}$"则错误,"3 的 2 次方根(平方根)是 $\pm\sqrt{3}$"才是正确的.

(3) 性质:

① $(\sqrt[n]{a})^n=a$;

② $\sqrt[n]{a^n}=\begin{cases}a,\text{当 } n \text{ 为正奇数时};\\ |a|,\text{当 } n \text{ 为正偶数时}.\end{cases}$

2．分数指数幂($a>0,m\in\mathbf{N}_+,n-1\in\mathbf{N}_+$)

规定 1　$a^{\frac{m}{n}}=\sqrt[n]{a^m}$;

规定 2　$a^{-\frac{m}{n}}=\dfrac{1}{a^{\frac{m}{n}}}=\dfrac{1}{\sqrt[n]{a^m}}$;

规定 3　0 的正分数指数幂等于 0,0 的负分数指数幂没有意义,0^0 也没有意义.

注意,分数指数幂的底数规定是正数.

3．正整数指数幂的运算法则推广到有理数指数幂

设 $a>0,b>0,r\in\mathbf{Q},s\in\mathbf{Q}$,则

$$a^ra^s=a^{r+s},\quad (a^r)^s=a^{rs}=(a^s)^r,\quad a^rb^r=(ab)^r.$$

例如,$\dfrac{\sqrt[6]{8}}{\sqrt[3]{128}}=\dfrac{\sqrt[6]{2^3}}{\sqrt[3]{2^7}}=2^{\frac{3}{6}-\frac{7}{3}}=2^{-\frac{11}{6}}=2^{\frac{1}{6}-2}=\dfrac{\sqrt[6]{2}}{4}$.

注意,$a^{r^s}=a^{(r^s)}$,$a^{r^s}\neq(a^r)^s$.例如,$2^{2^3}=2^8=256$,但 $2^{2^3}\neq(2^2)^3=4^3=64$.

基础自测

1. $\sqrt[4]{\frac{2}{x-3}}$中 x 的取值范围是(　　)；$\sqrt[3]{\frac{2}{x-3}}$中 x 的取值范围是(　　)；$\left(\frac{2}{x-3}\right)^{\frac{1}{3}}$中 x 的取值范围是(　　).

A. $(0,+\infty)$；　　B. $(3,+\infty)$

C. $(-\infty,3)\cup(3,+\infty)$　　D. 以上都不对

2. 8 的平方根等于(　　)，立方根等于(　　)，四次方根等于(　　).

A. 2　　B. ± 2　　C. $2\sqrt{2}$

D. $\pm 2\sqrt{2}$　　E. $2^{0.75}$　　F. $\pm 2^{0.75}$

3. (浙江省温州中学 2019 年自主招生试题)计算：$4\sin^2 60^\circ-(-1)^{-2}+\sqrt{(\pi-4)^2}=$________.

4. (新疆内高班 2016 年招生试题)计算：$\left(\frac{1}{2}\right)^{-1}+|1-\sqrt{2}|-\sqrt{27}\tan 30^\circ=$________.

5. 计算：$8^{\frac{5}{3}}=$________；$8^{-\frac{2}{3}}=$________；$100^{\frac{3}{2}}=$________；$100^{-\frac{1}{2}}=$________；$\left(\frac{16}{81}\right)^{\frac{3}{4}}=$________；$\left(\frac{16}{81}\right)^{-\frac{5}{4}}=$________.

6. 化简：(1) $\sqrt[4]{a^3\cdot\sqrt[3]{a}}\cdot\sqrt[3]{a^2}=$________；

(2) $(\sqrt[3]{a^2}\sqrt{b})(4\sqrt{a}\sqrt[3]{b^2})\div(\sqrt[6]{a}\sqrt[6]{b^5})=$________.

7. 已知 $x+x^{-1}=4$，求：

(1) $x^{\frac{1}{2}}+x^{-\frac{1}{2}}$；

(2) $x^{\frac{1}{2}}-x^{-\frac{1}{2}}$；

(3) $x^{\frac{3}{2}}+x^{-\frac{3}{2}}$.

达标训练

8. 等式 $\sqrt{(x-1)(x^2-1)}=(1-x)\sqrt{x+1}$ 成立时，实数 x 的取值范围是(　　)；$\sqrt{(x^2-1)^2}=(\sqrt{x^2-1})^2$ 成立时，实数 x 的取值范围是(　　).

A. $[-1,+\infty)$　　B. $[1,+\infty)$

C. $[-1,1]$　　D. $(-\infty,-1]\cup[1,+\infty)$

9. 方程 $x^{\frac{3}{4}}-8x^{\frac{3}{2}}=0$ 的解是 $x=$________；方程 $\sqrt[4]{x^3}-27\sqrt{x^3}=0$ 的解是 $x=$________.

10. (安徽师大附中 2017 年高一科技特长班选拔测试题)满足 $(2-x)^{x^2-x-2}=1$ 的所有实数 x 的和为(　　).

A. 3　　B. 4　　C. 5　　D. 以上都错

11. 化简：

(1) $\left(1+2^{\frac{1}{2}}\right)\left(1+2^{\frac{1}{4}}\right)\left(1+2^{\frac{1}{8}}\right)=$________；

(2) $\left(1+2^{-\frac{1}{32}}\right)\left(1+2^{-\frac{1}{16}}\right)\left(1+2^{-\frac{1}{8}}\right)\left(1+2^{-\frac{1}{4}}\right)\left(1+2^{-\frac{1}{2}}\right)=$________.

12. 计算：

(1) $(\sqrt[3]{5}-\sqrt{125})\div\sqrt[4]{5}=$________；

(2) $\sqrt{5-2\sqrt{6}}+\sqrt{7-4\sqrt{3}}-\sqrt{6-4\sqrt{2}}=$________；

(3) $0.25^{-1}\times\left(\frac{\sqrt{3}}{2}\right)^{\frac{1}{2}}\times\left(6\frac{3}{4}\right)^{\frac{1}{4}}-10\times(2-\sqrt{3})^{-1}=$________.

13. 化简表达式：

(1) $\sqrt{\frac{a^2}{b}\sqrt{\frac{b^3}{a}\sqrt{\frac{a}{b^3}}}}$；

(2) $\frac{x-1}{x^{\frac{2}{3}}+x^{\frac{1}{3}}+1}+\frac{x+1}{x^{\frac{1}{3}}+1}+\frac{1-x^{\frac{4}{3}}}{1+x^{\frac{2}{3}}}$.

14. 解方程：

(1) $\sqrt[4]{\frac{2+x}{3-x}}+\sqrt[4]{\frac{3-x}{2+x}}=2$；

(2) $(2+x)^{\frac{2}{3}}+4(2-x)^{\frac{2}{3}}-5(4-x^2)^{\frac{1}{3}}=0$.

15. 已知 $x+x^{-1}=4$,求:

(1) x^3+x^{-3};

(2) $x^4+2x^3-3x^2+4x-5$.

16. (华中师大一附中2015年自主招生试题)已知 m,n 是方程 $x^2+3x+1=0$ 的两根,求$\sqrt{\dfrac{m^3}{n}}+\sqrt{\dfrac{n^3}{m}}$的值.

17. (1) 已知 $2^a\cdot 3^b=2^c\cdot 3^d=6$,其中 a,b,c,d 是实数,求证:

$$(a-1)(d-1)=(b-1)(c-1).$$

(2) 如果 $2^a\cdot 5^b=2^c\cdot 5^d=200$,那么四个实数 a,b,c,d 满足什么关系式?

18. 已知定义在**R**上的函数 $y=\sqrt[3]{x+\sqrt{1+x^2}}+\sqrt[3]{x-\sqrt{1+x^2}}$.

(1) 当 $x=7$ 时,求函数值 y.

(2) 求证:$y^3+3y=2x$.

19.（1）填充解方程$\sqrt{10+x}+\sqrt{7-x}=5$的过程.

解　先换元,令$u=\sqrt{10+x}$,$v=\sqrt{7-x}$,则

$$u+v=\_\_\_\_\_\_\_\_,\quad u^2+v^2=\_\_\_\_\_\_\_\_,$$

即

$$\_\_\_\_\_\_\_\_=(u+v)^2-2uv=\_\_\_\_\_\_\_\_-2uv,$$

解得$uv=$________.与$u+v=$________联立,解得

$$\begin{cases}u=\sqrt{10+x}=1,\\ v=\sqrt{7-x}=4;\end{cases}\quad 或 \quad \begin{cases}u=\sqrt{10+x}=\_\_\_\_\_\_\_\_,\\ v=\sqrt{7-x}=\_\_\_\_\_\_\_\_.\end{cases}$$

因此原方程的解为$x=-9$或$x=$________.

（2）（复旦大学自主招生试题）解四次根式方程$\sqrt[4]{10+x}+\sqrt[4]{7-x}=3$.

滚动复习

20.（安徽师大附中2013年新高一入学测试题）已知实数a,b分别满足$3a^4+2a^2-4=0$,$b^4+b^2-3=0$,则$4a^{-4}+b^4$的值为(　　).

A. 7　　B. 8　　C. 9　　D. 10

21.（1）给出4个命题:① 等弦所对圆心角相等;② 同弦所对圆周角相等;③ 等弧所对圆心角相等;④ 同弧所对圆周角相等.其中,假命题的序号是________.

（2）把(1)中的假命题订正为________________________________.

22.（辽宁省六校协作体2019年新高一入学测试题）规定记号$\odot$表示一种运算,对于正数a和b,定义$a\odot b=\sqrt{ab}+a+b$.若$1\odot b=3$,则$b=$________;若$a=4$,$b=x^2$,则$a\odot b$的取值范围是________.

23. 若偶函数$f(x)$在$[0,+\infty)$上递减,$f(2)=0$,则不等式$f(x-1)>0$的解集是________.

24.（山东省青岛十七中2019年自主招生试题改编题）如图24.1所示,在矩形$ABCD$中,$AD=3$,$CD=4$,点P在边BC上,连DP,作点C关于DP的对称点E,连EP交AB于点O,连ED交AB于点F,满足$OP=OF$.

（1）求证:$\text{Rt}\triangle OBP\cong\text{Rt}\triangle OEF\backsim\text{Rt}\triangle DAF$.

（2）求EF的长度.

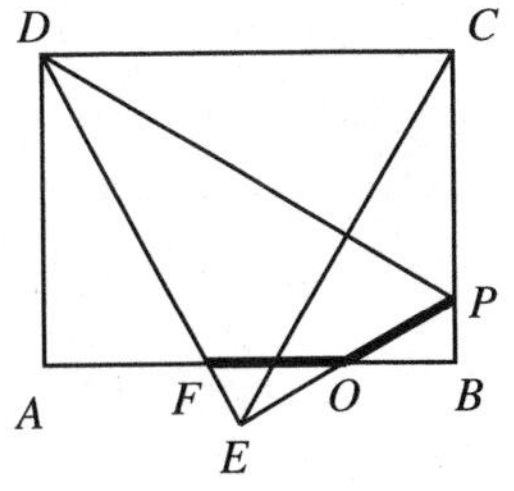

图24.1

25. 如图 24.2 所示，圆 O 的内接正五边形 $ABCDE$ 的两条对角线 AC 与 BD 交于点 F.

(1) 求证：$\triangle ABF$，$\triangle BCF$，$\triangle CDF$ 都是等腰三角形.

(2) $\dfrac{CF}{FA}$，$\dfrac{FA}{CA}$是否都等于黄金分割数（比）$\dfrac{1}{2}(-1+\sqrt{5})$？

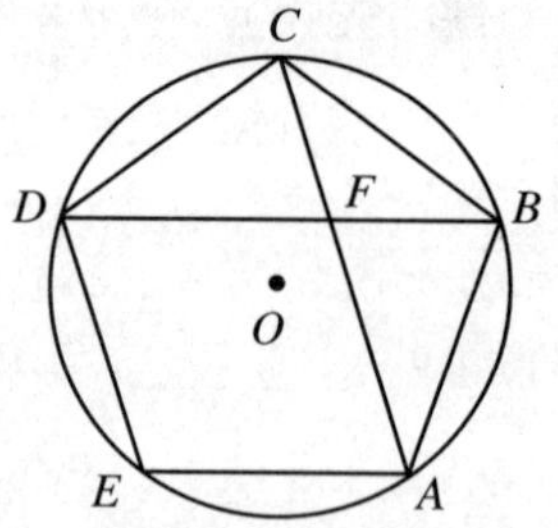

图 24.2

26. 如图 24.3 所示，电路甲、乙都安装三个电阻 R_1，R_2，R_3，记电路甲、乙的总电阻依次为 $R_甲$，$R_乙$.

(1) 当 $R_1=2\Omega$，$R_2=3\Omega$，$R_3=4\Omega$ 时，求 $R_甲$，$R_乙$；

(2) 当 $R_1=R_2=R_3=R_0$ 时，其中 R_0 为正常数，比较 $R_甲$ 与 $R_乙$ 的大小.

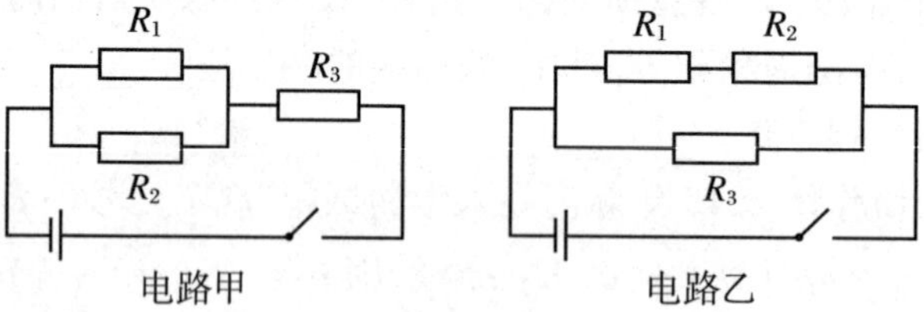

图 24.3

附录

入学测试卷、名校自主招生试卷精选

安徽师大附中
2014 年高一科技特长班选拔测试数学试卷

一、填空题(每题 7 分,共 70 分)

1. 已知 x_1, x_2 是方程 $x^2+4x+2=0$ 的两根,则 $x_1^3+14x_2+55=$________.

2. 已知等腰三角形的一个外角等于 140°,则三个内角的度数分别是________.

3. 若关于 x 的不等式 $|3x-b|<4$ 的解中整数有且仅有 1,2,3,则实数 b 的取值范围是________.

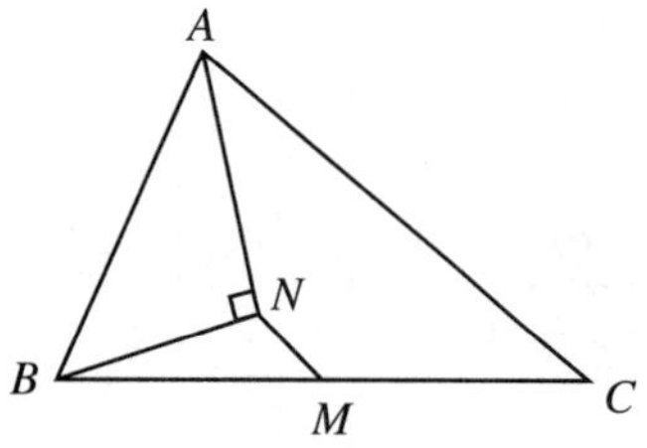

图 F1.1

4. 如图 F1.1 所示,在$\triangle ABC$ 中,M 为 BC 的中点,AN 平分$\angle BAC$,$AN\perp BN$ 且 $AB=10$,$AC=16$,则 $MN=$________.

5. 若实数 a,b 满足 $\sqrt{(2-a)b^2}+\sqrt{(3a-6)^2}+|b+1|=3a-6$,则 $a^b=$________.

6. 设 a,b,c 是三个两两不同的奇质数,若方程 $(b+c)x^2+\sqrt{5}(a+1)x+225=0$ 有两个相等的实根,则 a 的最小值是________.

7. 如图 F1.2 所示,边长为 1 的正方形 $ABCD$ 绕点 A 逆向旋转 30°到正方形 $AB'C'D'$,则图中阴影部分的面积等于________.

8. 若二次函数 $y=ax^2+bx+c(a\neq 0)$ 的图像的顶点在第一象限,且过点(0,1)和(−1,0),则 $S=a+b+c$ 的值的变化范围为__________.

9. 如图 F1.3 所示,正方形 $ABCD$ 的边长为 1,E 是 CD 边外的一点,满足 $CE\parallel BD$,$BE=BD$,则 $CE=$________.

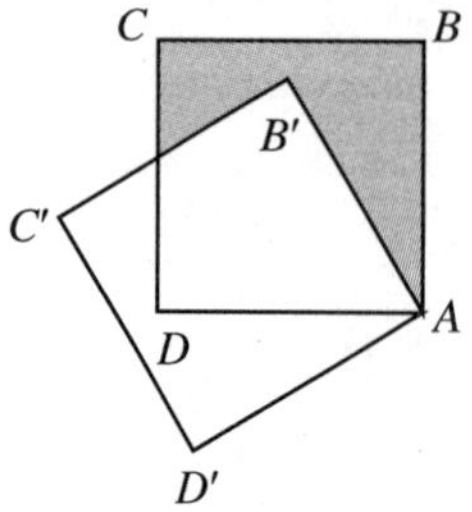

图 F1.2

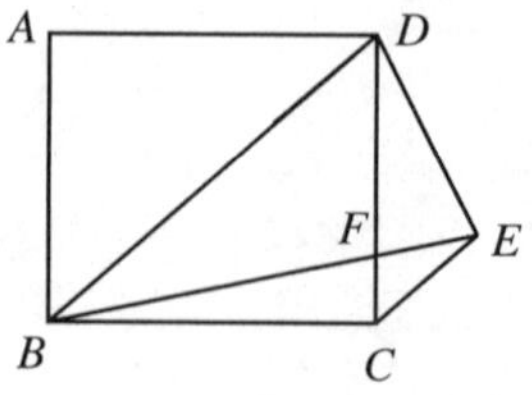

图 F1.3

10. 在一个圆形的时钟的表面,OA 表示秒针,OB 表示分针(点 O 为两针的旋转中心).若现在时间是 12 点整,则经过________秒后,$\triangle OAB$ 的面积第一次达到最大.

二、解答题(第 11 题 18 分,第 12,13 题各 16 分,共 50 分)

11. 如图 F1.4 所示,直线 $y=-\frac{\sqrt{3}}{3}x+\sqrt{3}$分别与 x 轴、y 轴交于点 A,B,圆 E 经过原点 O 及 A,B 两点.

(1) C 是圆 E 上一点,连 BC 交 OA 于点 D,若$\angle COD=\angle CBO$,求点 A,B,C 的坐标;

(2) 求经过 O,C,A 三点的抛物线的解析式;

(3) 若延长 BC 到点 P,使$|DP|=2$,连 AP,试判断直线 PA 与圆 E 的位置关系,并说明理由.

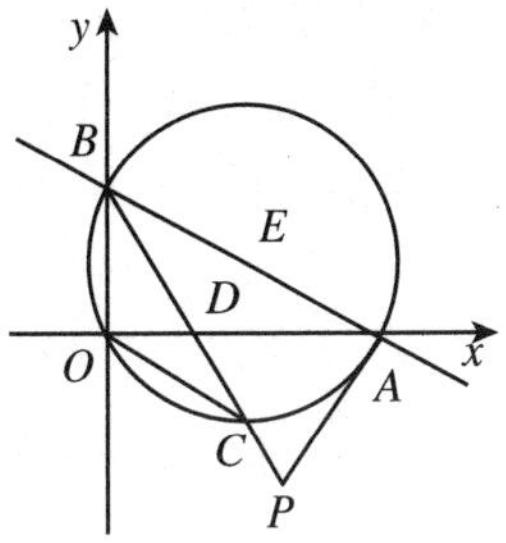

图 F1.4

12. 如图 F1.5 所示,圆内接五边形 $ABCDE$ 中,AD 是外接圆直径,$BE\perp AD$ 于点 H,过点 H 作平行于 CE 的直线,与直线 AC,DC 分别交于点 F,G. 证明:

(1) 四点 A,B,F,H 共圆;

(2) 四边形 $BFCG$ 是矩形.

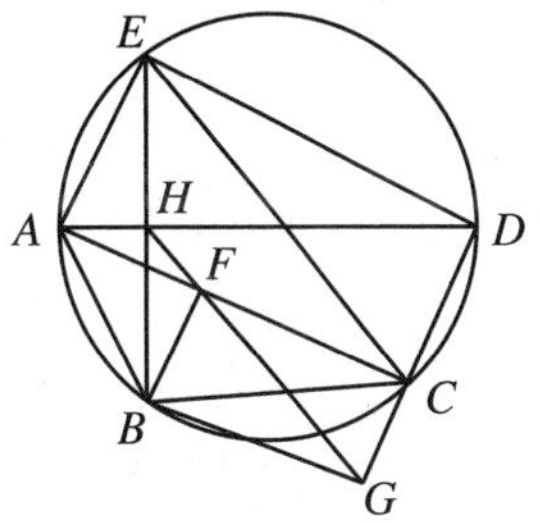

图 F1.5

13. 设 a,b 是实数,关于 x,y 的方程组 $\begin{cases} y=x^3-ax^2-bx, \\ y=ax+b \end{cases}$ 有整数解(x,y),求 a,b 满足的关系式.

湖南省长沙市南雅中学
2017 年新高一分班测试数学试卷

试卷说明：1. 本卷共 22 道小题，满分 100 分，考试时间 120 分钟.

2. 选择题的答案请填写在题首的答题栏中，解答题要有必要的解答过程，否则不予计分.

一、选择题(每小题 3 分，满分 24 分)

1. 某学习小组在讨论“变化的鱼”时，知道图 F2.1 所示的大鱼与小鱼是位似图形，若小鱼上的点 $P(a,b)$ 对应大鱼上的点 Q，则点 Q 的坐标为(　　).

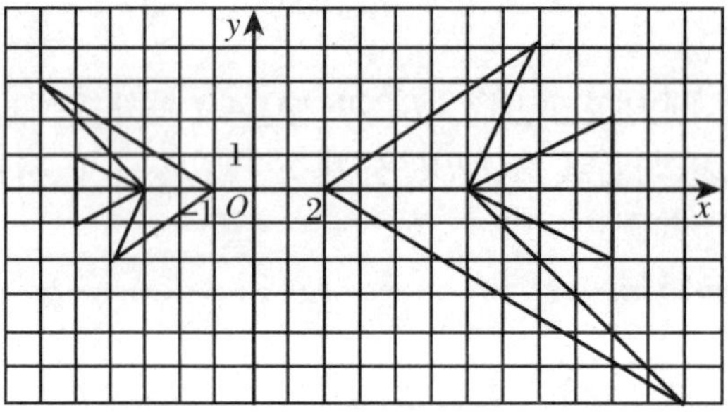

图 F2.1

A. $(-2a,-2b)$　　B. $(-a,-2b)$

C. $(-2b,-2a)$　　D. $(-2a,-b)$

2. 现有 2008 年奥运会福娃卡片 20 张，其中贝贝 6 张，京京 5 张，欢欢 4 张，迎迎 3 张，妮妮 2 张. 每张卡片大小、质地均相同，将画有福娃的一面朝上反扣在桌子上，从中随机抽取一张，则抽到京京的概率是(　　).

A. $\frac{1}{10}$　　B. $\frac{3}{10}$　　C. $\frac{1}{4}$　　D. $\frac{1}{5}$

3. 下列名人中：① 比尔 · 盖茨；② 高斯；③ 姚明；④ 诺贝尔；⑤ 陈景润；⑥ 陈省身；⑦ 高尔基；⑧ 爱因斯坦. 其中是数学家的是(　　).

A. ①④⑦　　B. ②④⑧　　C. ②⑥⑧　　D. ②⑤⑥

4. 星星学校准备开办一些学生课外活动的兴趣班，现统计了各种兴趣班的计划招生人数和报名人数，其中列前三位的如表 F2.1 和 F2.2 所示.

表 F2.1

班	计算机	奥数	英语口语
计划人数	100	90	60

表 F2.2

班	计算机	英语口语	音乐艺术
报名人数	280	250	200

若计划招生人数与报名人数的比值较大,表示学校开设该兴趣班相对学生需要的满足程度就越高,那么根据以上数据,满足程度最高的兴趣班是(　　).

A. 计算机班　　B. 奥数班　　C. 英语口语班　　D. 音乐艺术班

5. 如图 F2.2 所示,边长为 1 的正方形 $ABCD$ 绕点 A 逆时针旋转 30°到正方形 $AB'C'D'$,则图中阴影部分的面积为(　　).

A. $1-\frac{\sqrt{3}}{3}$　　B. $\frac{\sqrt{3}}{3}$

C. $1-\frac{\sqrt{3}}{4}$　　D. $\frac{1}{2}$

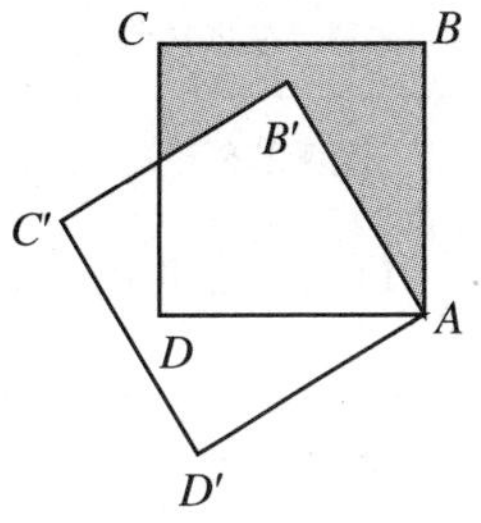

图 F2.2

6. 若不等式组 $\begin{cases} x+8<4x-1, \\ x>m \end{cases}$ 的解集是 $x>3$,则 m 的取值范围是(　　).

A. $m>3$　　B. $m\geqslant 3$　　C. $m\leqslant 3$　　D. $m<3$

7. 如图 F2.3 所示,有三根长度相同、横截面均为正方形的直条形木块 I_1,I_2,I_3,若将它们靠紧放置在水平地面上时,A,B,C 恰在一直线上,设木块 I_1,I_2,I_3 的体积分别为 V_1,V_2,V_3,则下列结论中正确的是(　　).

A. $V_1=V_2+V_3$　　B. $V_2=\frac{V_1+V_3}{2}$

C. $V_1^2=V_2^2+V_3^2$　　D. $V_2^2=V_1V_3$

8. 已知二次函数 $y=ax^2+bx+c\,(a\neq 0)$ 的图像如图 F2.4 所示,有下列 5 个结论:① $abc>0$;② $b<a+c$;③ $4a+2b+c>0$;④ $2c<3b$;⑤ $a+b>m(am+b)$(m 为实数且 $m\neq 1$).其中,正确的结论有(　　).

A. 2 个　　B. 3 个　　C. 4 个　　D. 5 个

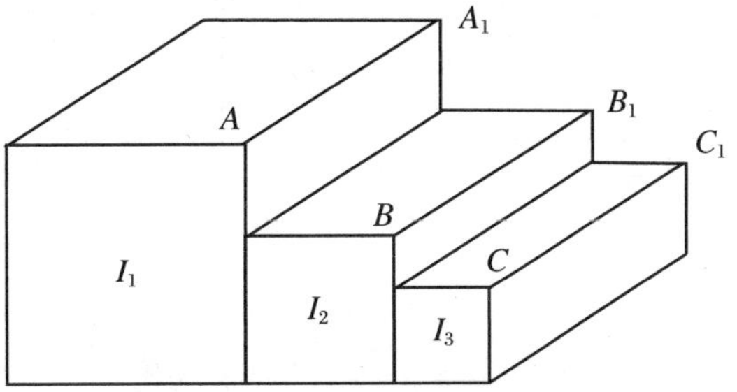

图 F2.3

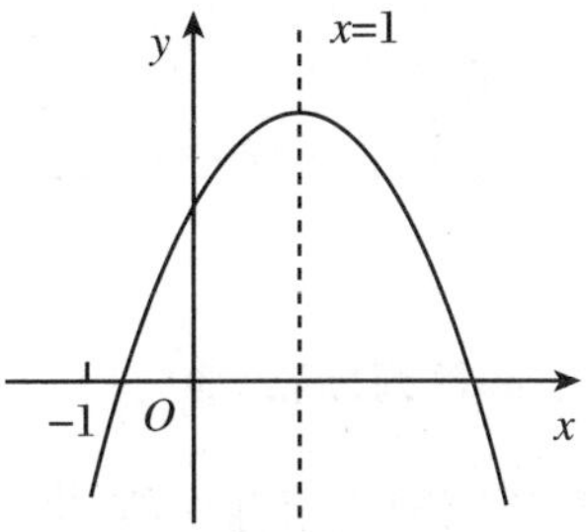

图 F2.4

二、填空题(每小题 3 分,满分 24 分)

9. 在数学中,规定 $\begin{vmatrix} a & c \\ b & d \end{vmatrix}=ad-bc$,若 $\begin{vmatrix} 3 & 2 \\ x-1 & x \end{vmatrix}=3$,则 x 的值为________.

10. 如图 F2.5 所示,圆柱形开口杯的底部固定在长方体水池的底部,向水池匀速注入水(倒在杯外),水池中水面高度是 h,注水时间为 t,则 h 与 t 之间的关系大致为下图中的________(填标号).

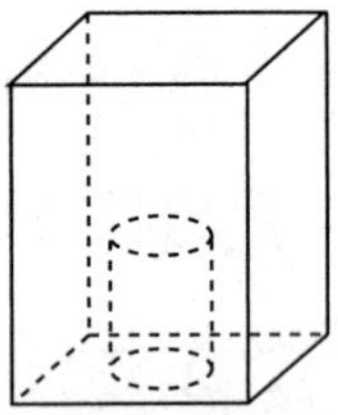

图 F2.5

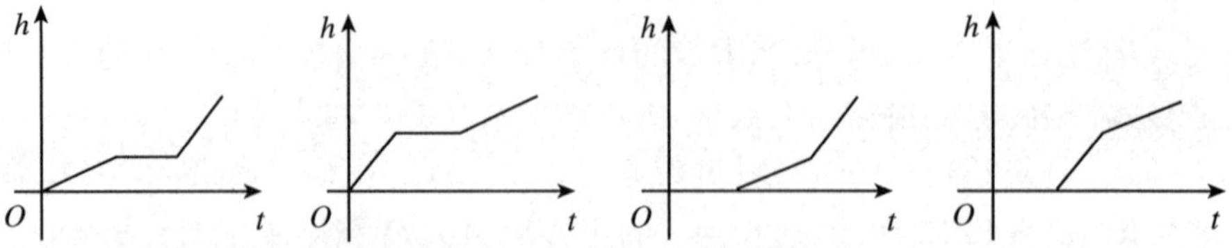

①　②　③　④

11. 一个叫巴尔末的中学教师成功地从光谱数据 $\frac{9}{5},\frac{16}{12},\frac{25}{21},\frac{36}{32},\cdots$ 中得到了巴尔末公式,从而打开了光谱奥秘的大门.请你按照这种规律,写出第 $n(n\geqslant1)$ 个数据是________.

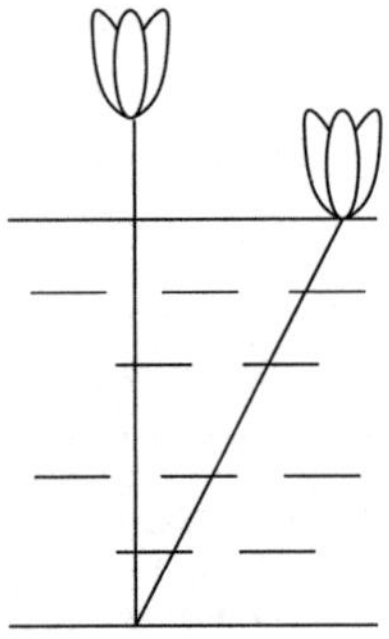

图 F2.6

12. 印度数学家什迦罗曾提出过“荷花问题”(图F2.6):平平湖水清可鉴,面上半尺生红莲;出泥不染亭亭立,忽被强风吹一边,渔人观看忙向前,花离原位二尺远;能算诸君请解题,湖水如何知深浅?请用学过的数学知识回答这个问题________.

13. 若反比例函数 $y=\frac{k}{x}$ 的图像与一次函数 $y=ax+b$ 的图像相交于 $A(-2,m)$,$B(5,n)$ 两点,则 $3a+b$ 的值等于________.

14. 将抛物线 $y=2(x+1)^2-3$ 向右平移 1 个单位,再向上平移 3 个单位,则所得抛物线的表达式为________.

15. 对正实数 a,b 作定义 $a*b=\sqrt{ab}-a+b$,若 $4*x=44$,则 x 的值是________.

16. 在直线 l 上依次摆放着七个正方形(图 F2.7),已知斜放置的三个正方形的面积分别是 1,2,3,正放置的四个正方形的面积依次是 S_1,S_2,S_3,S_4,则 $S_1+S_2+S_3+S_4=$________.

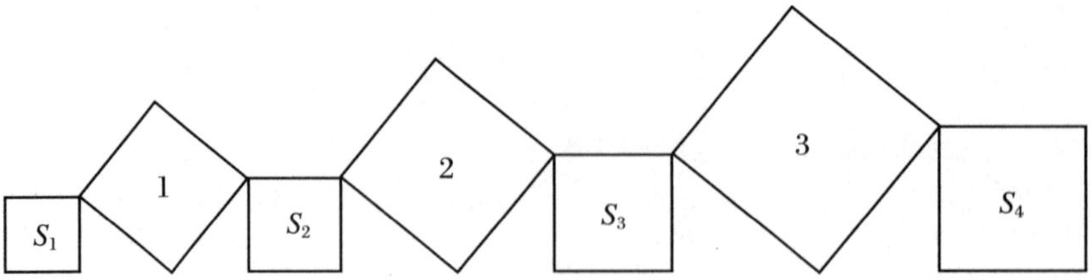

图 F2.7

三、解答题(满分 30 分)

17. (6 分)化简并求值:$\frac{a+\sqrt{ab}}{\sqrt{ab}+b}+\frac{\sqrt{ab}-b}{a-\sqrt{ab}}$,其中 $a=2+\sqrt{3}$,$b=2-\sqrt{3}$.

18.（8分）已知 a，b 为有理数，且 $a+b$，$a-b$，ab，$\frac{a}{b}$ 中恰有三个数相等，求 $(2a)^b$ 的值.

19.（8分）街道旁边有一根电线杆 AB 和一块半圆形广告牌，有一天，小明突然发现，在太阳光照射下，电线杆的顶端 A 的影子刚好落在半圆形广告牌的最高处 G，而半圆形广告牌的影子刚好落在地面上一点 E，如图 F2.8 所示，已知 $BC=5$ 米，半圆形的直径为 6 米，$DE=2$ 米。求：

（1）电线杆落在广告牌上的影长（即 $\overset{\frown}{CG}$ 的长度，精确到 0.1 米）；

（2）电线杆的高度.

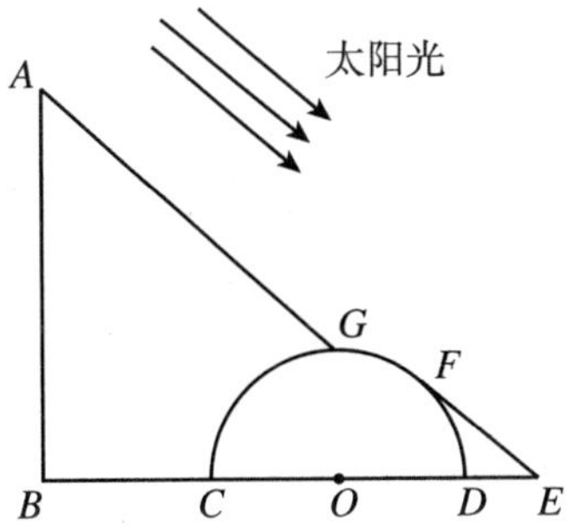

图 F2.8

20.（8分）A 地产汽油，B 地需要汽油，汽车自 A 地运汽油往 B 地，往返所需的汽油正好等于满载汽油的吨数，故无法直接自 A 地运往 B 地. 因此，需要中途设一油库为中转站 C，自 A 往返于 A，C 间的汽车将油从 A 地运送至 C 地，然后由往返于 C，B 间的汽车将油从 C 地运至 B 地. 设 A，B 两地的路程为 s，B 地收到的汽油吨数与 A 地运出的汽油吨数之比为运油率 k.

（1）当 $AC=\frac{1}{3}s$ 时，求运油率 k 的值；

（2）当 AC 为何值时，运油率最大？并求出此时的运油率 k.

四、综合题(满分 22 分)

21. (10 分)据某气象中心观察和预测：发生于 M 地的沙尘暴一直向正南方向移动，其移动速度 V(千米/时)与时间 t(小时)的函数图像如图 F2.9 所示，过线段 OC 上一点 $T(t,0)$作横轴的垂线 L，梯形 $OABC$ 在直线L 左侧部分的面积即为 t(小时)内沙尘暴所经过的路程 S(千米).

(1) 当 $t=4$ 时，求 S 的值；

(2) 将 S 随t 变化的规律用数学关系式表示出来；

(3) 若 N 城位于M 地正南方向，且距 M 地 650 千米，试判断这场沙尘暴是否会侵袭到 N 城. 如果会，在沙尘暴发生后多长时间它将侵袭到 N 城；如果不会，请说明理由.

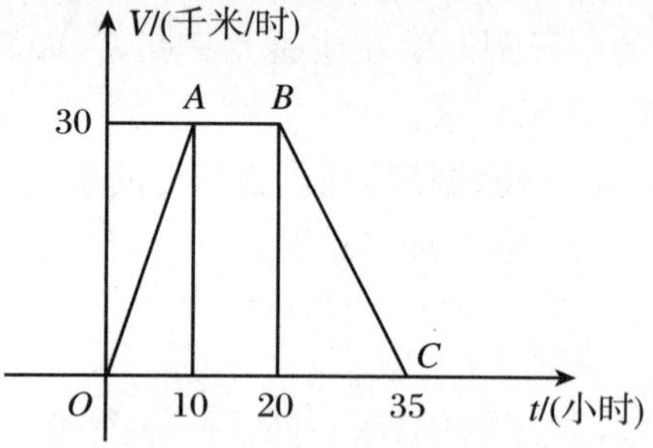

图 F2.9

22. (12 分)已知二次函数 $y=ax^2+bx+c$.

(1) 若 $a=2, c=-3$，且二次函数的图像经过点$(-1,-2)$，求 b 的值.

(2) 若 $a=2, b+c=-2, b>c$，且二次函数的图像经过点$(p,-2)$，求证：$b\geqslant 0$.

(3) 若 $a+b+c=0, a>b>c$，且二次函数的图像经过点$(q,-a)$，试问：当自变量 $x=q+4$ 时，二次函数 $y=ax^2+bx+c$ 所对应的函数值y 是否大于 0？请证明你的结论.

浙江省杭州市学军中学
2018 年分班测试题(数学)

(时间 70 分钟,满分 120 分)

一、选择题(共 5 小题,每小题 7 分,满分 35 分,以下每小题均给出了代号为 A,B,C,D 的四个选项,其中有且只有一个选项是正确的,请将正确选项的代号填入题后的括号里,不填、多填或错填均得零分.)

1. 在一次学校运动会上,图 F3.1 所示是赛跑跑道的一部分,它由两条直道和中间半圆形弯道组成,若内、外两条跑道的终点在一直线上,则外跑道的起点必须前移,才能使两跑道有相同的长度,如果跑道宽为 1.22 米,则外跑道的起点应前进(π 取 3.14)(　　).

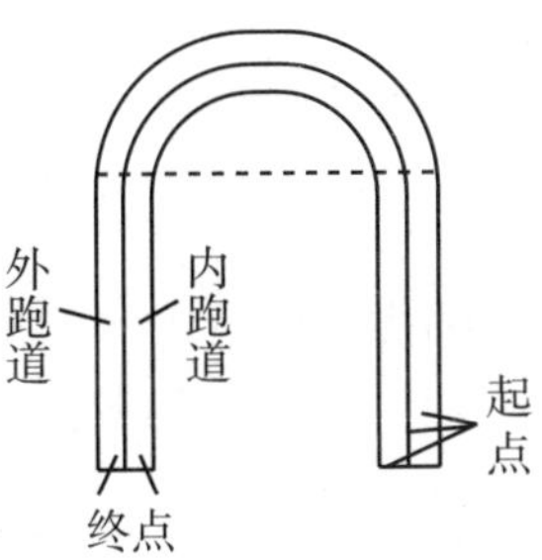

图 F3.1

A. 3.83 米　　B. 3.82 米

C. 3.81 米　　D. 3.80 米

2. 某海滨浴场有 100 把遮阳伞,每把每天收费 10 元时,可全部租出,若每把每天收费提高 1 元,则减少 5 把伞租出,若每把每天收费再提高 1 元,则再减少 5 把伞租出……为了投资少而获利大,每把伞每天应提高收费(　　).

A. 7 元　　B. 6 元　　C. 5 元　　D. 4 元

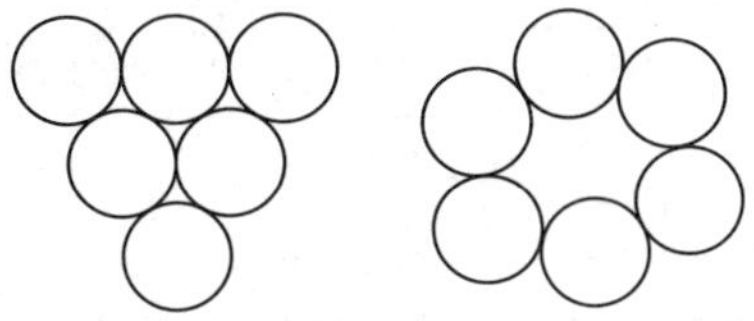

图 F3.2

3. 图 F3.2 是小华设计的一个智力游戏:6 枚硬币排成一个三角形(图 F3.2 左图),则最少移动几枚硬币可以排成右图所示的环形(　　).

A. 1　　B. 2　　C. 3　　D. 4

4. 如图 F3.3 所示,正方形 $ABCD$ 边长为 1,E,F,G,H 分别为各边上的点,且 $AE=BF=CG=DH$,设小正方形 $EFGH$ 的面积为 S,AE 为 x,则 S 关于 x 的函数图像大致是(　　).

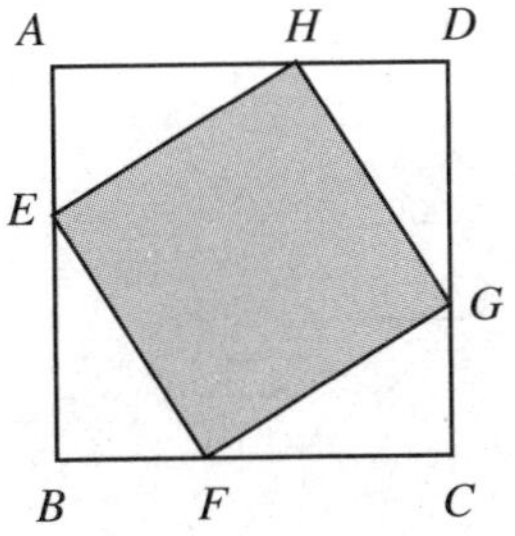

F3.3

A.
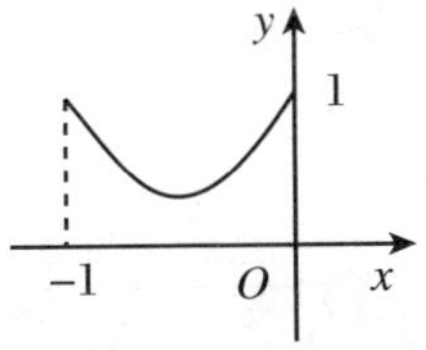

B.
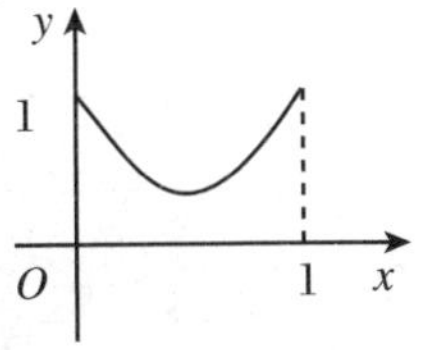

C.
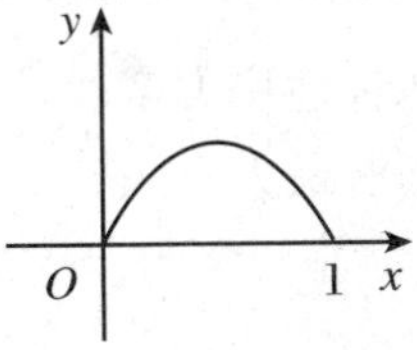

D.
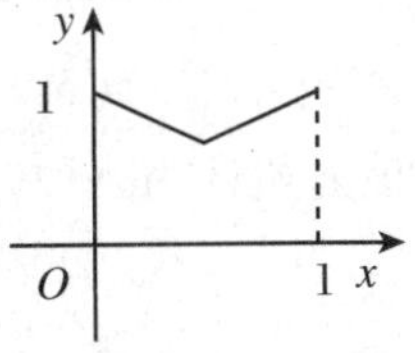

5. 将 1,2,3,4,5 这五个数字排成一排,最后一个数是奇数,且使得其中任意连续三个数之和都能被三个数中的第一个数整除,那么满足要求的排法有(　　).

A. 2 种　　B. 3 种　　C. 4 种　　D. 5 种

二、填空题(共 4 小题,每小题 7 分,满分 28 分)

6. 已知 a,b 是一元二次方程 $x^2-x-1=0$ 的两个根,则代数式 $3a^2+2b^2-3a-2b$ 的值等于________.

7. 如图 F3.4 所示,甲、乙两人分别从 A,C 同时出发,沿着边长为 90 米的正方形按逆时针方向行走(即按 $A\to C\to D\to B\to A\cdots$ 方向行走),如果甲的速度是 65 米/分,乙的速度是 72 米/分.那么当乙第一次追上甲时在正方形的________边上.

8. 如图 F3.5 所示,电路图上有四个开关 A,B,C,D 和一个小灯泡,闭合开关 D 或同时闭合开关 A,B,C 都可以使小灯泡放光,那么随机闭合其中两个开关,能使小灯泡发光的概率为________.

9. 在一次自行车越野赛中,甲、乙两名选手所走的路程 y(千米)随时间 x(分钟)变化的图像(全程)分别用图 F3.6 中的折线 $OA-AB-BC$(实线)与线段 OD(虚线)表示,那么在本次比赛过程中,乙领先甲时的 x 的取值范围是________.

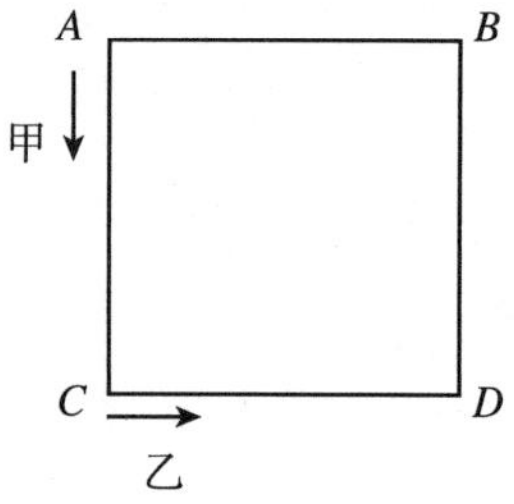

图 F3.4

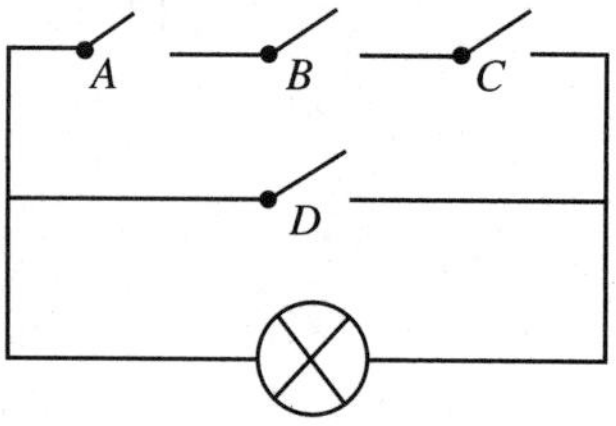

图 F3.5

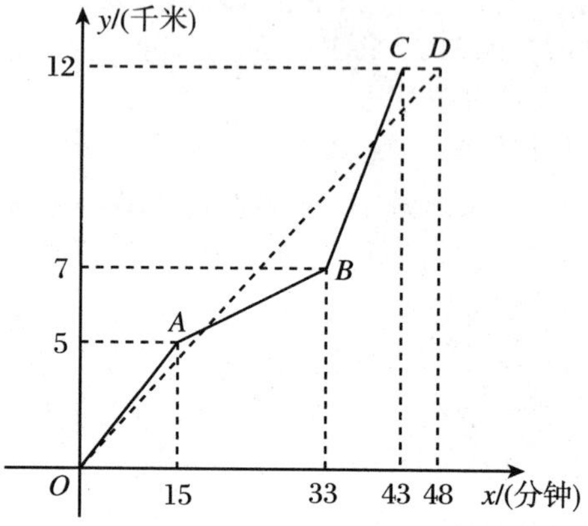

图 F3.6

三、解答题(共 3 题,满分 57 分)

10. (18 分)某房地产开发公司计划建 A,B 两种户型的住房共 80 套,该公司所筹资金不少于 2090 万元,但不超过 2096 万元,且所筹资金全部用于建房,两种户型的建房成本和售价如表 F3.1 所示.

表 F3.1

	A	B
成本(万元/套)	25	28
售价(万元/套)	30	34

(1) 该公司对这两种户型住房有哪几种建房方案?

(2) 该公司选用哪种方案建房获得利润最大?

(3) 根据市场调查，每套 B 型住房的售价不会改变，每套 A 型住房的售价将会提高 a 万元（$a>0$），且所建的两种住房可全部售出，该公司又将如何建房获得最大利润？（注：利润 = 售价 - 成本）

11. (19分)如图 F3.7 所示，在圆 O 中，弦 CD 垂直于直径 AB，M 是 OC 的中点，AM 的延长线交圆 O 于点 E，DE 交 BC 于点 N. 求证：$BN = CN$.

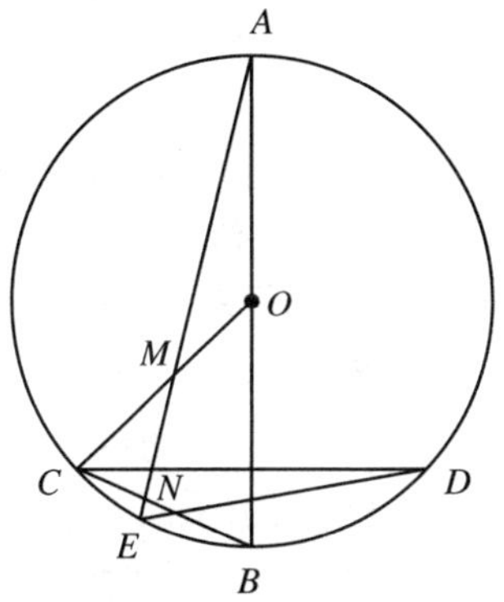

图 F3.7

12. (20分)已知在 $\triangle ABC$ 中，$\angle ACB = 90^\circ$，$AC = BC = 4$，现将一块边长足够大的直角三角板的直角顶点置于 AB 的中点 O，两直角边分别经过点 B，C，然后将三角板绕点 O 按顺时针方向旋转一个角度 α（$0^\circ < \alpha < 90^\circ$），旋转后，直角三角板的直角边分别与 AC，BC 相交于点 K，H，四边形 $CHOK$ 是旋转过程中三角板与 $\triangle ABC$ 的重叠部分（图 F3.8），那么在上述旋转过程中：

(1) 线段 BH 与 CK 具有怎样的数量关系？四边形 $CHOK$ 的面积是否发生变化？证明你发现的结论.

(2) 连接 HK，设 $BH = x$.

① 当 $\triangle CKH$ 的面积为 $\frac{3}{2}$ 时，求 x 的值；

② $\triangle OKH$ 的面积是否存在最小值？若存在，求出此时 x 的值，若不存在，请说明理由.

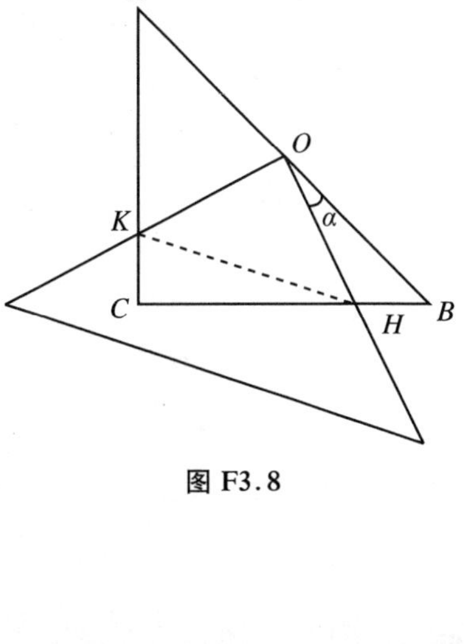

图 F3.8

福建省漳州一中
2015年自主招生考试数学试卷

（卷面满分150分，考试时间150分钟）

一、选择题（本大题共有10小题，每小题4分，共40分．每小题都有A，B，C，D四个选项，其中有且只有一个选项是正确的，请将正确答案的代号填写在答题卷中相应的表格内，答对得4分，答错、不答或答案超过一个的得零分）

1．下列说法正确的是（　　）．

A．“明天降雨的概率是50%”表示明天有半天都在降雨

B．数据10，9，8，7，9，8的中位数是8

C．要了解一批圆珠笔芯的使用寿命，应采用普查的方式

D．甲、乙两人各进行10次射击，两人射击成绩的方差分别为$S^2_{甲}=2$，$S^2_{乙}=4$，则甲的射击成绩更稳定

2．函数的自变量x满足$\frac{1}{3}\leqslant x\leqslant 2$时，函数值$y$满足$\frac{2}{3}\leqslant y\leqslant 4$，则这个函数可以是（　　）．

A．$y=\frac{4}{3x}$　　B．$y=\frac{3}{4x}$　　C．$y=\frac{3}{2x}$　　D．$y=\frac{2}{3x}$

3．顺次连接直角梯形四边中点所得的四边形一定是（　　）．

A．平行四边形　　B．矩形　　C．菱形　　D．正方形

4．对于实数a，b，给出以下判断：① 若$a=b$，则$\sqrt{a}=\sqrt{b}$；② 若$a+b=0$，则$(-a)^2=b^2$；③ 若$|a|>|b|$，则$a>b$．其中，判断正确的个数是（　　）．

A．3　　B．2　　C．1　　D．0

5．已知一个圆锥体的三视图如图F4.1所示，则这个圆锥的侧面积为（　　）．

A．40π　　B．24π　　C．20π　　D．12π

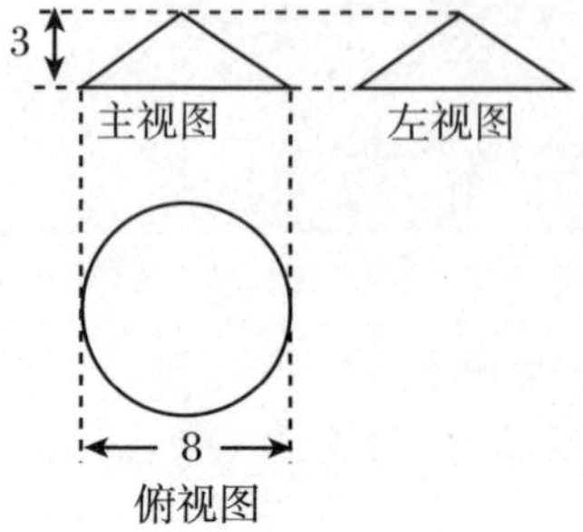

图 F4.1

6. 如图 F4.2 所示,先把长为 8 厘米的矩形按虚线对折,然后按虚线剪出一个直角梯形,打开得到一个等腰梯形,若剪掉部分的面积为 6 平方厘米,则打开后梯形的面积是(　　).

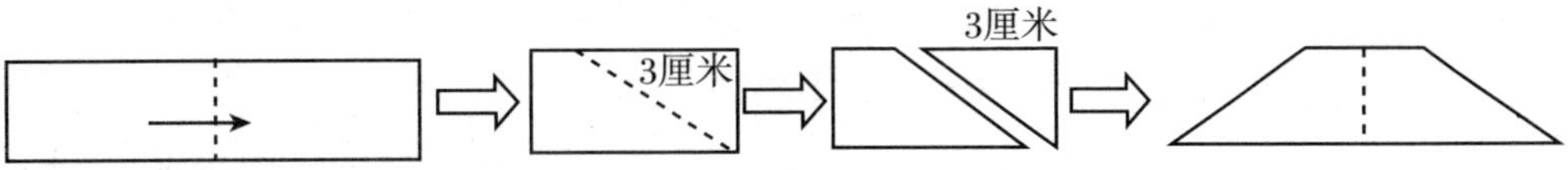

图 F4.2

A. 5 平方厘米　　　　B. 9 平方厘米

C. 10 平方厘米　　　　D. 20 平方厘米

7. 已知过点(1, −4)的直线 $y=ax+b(a\neq 0)$不经过第一象限. 设 $t=3a-b$,则 t 的取值范围是(　　).

A. $12\leqslant t<4$　　　　B. $-8\leqslant t<5$

C. $-10\leqslant t<4$　　　　D. $-12\leqslant t<3$

8. 已知二次函数 $y=ax^2+bx+c(a\neq 0)$的图像如图 F4.3 所示,给出下列结论:① $4ac<b^2$;② $3b+2c<0$;③ $4a<2b-c$;④ $m(am+b)<a-b(m\neq -1)$. 其中,结论正确的个数是(　　).

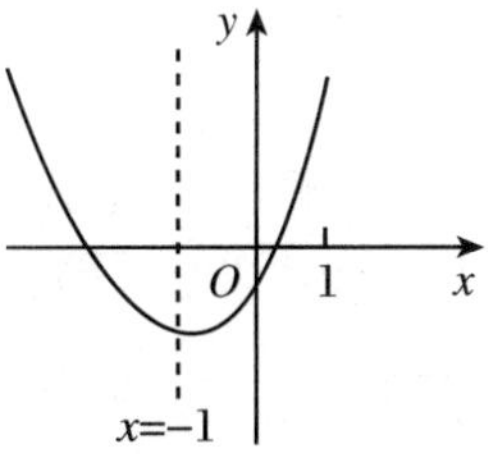

图 F4.3

A. 1 个　　　　B. 2 个

C. 3 个　　　　D. 4 个

9. 方程 $x^2+4x-1=0$ 的根可视为函数 $y=x+4$ 的图像与函数 $y=\frac{1}{x}$ 的图像交点的横坐标,则方程 $x^3+3x-1=0$ 的实根 x_0 所在的范围是(　　).

A. $\frac{1}{3}<x_0<\frac{1}{2}$　　　　B. $\frac{1}{2}<x_0<1$

C. $0<x_0<\frac{1}{4}$　　　　D. $\frac{1}{4}<x_0<\frac{1}{3}$

10. 在△ABC 中,$\angle B=2\angle A$,$a=2$,$c=4$,$\angle B$ 的平分线长为 3,则 $b=$(　　).

A. 4　　B. 4.5　　C. 5　　D. 不存在

二、填空题(本大题共有 8 小题,每小题 4 分,共 32 分. 请将正确的答案直接填写在答题卷中相应的横线上)

11. 计算:$|\pi-4\sin 60^\circ|-3\times(\cos 30^\circ)^{-1}=$________.

12. 已知关于 x 的方程 $\frac{3x+m}{x-1}=4$ 的解是正数,则 m 的取值范围为________.

13. 先找规律,再确定 m 的值:$\frac{1}{1}+\frac{1}{2}-1=\frac{1}{2}$,$\frac{1}{3}+\frac{1}{4}-\frac{1}{2}=\frac{1}{12}$,$\frac{1}{5}+\frac{1}{6}-\frac{1}{3}=\frac{1}{30}$,$\frac{1}{7}+\frac{1}{8}-\frac{1}{4}=\frac{1}{56}$,…,$\frac{1}{2015}+\frac{1}{2016}-\frac{1}{m}=\frac{1}{2015\times 2016}$,则 $m=$________.

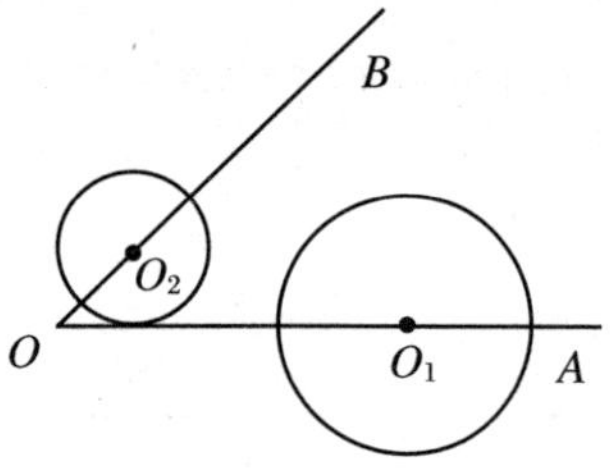

图 F4.4

14. 如图 F4.4 所示，已知$\angle AOB=45^\circ$，$OO_1=17$，圆 O_1 的半径为 8，点 O_2 在射线 OB 上运动，且圆 O_2 始终与 OA 相切，当圆 O_2 和圆 O_1 相切时，圆 O_2 的半径等于________.

15. 设 x_1，x_2 是方程 $x^2-x-2015=0$ 的两实数根，则 $x_1^3+2016x_2-2015=$________.

16. 在$\triangle ABC$ 中，$\angle B=45^\circ$，$\tan C=\dfrac{4}{3}$，$AB=8$，则该三角形的内切圆半径为________.

17. 定义一种新运算 $F(x,y)=\dfrac{3x+y}{x-2y}$（其中 x,y 为实数）. 例如：$F(0,1)=\dfrac{3\times0+1\times1}{0-1\times2}=-\dfrac{1}{2}$. 若关于 m 的不等式组$\begin{cases}F(2m,m-3)\geqslant 3,\\F(-2m,1-m)<t\end{cases}$恰好有 2 个整数解，则实数 t 的取值范围是________.

18. 已知$\triangle ABC$ 的三条边长分别为 6,8,12，在$\triangle ABC$ 所在平面内画一条直线，将$\triangle ABC$ 分割成两个三角形，使其中的一个是等腰三角形，则这样的直线最多可画________条.

三、解答题（本大题共有 6 小题，共 78 分. 其中第 19 题 8 分，第 20,21 题各 12 分，第 22 题 14 分，第 23,24 题各 16 分. 请将解答过程写在答题卷的相应位置上）

19. 先化简，再求值：$\left(1-\dfrac{1}{a-1}\right)\cdot\dfrac{a^2-a}{a^2-4a+4}$，其中 $a=\dfrac{1}{2-\sqrt{3}}$.

20. 袋中有四张卡片，其中两张红色卡片 a_1，a_2，标号分别为 1,2；两张蓝色卡片 b_1，b_2，标号分别为 1,2.

(1) 从以上四张卡片中任取两张，求这两张卡片颜色不同且标号之和小于 4 的概率；

(2) 向袋中再放入一张绿色卡片 c_0，标号记为 0，从这五张卡片中任取两张，求这两张卡片颜色不同且标号之和小于 4 的概率.

21. 先阅读材料，再解答问题.

已知点 $P(x_0, y_0)$ 和直线 $y = kx + b$，点 P 到直线 $y = kx + b$ 的距离 d 可用公式 $d = \dfrac{|kx_0 - y_0 + b|}{\sqrt{1+k^2}}$ 计算. 例如：求点 $P(-2,1)$ 到直线 $y = 2x + 3$ 的距离.

解　由直线 $y = 2x + 3$ 可知，$k = 2$，$b = 3$. 所以点 $P(-2,1)$ 到直线 $y = 2x + 3$ 的距离为

$$d = \frac{|kx_0 - y_0 + b|}{\sqrt{1+k^2}} = \frac{|2\times(-2) - 1 + 3|}{\sqrt{1+2^2}} = \frac{2\sqrt{5}}{5}.$$

(1) 已知直线 $y = 2x + 1$ 与 $y = 2x - 5$ 平行，求这两条平行线之间的距离；

(2) 已知直线 $y = -\dfrac{4}{3}x - 4$ 分别交 x 轴、y 轴于 A，B 两点，圆 C 是以 $C(2,2)$ 为圆心、2 为半径的圆，点 P 为圆 C 上的动点，试求△PAB 面积的最大值.

22. 如图 F4.5 所示，已知 AB 为圆 O 的直径，P 为 AB 延长线上的动点，过点 P 作圆 O 的切线 PC，点 C 为切点，点 M 为 AC 上的动点，连 PM 交 BC 于点 E.

(1) 当 PM 平分∠APC 时，求证：∠$CMP = 45°$.

(2) 当 M 是 AC 的中点时，求证：$\dfrac{PB}{PA} = \dfrac{BE}{CE}$.

(3) 当 $PB = OB = 2$，且△ABC 的周长被 PM 平分时，设 $CM = x$，试求 x^2 的值.

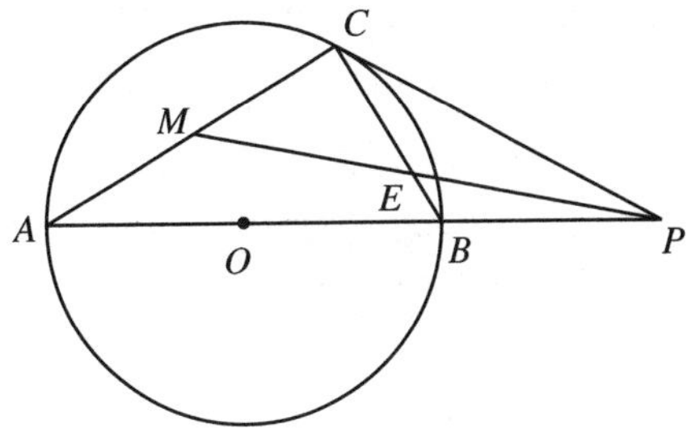

图 F4.5

23. 如图 F4.6 所示，等边三角形 OAB 的边长为 $8\sqrt{3}$，且其三个顶点均在抛物线 $y=ax^2(a>0)$ 上.

(1) 求抛物线的解析式.

(2) 若过原点 O 的直线 $y=kx$ 与直线 $y=-\frac{1}{k}x$ 分别交抛物线 $y=ax^2$ 于点 C，D.

① 当 $k=\frac{1}{2}$ 时，试求△COD 的面积；

② 试证明：不论实数 k 取何值，直线 CD 总是经过一定点.

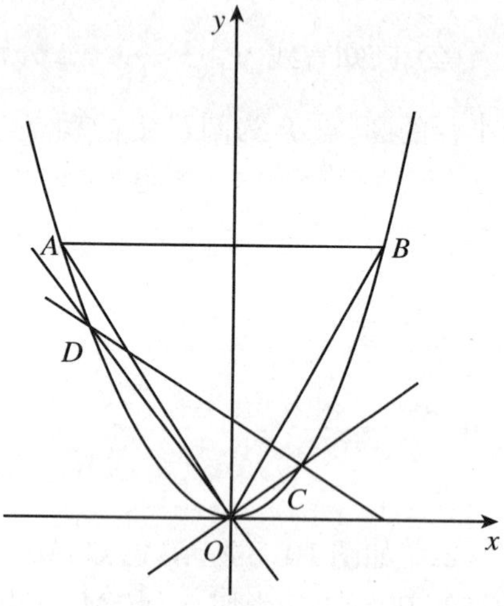

图 F4.6

24. 如图 F4.7 所示，在平面直角坐标系 xOy 中，$B(-4,4)$，$BA\perp x$ 轴于点 A. 点 P 从点 A 出发，以每秒 1 个单位长度的速度沿 x 轴向点 O 运动；点 Q 从点 O 同时出发，以相同的速度沿 x 轴的正方向运动，运动时间 t(秒)$(0<t<4)$. 过点 Q 作平行于 y 轴的直线 l，连 BP，过点 P 作 $PD\perp BP$ 交直线 l 于点 D. PD，BD 与 y 轴分别交于点 F，E，连 OD.

(1) 当 $\angle DPQ=15°$ 时，试求 $\cos\angle PDO$ 的值；

(2) 当 P 为 AO 中点时，试求 $\sin\angle PDO$ 的值；

(3) 是否存在这样的 t，使得△POF 与△DEF 的面积相等？若存在，求出所有符合条件的 t；若不存在，请说明理由.

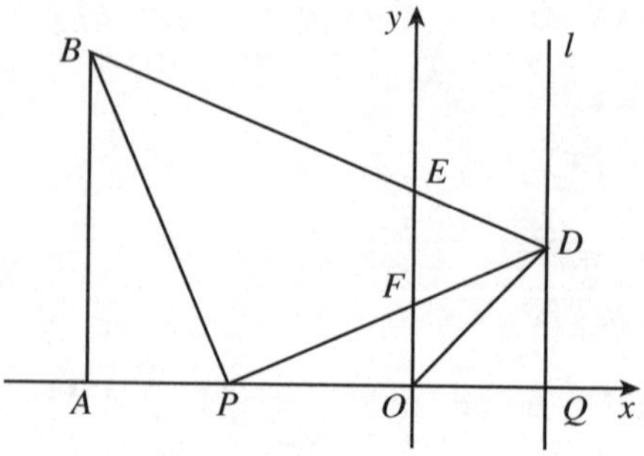

图 F4.7

华中师大一附中 2018 年自主招生考试数学试卷

（卷面满分 120 分，考试时间 70 分钟）

一、选择题（本大题的 5 小题都是单项选择题，每小题 7 分，共 35 分）

1. 二次函数 $y=x^2+2x+c$ 的图像与 x 轴的两个交点为 $A(x_1,0)$，$B(x_2,0)$，且 $x_1<x_2$，点 $P(m,n)$ 是图像上一点，那么下列判断正确的是（　　）.

A. 当 $n>0$ 时，$m<x_1$　　B. 当 $n>0$ 时，$m>x_2$

C. 当 $n<0$ 时，$m<0$　　D. 当 $n<0$ 时，$x_1<m<x_2$

2. 已知实数 a,b,c 满足 $a<b<c$，且 $k=\frac{1}{a-b}+\frac{1}{b-c}+\frac{1}{c-a}$，则直线 $y=-kx+k$ 必经过（　　）.

A. 第一、三、四象限　　B. 第一、二、四象限

C. 第一、二、三象限　　D. 第二、三、四象限

3. 下边的程序框图的算法思想源于我国古代数学名著《九章算术》中“更相减损术”，执行该程序框图（图 F5.1），若输入的 a,b 分别为 16，22，则输出的 $a=$（　　）.

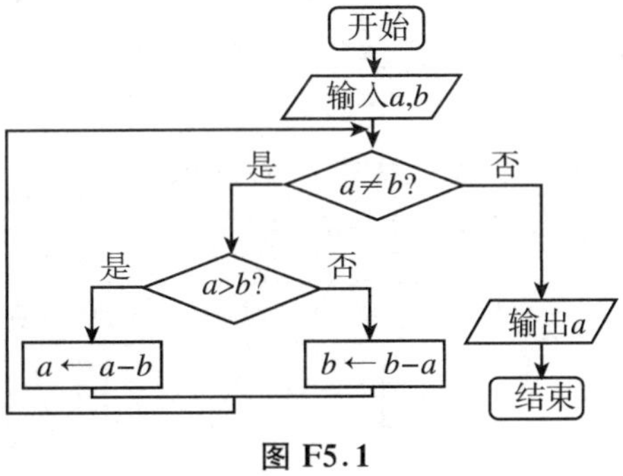

图 F5.1

A. 0　　B. 2　　C. 4　　D. 14

4. 直线 l：$kx-y-2k-1=0$ 被以 $A(1,0)$ 为圆心、2 为半径的圆 A 所截得的最短弦长为（　　）.

A. $\sqrt{2}$　　B. 2

C. $2\sqrt{2}$　　D. 4

5. 如图 F5.2 所示，在△ABC 中，$AB=AC=8$，$BC=4$，$BF\perp AC$ 于点 F，点 D 是 AB 的中点，点 E 在 AC 上，且 $2EF=AC$，则 $\tan\angle DEF=$（　　）.

A. $\sqrt{15}$　　B. $\frac{\sqrt{15}}{15}$

C. $\frac{\sqrt{15}}{4}$　　D. $\frac{1}{4}$

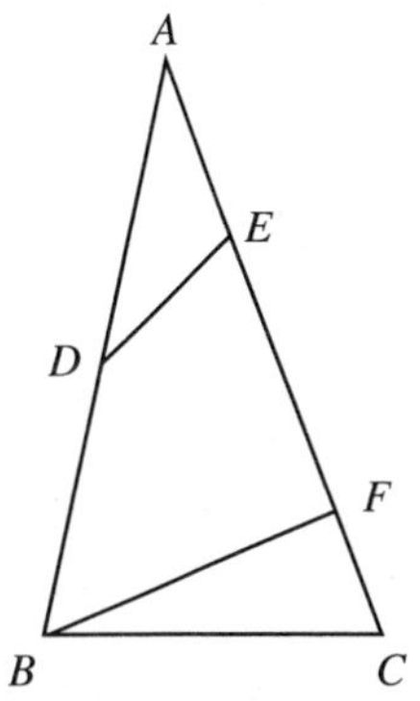

图 F5.2

二、填空题(本大题共 5 小题,每小题 7 分,共 35 分)

6. 若 $a+b-2\sqrt{a-1}-4\sqrt{b-2}=3\sqrt{c-3}-\frac{1}{2}c-5$,则$(b-c)^a=$________.

7. 已知△ABC 的一边长为 4,另外两边恰是方程 $2x^2-12x+m+1=0$ 的两实根,则实数 m 的取值范围是________.

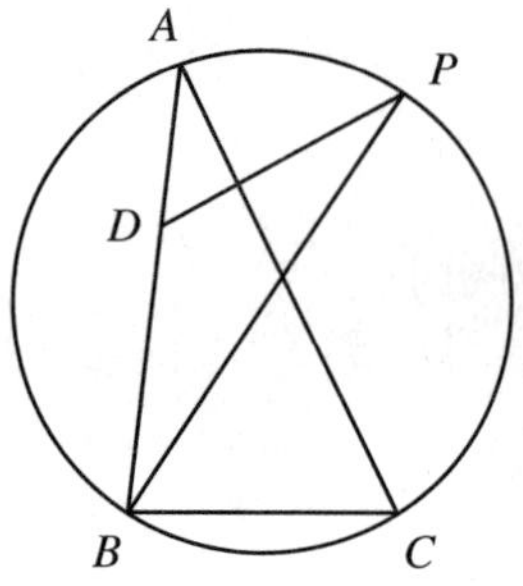

图 F5.3

8. 如图 F5.3 所示,点 D 是△ABC 的边 AB 上的一点,且 $AB=3AD$,点 P 是△ABC 外接圆上一点,使得$\angle ADP=\angle ACB$,则 $\frac{PB}{PD}=$________.

9. 有十张正面分别标有 1,2,3,4,5,6,7,8,9,10 的不透明卡片,它们除数字不同外其余全部相同,将它们背面朝上,洗匀后从中任取一张,以卡片上数字作为关于 x 的不等式 $5x-a\leqslant 5$ 中的系数 a,则使得该不等式的正整数解只有 1 和 2 的概率为________.

10. 若四个互不相等的正实数 a,b,c,d 满足$(a^{2018}-c^{2018})(a^{2018}-d^{2018})=2018$,$(b^{2018}-c^{2018})(b^{2018}-d^{2018})=2018$,则$(ab)^{2018}-(cd)^{2018}=$________.

三、解答题(本大题共 3 小题,共 50 分)

11. (16 分)如图 F5.4 左图所示,在正方形 $ABCD$ 中,点 E 在 AB 上,点 F 在 AD 延长线上,且 $DF=BE$.

(1) 求证:$CE=CF$.

(2) 在图(a)中,点 G 在 AD 上,且$\angle GCE=45^\circ$,则 GE,BE,GD 有何数量关系,说明理由.

(3) 如图(b)所示,在直角梯形 $ABCD$ 中,$AD\parallel BC$,$BC>AD$,$\angle B=90^\circ$,$AB=BC=6$,点 E 在 AB 上,且$\angle DCE=45^\circ$,$BE=2$,求 DE 的长.

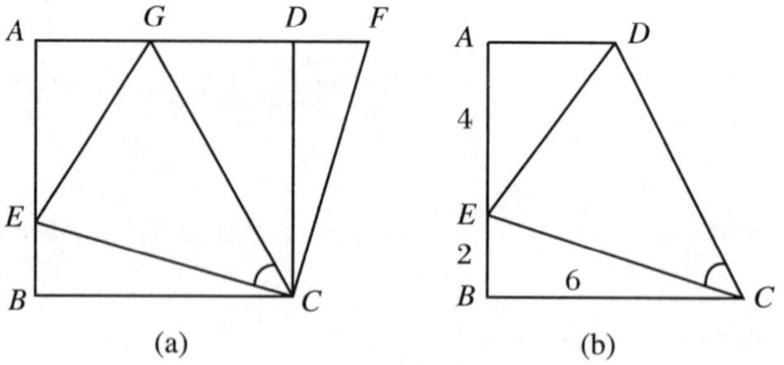

图 F5.4

12. (16 分)如图 F5.5(a)所示,已知 $A(-1,0)$,$B(-1,1)$,$C(1,0)$,$D(1,1)$,记线段 AB 为 L_1,线段 CD 为 L_2,点 P 是坐标平面内一点.给出如下定义:若存在过点 P 的直线 l 与 L_1,L_2 都有公共点,则称点 P 是 L_1-L_2 相关点.例如,点 $P(0,1)$是 L_1-L_2 相关点.

(1) 以下各点中,________是 L_1-L_2 相关点(填上正确的序号).

① $(-1,2)$;② $(-5,2)$;③ $(4,2)$.

(2) 直接在图(b)中画出所有 L_1-L_2 相关点组成的区域,并用阴影部分表示.

(3) 已知点 M 在 y 轴上,以 M 为圆心、r 为半径画圆,且圆 M 上有且只有一个点为 L_1-L_2 相关点.

① 当 $r=1$ 时,求点 M 的纵坐标;

② 求 r 的取值范围.

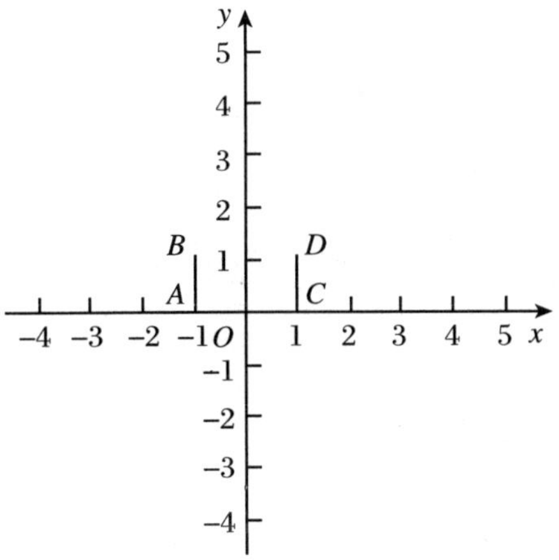

(a)

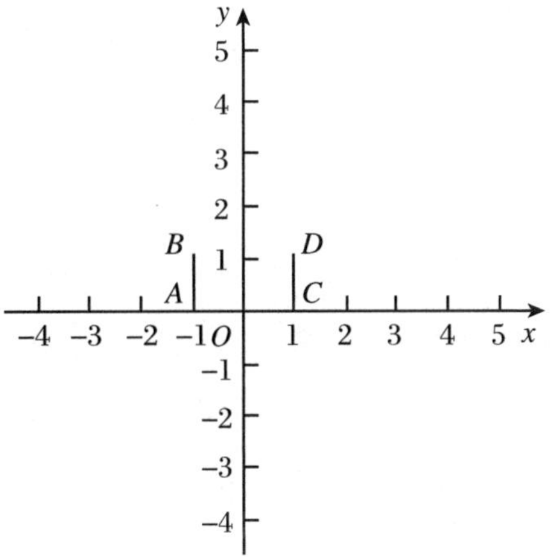

(b)

图 F5.5

13. (18 分)定义:若点 $P(x,y)$的坐标满足 $x=y$,则称该点为“平衡点”.

(1) 当 $-1\leqslant x\leqslant 3$ 时,直线 $y=2x+m$ 上存在“平衡点”,则实数 m 的取值范围是________;

(2) 直线 $y=3mx+n-1$ 上存在“平衡点”吗? 若存在,求出“平衡点”的坐标;若不存在,请说明理由.

(3) 若抛物线 $y=ax^2+bx+1(a>0)$上存在两个不同的“平衡点”$A(x_1,x_1)$,$B(x_2,x_2)$,且满足 $0<x_1<2$,$|x_2-x_1|=2$,令 $t=b^2-2b+\dfrac{117}{48}$,试求实数 t 的取值范围.

复旦大学附中 2019 年自主招生考试数学试卷

1. 设两个非零实数 a, b 满足 $ab=a-b$,求 $\frac{a}{b}+\frac{b}{a}-ab$ 的值.

2. 已知 $|2m-11|=|m-3|+|m-8|$,求 m 的取值范围.

3. 若关于 x 的不等式 $0\leqslant ax+2019\leqslant 2018$ 的整数解为 1,2,3,…,2018,求 a 的取值范围.

4. 如图 F6.1 所示,已知 $\triangle ABC$, $\triangle A'BC'$ 的边长均为 2,点 D 在线段 BC' 上,求 $AD+CD$ 的最小值.

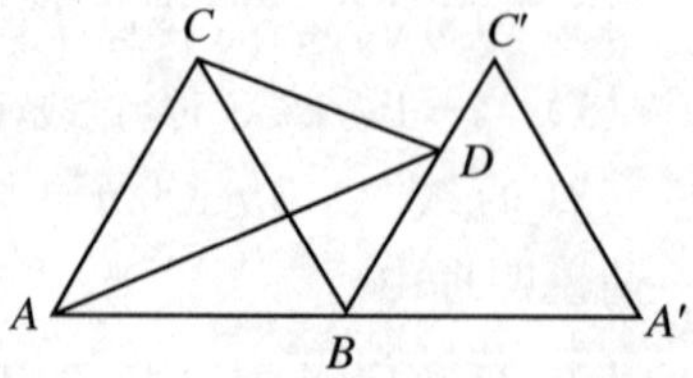

图 F6.1

5. 已知 x,y 为实数，求 $5x^2+4y^2-8xy+2x+4$ 的最小值.

6. 如图 F6.2 所示，在等腰梯形 $ABCD$ 中，$AB=CD=13$，$AD=6$，$BC=16$，$CE\perp AB$ 于点 E. 求：

(1) CE 的长；

(2) $\triangle BCE$ 内切圆的半径.

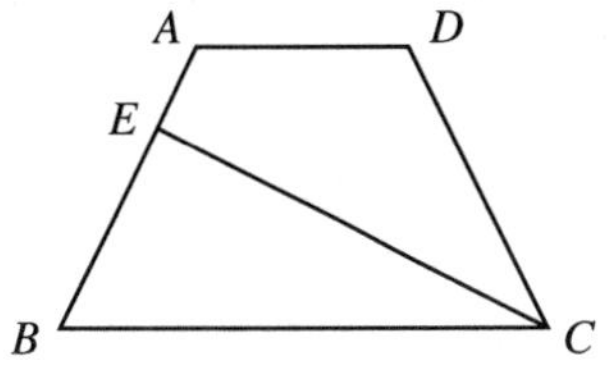

图 F6.2

7. 定义：当 $x=x_0$ 时，$y=x_0$，则称 (x_0,x_0) 是函数 $y=f(x)$ 的不动点.

(1) 若 $y=\frac{5x+a}{x+b}$ 有两个不动点 $(6,6)$，$(-6,-6)$，求 a,b 的值；

(2) 若 $y-\frac{5x+a}{x+b}$ 有两个关于原点对称的不动点，求 a,b 满足的条件.

8. 用 $S(n)$ 表示正整数 n 的各位数字之和，例如 $S(2019)=2+0+1+9=12$.

(1) 当 $1950\leqslant n\leqslant 2019$ 时，找出所有满足 $S[S(n)]=4$ 的正整数 n；

(2) 找出所有满足 $n+S(n)+S[S(n)]=2019$ 的正整数 n.

9. 已知平行四边形两条邻边长为 7 和 8，两条对角线长为 m，n，求 m^2+n^2 的值.

10. 已知正整数 x，y 满足 $2xy+x+y=127$，求 $x+y$ 的值.

11. 设斐波那契数列 1，1，2，3，5，8，13，21，34，55，…的第 n 项为 a_n，记 b_n 是 a_n 除以 4 的余数，求 b_n 中第 2019 次出现 1 时的序数 n.

参考答案

第 1 课

基础自测

1. 7,5,9,1.
2. 195.　提示:设 $a=4t,b=5t,c=7t$;代入得 $16t=240$.
3. $1.1\dot{6}$;$116.\dot{6}$;$-\frac{91}{33}$.
4. $13-4\sqrt{10}$;$x+10$.
5. 287.6;286.875.
6. 更比;合分比;等比.
7. (1) 42.07;(2) 110.14.

达标训练

8. C.　提示:运用倒数.
9. (1) $-\frac{353}{4}$;(2) -432.
10. (1) -7 或 -1;(2) $\pm\sqrt{2}$;(3) $\frac{625}{81}$.
11. $\frac{35}{22}$;$\frac{1+\sqrt{5}}{2}$.
12. $\frac{1}{9}$;$\frac{1}{3}$;$\frac{2}{3}$.
13. (1) 7.3,0.48;(2) 26.
14. $\frac{3}{2}\sqrt{3}$.
15. (1) $\frac{1}{6}$;(2) $\frac{4}{33}$;(3) $\frac{49}{200}$.
16. (1) $1.\dot{6}=1\frac{2}{3}$,$52.\dot{3}=52\frac{1}{3}$;

(2) 原式 $=\frac{3}{41}\times 52\frac{1}{3}-\left(1\frac{1}{8}-\frac{35}{4}-1\frac{2}{3}\right)\div\frac{223}{6}$

$=\frac{3}{41}\times\frac{157}{3}-\left(\frac{1}{8}-\frac{35}{4}-\frac{2}{3}\right)\times\frac{6}{223}$

$=\frac{157}{41}+\frac{223}{24}\times\frac{6}{223}=\frac{157}{41}+\frac{1}{4}=\frac{669}{164}$.

(3) $2.0\dot{6}1\dot{8}=\frac{3433}{1665}$.

17. 提示:可设 $MP=x$.

18. (1) $n=\frac{12}{10\%}=120$(人),

$a=120-12-30-24-12=42$(人).

(2) 所求人数为 $2400\times\frac{46+24+12}{120}=1560$.

19. (1) $a=2,b=\frac{\sqrt{5}-1}{2}$;(2) $a^2+b^2+\frac{ab}{2}=5$.

20. (1) $\frac{432}{72+100.8}=\frac{4320}{1728}=\frac{1080}{432}=\frac{135}{54}=\frac{5}{2}$(小时),所以经过 150 分钟两车相遇.

(2) 甲车速度为 72 千米/小时 $=\frac{72000}{3600}$ 米/秒 $=20$ 米/秒,乙车速度为 100.8 千米/小时 $=\frac{100800}{3600}$ 米/秒 $=28$ 米/秒. 提示:按比例分配(画图示),当两车从车头相接到车尾相接时,甲车行驶 $\frac{480\times 20}{20+28}=200$(米),需要行驶 $\frac{200}{20}=10$(秒)[其他方法:$\frac{232+248}{20+28}=10$(秒)].

21. (1) 6,1332. 提示:$12\times 111=1332$.

(2) 根据加法的结合律、交换律得到

$A=0.4\times 100+0.04\times 99+0.004\times 98+0.0004\times 97+\cdots=40+3.96+0.392+0.0388+\cdots>44.3908>44$.

又因为

$$A=0.4+0.44+0.444+\cdots+0.\underbrace{444\cdots 4}_{100个4}<\underbrace{0.45+0.45+0.45+\cdots+0.45}_{100个0.45}=45,$$

所以 $44<A<45$,即 A 的整数部分是 44.

《 滚动复习 》

22. (1) 1.2×10^9;(2) 900,863.5,863,8.63459×10^2.

23. (1) 24. 提示:从 3,5,7 中任选两个搭配构成 6 个既约分数,从 3,5,7 中任选一个与从 2,4,6 中任选一个搭配构成 18 个既约分数.

(2) 22. 提示:$6+12+4=22$.

24. (1) 略.

(2) 原式 $=\left(\frac{7}{18}\times\frac{9}{2}+\frac{1}{6}\right)\div\left(\frac{15}{4}\times\frac{16}{5}-\frac{40}{3}\right)\times\frac{23}{8}$

$=\frac{23}{12}\div\frac{4}{-3}\times\frac{23}{8}=\frac{23}{12}\times\frac{-3}{4}\times\frac{23}{8}=-\frac{529}{128}$.

25. 33.1%;213.8%.

26. 提示:突破口是从 $7\times8=56$ 确定商的十位数是 8.

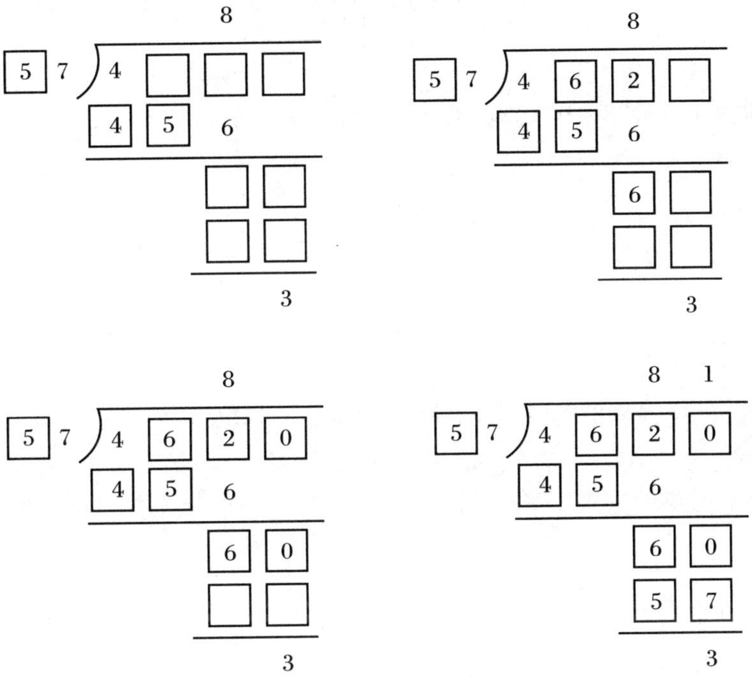

第 2 课

基础自测

1. $\pm6,6;-2,-2$.

2. $6\sqrt{2}$厘米;$2\sqrt[3]{9}$厘米.

3. (1) -5;(2) -5;(3) 5;(4) 不存在.

4. ±1.2;不存在的;0.1;-0.1.

5. 225,±225,3375.

6. (1) 5;(2) -6;(3) 21;(4) -22.

提示:$(4\sqrt{30})^2=16\times30=480,21^2=441,22^2=484$,则$21^2<(4\sqrt{30})^2<22^2$.

7. $\frac{\sqrt{10}}{2}$;$\frac{\sqrt{10}}{2}$;$\pm\frac{\sqrt{10}}{2}$.

8. 20.　提示：$x=6,y=4$.

9. $5\sqrt{3}$厘米.　提示：运用勾股定理开平方.

10. (1) 不正确.　提示：举一反例.

(2) 正确.　提示：要严格证明.

《 达标训练 》

11. C.　提示：$|a|\leqslant 2,|b|\leqslant 2,ab-3a+2b-6=(a+2)(b-3)\geqslant 0$.

12. B,C,F,E.

13. (1) $3\sqrt{2}$；(2) $-\sqrt{2}$；(3) 4；(4) 0.5.

14. (1) $4\sqrt[3]{4}$；(2) $2\sqrt[3]{4}$；(3) $6\sqrt[3]{2}$；(4) 3.

15. 64,729.

16. (1) 99；(2) 529；(3) 1641.

提示：$\sum\limits_{n=2}^{30}[\sqrt{n}]=1\times 2+2\times 5+3\times 7+4\times 9+5\times 6=99$，$\sum\limits_{n=2}^{150}[\sqrt[3]{n}]=1\times 6+2\times 19+3\times 37+4\times 61+5\times 26=529$，$\sum\limits_{n=10}^{500}[\sqrt[4]{n}]=1\times 6+2\times 65+3\times 175+4\times 245=1641$.

17. 原等式等价于$\sqrt{2-\sqrt{3}}=\sqrt{x}-\sqrt{y}$，平方得$2-\sqrt{3}=(x+y)-\sqrt{4xy}$，比较等号两边，易得$2=x+y$且$3=4xy$，其中$x>y$，解得$(x,y)=\left(\frac{3}{2},\frac{1}{2}\right)$.

18. (1) $2401<2500=50^2$，算得$49^2=2401$，则第1次取$\sqrt{2401}=49$，第2次取$\sqrt{49}=7$，第3次取$\sqrt{7}$是无理数，所以输出$\sqrt{7}$.

(2) 第4次取$\sqrt{\frac{1}{3}}=\frac{\sqrt{3}}{3}$，第3次取$\sqrt{\frac{1}{9}}=\frac{1}{3}$，第2次取$\sqrt{\frac{1}{81}}=\frac{1}{9}$，第1次取$\sqrt{\frac{1}{81^2}}=\frac{1}{81}$，所以输入的数是$\frac{1}{81^2}=\frac{1}{6561}$.(其他求解方法：顺向列方程解方程.)

19. (1) 依题意得$(2-a)+(2a-1)=0$，则$a+1=0$，即$a=-1$，则± 3是x的平方根，实数x的算术平方根是$\sqrt{x}=3$.

(2) 由于$\sqrt{x}=3$，即$x=9$，则$\sqrt[3]{x+1}=\sqrt[3]{10}$.算得$2^3=8$，$2.2^3=4.84\times 2.2=10.648$，则$2.0=\sqrt[3]{8}<\sqrt[3]{10}<\sqrt[3]{10.648}=2.2$.又算得$2.1^3=9.216$，则$2.1<\sqrt[3]{10}<2.2$.最后算得$2.15^3=9.981375$，则$2.15<\sqrt[3]{10}<2.2$.所以，$x+1=10$的立方根的近似值约为2.2.

20. (1) $2x-1,2x-1,x\leqslant -5,-5,-11,-13,-12,-11$.

(2) 原方程的解为$x=\frac{14}{5}$.

解法1：参阅第(1)问；解法2：先设$x=[x]+a$.

21. $x_1=\frac{1}{3}\sqrt{51}, x_2=\frac{1}{3}\sqrt{21}, x_3=3$.

22. (1) $2([x]+1)-[x]=4$,解得 $2\leqslant x<3$.

(2) $2(x-[x])-[x]=4$,则 $2x-4=3[x]$,则 $3(x-1)<2x-4\leqslant 3x$,初步得 $-4\leqslant x<-1$.分三类解得,$x=-4$ 或 $x=-\frac{5}{2}$.

(3) $x=0,\frac{4}{3},\frac{8}{3}$.

《 滚动复习 》

23. 4;24;12;-13.

24. (1) 原式 $=815\times676+676\times185=676\times1000=676000$.

(2) 原式 $=23.5\times12.1+4.70\times211-135\times5.43$

$=2.35\times(121+2\times211)-135\times5.43$

$=2.35\times543-1.35\times543=1\times543=543$.

25. (1) 400;(2) 195;(3) 12,195;(4) 48,34944.

26. (1) 略.

(2) 提示:$\left(\frac{1}{2}\cdot999\cdot1000+68\right)\cdot2=999136$.

(3) 1000 是第 500 个正偶数,前 30 行共有 $\frac{1}{2}\cdot30\cdot31=465$ 个偶数,前 31 行共有 $465+31=496$.所以,数字 1000 位于第 32 行第 4 列.

第 3 课

《 基础自测 》

1. E,F,C,A,B.

2. $2\sqrt{3}$,3;3,$-8-5\sqrt{2}$.

3. (1) $4x-2y$;(2) $-2x+6y$;(3) $3x^2+2xy-8y^2$.

4. (1) $2x^2-x-3$;(2) $8x^3+6x^2-17x-15$.

5. $\frac{1}{2}$,-3,2.

6. (1) $41+29\sqrt{2}$;(2) $41-29\sqrt{2}$.

7. 3.　提示:原式 $=(a+b)^2+1$.

8. (1) $x^4-2x^3-2x^2+8$;(2) x^2+2x+2.

《 达标训练 》

9．$-3,8,2a^2b^3$.

10．54;14.

11．$-\frac{49}{2},x^3-4x+11x+\frac{5}{2}$.

12．-2． 提示：$\alpha^3=\alpha\cdot\alpha^2=\alpha(-2\alpha+1)=-2\alpha^2+\alpha=-2(-2\alpha+1)+\alpha=5\alpha-2$.

13．$-15,70,64$． 提示：两种解法.

14．$\frac{15}{4},\frac{15}{2},\frac{45}{4},\frac{17}{4};(2x-3)\left(2x^2+\frac{1}{2}x+\frac{15}{4}\right)+\frac{17}{4}$.

15．1771561;531441． 提示：$9^6=(10-1)^6=10^6-6\times10^5+15\times10^4-20\times10^3+15\times10^2-6\times10+1$.

16．(1) 原式$=5x^3-16x^2+27x-18$.

(2) 原式$=4x^4-3x^3-4x^2+27x-18$.

(3) 原式$=4x^5+5x^4-14x^3+2x^2+27x-18$.

17．(1) $x^2-4x+10$;(2) $-20x-5$.

18．(1) 由于$(-5)^2-13=(a+b)^2-(a^2+b^2)=2ab$,则 $ab=6$,则 $a^4+b^4=(a^2+b^2)^2-2a^2b^2=13^2-2\times6^2=97$.

(2) 与(1)同理求得 $ab=-6$,则 $a^3-b^3=(a-b)(a^2+ab+b^2)=(-5)\times(13-6)=-35$.

19．(1)

$$
\begin{aligned}
&(1+2)\times(1+4)\times(1+16)\times\cdots\times(1+2^{2^n})\\
&=\frac{1-2^2}{1-2}\times(1+2^2)\times(1+2^4)\times\cdots\times(1+2^{2^n})\\
&=\frac{1-2^4}{1-2}\times(1+2^4)\times(1+2^8)\times\cdots\times(1+2^{2^n})\\
&\cdots\\
&=\frac{1-2^{2^n}}{1-2}\times(1+2^{2^n})\\
&=(2^{2^n})^2-1\\
&=2^{2^{n+1}}-1.
\end{aligned}
$$

(2) 原式$=\frac{1-a^{2^{n+1}}}{1-a}$.

20．展开得 $a^2b^2-10ab+a^2+4b^2+9=0$,配方得$(ab-3)^2+(a-2b)^2=0$,则$ab=3$且 $a=2b$,即 $b\left(a+\frac{1}{a}\right)=ab+\frac{b}{a}=3+\frac{1}{2}=\frac{7}{2}$.

21．(1) $S=m^2+n^2-\frac{1}{2}m^2-\frac{1}{2}(m+n)n=\frac{1}{2}(m^2+n^2-mn)$(其中$0<n<m$).

(2) $S=\frac{1}{2}[(m+n)^2-3mn]=\frac{121-21}{2}=50$.

滚动复习

22. B,A.　提示：$x^3=3$，则 $1<x<2<x^2<3$（分析法优于近似值），即 $a=x-1$，$b=x^2-2$.

23. 7.16，-0.0716.

24. $\frac{1}{4}$.　提示：$b=\sqrt{2}\times(\sqrt{2}+\sqrt{3}-\sqrt{5})$.

25. (1) 用竖式除法算得，$\frac{15}{7}=2.\dot{1}4285\dot{7}$.

(2) $3.\dot{6}=3+0.\dot{6}=3+\frac{2}{3}=\frac{11}{3}$.

(3) $0.\dot{3}\dot{6}=0.363636\cdots=0.36+0.003636\cdots=0.36+0.\dot{3}\dot{6}\times\frac{1}{100}$，$0.\dot{3}\dot{6}\times\frac{99}{100}=\frac{36}{100}$，所以 $0.\dot{3}\dot{6}=\frac{36}{99}=\frac{4}{11}$.

26. (1) $\frac{1}{2}$；(2) $\frac{1}{4}$；(3) 4；(4) 6；(5) $\frac{1}{6}$.　提示：运用表格或树枝图或搭配线段求解.

27. 设 $x=\sqrt[3]{7+5\sqrt{2}}+\sqrt[3]{7-5\sqrt{2}}$，则运用公式 $(a+b)^3=(a^3+b^3)+3ab(a+b)$，可求得 $x^3=14-3x$，则 $(x-2)(x^2+2x+7)=0$，故只有 $x=2$，所以 $\sqrt[3]{7+5\sqrt{2}}+\sqrt[3]{7-5\sqrt{2}}=2$.

第 4 课

基础自测

1. (1) $a^2b(2b^2-3a)$；(2) $(x+\sqrt{6})(x-\sqrt{6})$；(3) $(x+\sqrt{6}y)(x-\sqrt{6}y)$；(4) $(x-2)(x^2+2x+4)$；(5) $(x+2)(x^2-2x+4)$.

2. (1) $x(x-2)$；(2) $(x-3)(x+1)$；(3) $(x+3)(x-1)$；(4) $(3x+1)(x-1)$；(5) $(3x-1)(x+1)$.

3. (1) $(2x+9)(5x-6)$；(2) $(2m+9n)(5m-6n)$；(3) $(x+y+1)(x-y+3)$.

4. $a(x-1)^2$.

5. (1) -2；(2) -2 或 0 或 1.

6. $-2A+6B$；$-2A+6B$；-15；-5；$(x+6y-5)(x-2y+3)$.

《 达标训练 》

7. B. 提示:原式 $=(2x+5y)(x-3y)$.

8. B,B. 提示:$a=\pm7,\pm8,\pm13$;$b=(-1)\times(-11),(-2)\times(-10),\cdots,(-6)\times(-6)$.

9. B,B,D,C.

10. B,A.

11. 0;-1 或 0 或 9.

12. (1) $(2x-5)(4x+3)$;(2) $(2x-5y)(4x+3y)$;(3) $(5x+2y)(3x-4y)$.

13. (1) $(x^2+4)(x+2)(x-2)$;(2) $(a-1)(a-2)$;(3) $(a-1)^2(a+2)$.

14. (1) $(3-\sqrt{2}m)^2$.

(2) 提示:由 $9m^2-6\sqrt{2}mn+2n^2=(3m-\sqrt{2}n)^2$,令 $9m^2-6\sqrt{2}mn+2n^2+3m-\sqrt{2}n-2=(3m-\sqrt{2}n+A)(3m-\sqrt{2}n+B)$,解得 $A=-1,B=2$.所以,原式 $=(3m-\sqrt{2}n-1)(3m-\sqrt{2}n+2)$.

(3) 原式 $=(x-2y-3)(4x+5y+1)$.

15. (1) $\dfrac{1}{x-2}$;$-\dfrac{\sqrt{2}}{2}$.

(2) $(t^2+t+1)^2$;$89+36\sqrt{2}$. 提示:原式 $=t^4+2t^3+3t^2+2t+1$.

16. (1) 因为

$$\begin{aligned}x^3+ax^2+b&=x^3+ax^2+1-a\\&=(x+1)(x^2-x+1)+a(x+1)(x-1)\\&=(x+1)[x^2+(a-1)x+1)+1-a],\end{aligned}$$

所以 x^3+ax^2+b 含有一次因式 $x+1$.

(2) 令 $\Delta=(a-1)^2-4(1-a)=0$,解得 $(a-1)(a+3)=0$,故 $a=1$ 或 $a=-3$.

经检验,当 $a=\dfrac{3}{2}$ 时,原式含有因式平方式 $(x+1)^2$.

综上,当 $a=1$ 或 $a=-3$ 或 $a=\dfrac{3}{2}$ 时,符合题意.

17. (1) $(x^2+y^2)(x+y)(x-y)$;

(2) 由

$$\begin{aligned}x^4+y^4&=(x^2+axy+y^2)(x^2+bxy+y^2)\\&=x^4+(a+b)x^3y+(2+ab)x^2y^2+(a+b)xy^3+y^4,\end{aligned}$$

比较系数得

$$a+b=0,\quad 2+ab=0.$$

解得 $a=-\sqrt{2},b=\sqrt{2}$;或 $a=\sqrt{2},b=-\sqrt{2}$.

18. (1) 观察末尾整系数 -6 的 8 个因数 $\pm1,\pm2,\pm3,\pm6$,逐步代入演算,可知 $x-2$

是此多项式的某一项一次因式(答案不唯一).

(2) 运用竖式除法对四次多项式 $x^4+x^3-5x^2+x-6$ 初步降次分解,得

$$原式=(x-2)(x^3+3x^2+x+3),$$

进一步分解,得

$$原式=(x-2)(x+3)(x^2+1).$$

19. (1) 提示:$z^2(x-y)=z^2[(x-z)+(z-y)]$,则原式 $=\cdots=-(x-y)(y-z)(z-x)$.

(2) 提示:$z(x^3-y^3)=z[(x^3-z^3)+(z^3-y^3)]$,则

$$\begin{aligned}原式&=(x^3-z^3)(z-y)+(z^3-y^3)(z-x)\\&=(x-z)(z-y)[(x^2+xz+z^2)-(z^2+zy+y^2)]\\&=(x-z)(z-y)(x^2+xz-zy-y^2)\\&\cdots\\&=(x-y)(y-z)(z-x)(x+y+z).\end{aligned}$$

滚动复习

20. 64,64,512,256.

21. 26;32.

22. $1+x+x^2+\cdots+x^{3n+2}$.

23. 慢车前 5 小时行驶 $90\times5=450$(千米),快车的行驶速度为 $450\div3=150$(千米/小时),所以甲、乙两地的距离为 $150\times(5+3)=1200$(千米).

24. 整理得 $m^2n^2+10mn+m^2+9n^2+4=0$,即 $(mn+2)^2+(m+3n)^2=0$,则 $mn=-2$ 且 $m=-3n$.

(1) $m\left(n+\dfrac{1}{n}\right)=mn+\dfrac{m}{n}=-2-3=-5$.

(2) $\left(m-\dfrac{1}{m}\right)n=mn-\dfrac{n}{m}=-2+\dfrac{1}{3}=-\dfrac{5}{3}$.

25. (1) $2x^4-x^3-3x^2+6$;(2) x^2-x-1.

26. (1) 容器的水深为 17.72 厘米.

(2) 容器的水深约为 $17\dfrac{6}{7}\approx17.86$ 厘米.

第 5 课

基础自测

1. $x\neq8$;$x\neq\pm2\sqrt{2}$;$x\geqslant8$;$x<8$.

2. (1) $\dfrac{x-3}{2x+1}$;(2) $\sqrt{x}+6$;(3) $(x^2+4)(x+2)$.

3. $\dfrac{17}{24}$. 提示:设甲袋中红、白球各有 $2m$、m 个,设乙袋中红、白球各有 $3n$、n 个,则 $3m=4n$.

4. (1) $\dfrac{33}{100}$;(2) $\dfrac{25}{101}$.

5. (1) 原式 $=a-1$;当 $a=\sqrt{3+\sqrt{8}}$时,原式 $=\sqrt{2}$.

(2) 原式 $=\dfrac{1}{x(x+2)}$;当 $x=1+\sqrt{2}$时,原式 $=-\dfrac{5}{7}+\dfrac{4}{7}\sqrt{2}$.

《 达标训练 》

6. D. 提示:注意单位匹配.

7. C,C,E,A.

8. B,F,B,D. 提示:运用多项式的竖式除法或乘法.

9. $-\dfrac{7}{3}$或 1,$\dfrac{29}{3}$或 3.

10. (1) $\sqrt{x}+\sqrt{y}$;(2) $\sqrt[3]{x^2}-\sqrt[3]{xy}+\sqrt[3]{y^2}$;(3) $\dfrac{4\sqrt{ab}}{a-b}$.

11. (1) $\dfrac{21}{2}$;(2) $\dfrac{1}{20}$;(3) $\dfrac{68}{3}$;(4) $\dfrac{1}{105}$.

12. (1) $-a-2\sqrt{a}$;

(2) 104(以后可用海伦公式计算).

13. (1) 可知 $x<0,y<0$,则

$$\sqrt{\frac{y}{x}}+\sqrt{\frac{x}{y}}=\sqrt{\frac{xy}{x^2}}+\sqrt{\frac{xy}{y^2}}=\sqrt{xy}\left(\frac{1}{|x|}+\frac{1}{|y|}\right)=\sqrt{xy}\left(\frac{-1}{x}+\frac{-1}{y}\right)$$
$$=-\frac{x+y}{\sqrt{xy}}=-\frac{-4}{\sqrt{2}}=2\sqrt{2}.$$

(2) 由于 $x=\sqrt{11-\sqrt{72}}=\sqrt{9-2\sqrt{9\times2}+2}=3-\sqrt{2}$,则

$$\frac{1-x+x^2}{1+x}=\frac{(x+1)^2-3x}{x+1}$$
$$=\frac{(x+1)^2-3(x+1)+3}{x+1}=(x+1)-3+\frac{3}{x+1}$$
$$=1-\sqrt{2}+\frac{3}{4-\sqrt{2}}=1-\sqrt{2}+\frac{3(4+\sqrt{2})}{16-2}$$
$$=\frac{13}{7}-\frac{11}{14}\sqrt{2}.$$

14. (1) $\dfrac{531}{760}$;(2) $\dfrac{189}{760}$. 提示:(2) $\dfrac{1}{k(k+1)(k+2)}=\dfrac{1}{2}\left[\dfrac{1}{k(k+1)}-\dfrac{1}{(k+1)(k+1)}\right]$.

15. (1) $10-\sqrt{2}$;(2) $\frac{1}{2}(9-\sqrt{2}+3\sqrt{11})$.

16. (1) 1;(2) $\frac{17}{2}$.

17. (1) 333298;(2) 1499400.

18. (1) 123. 提示:原式变形得 $x+\frac{1}{x}=3$,则

$$\begin{aligned}原式&=\left(x+\frac{1}{x}\right)^5-5\left(x^3+\frac{1}{x^3}\right)-10\left(x+\frac{1}{x}\right)\\&=3^5-5\left[\left(x+\frac{1}{x}\right)^3-3\left(x+\frac{1}{x}\right)\right]-30.\end{aligned}$$

(2) 解方程得 $x=\frac{1}{2}(3\pm\sqrt{5})$,由于 $x^2=3x-1$,则

$$\begin{aligned}x^5&=x\cdot(3x-1)^2\\&=x(9x^2-6x+1)=x[9(3x-1)-6x+1]\\&=21(3x-1)-8x=21x^2-8x\\&=55x-21=\frac{1}{2}(123\pm55\sqrt{5}).\end{aligned}$$

滚动复习

19. (1) 8∶5;(2) 2∶5.

提示:(1) $10x+8y=10(1+10\%)x+8(1-20\%)y$.

(2) $(10x+8y)(1-10\%)=10(1+10\%)x+8(1-20\%)y$.

20. (1) 略.

(2) 由于$\frac{1}{a}+\frac{1}{b}+\frac{1}{c}=0$,$ab+ac+bc=0$,则$(a+b+c)^2=(a^2+b^2+c^2)+2(ab+ac+bc)=1+0=1$,故 $a+b+c=\pm1$.

21. (1) 设根 $x=\sqrt{2}+\sqrt[3]{3}$,则 $x-\sqrt{2}=\sqrt[3]{3}$,立方得所求方程为

$$x^3-3\sqrt{2}x^2+6x-2\sqrt{2}=3.$$

(2) 整理得 $x^3+6x-3=(3x^2+2)\sqrt{2}$,平方得

$$x^6+36x^2+9+12x^4-6x^3-36x=(9x^4+12x^2+4)\times2,$$

整理得所求方程为

$$x^6-6x^4-6x^3+12x^2-36x+1=0.$$

第 6 课

基础自测

1. B,A,D.

2. (1) $x<-\frac{17}{6}$;(2) $x>-\frac{\sqrt{3}}{2}$;(3) 无解;(4) $\frac{\sqrt{3}}{2}<x\leqslant\frac{2}{3}\sqrt{2}$.

3. (6,0),(0,3);$2\sqrt{5}$,9,$\frac{9}{2}$.

4. $-5\leqslant a<-4$. 提示:$a<x<1.5$.

5. (1) 设已备树苗 x 棵,则 $6\left(\frac{x+60}{2}-1\right)=7\left(\frac{x-20}{2}-1\right)$,解得 $x=502$(棵).

所以,已备的树苗有 502 棵.

(2) 步行道的距离为 $6\left(\frac{502+60}{2}-1\right)=1680$(米),解得 $502-\left(\frac{1680}{8}+1\right)\times 2=80$(棵).

达标训练

6. A,C.
7. C,B.
8. A,A,D. 提示:先求直线 P_1P_3 所对应的一次函数式,然后代入其他点的坐标.
9. $a+\frac{4}{3}b$. 提示:设原来的收费标准是每分钟 x 元,则 $(x-a)(1-25\%)=b$.
10. $x=-\frac{38}{29}(4+3\sqrt{5})$;$x\leqslant-\frac{38}{29}(4+3\sqrt{5})$.
11. $-1<x<3$,$x=0,1,2$.
12. 6,14.
13. 16,$12+4\sqrt{5}$.
14. -3;$\frac{1}{3}$;2;$-3\leqslant x\leqslant\frac{1}{3}$.
15. 900;480.
16. 3750 千米. 提示:设这辆车每个轮胎的耗损率为前轮 $\frac{1}{5000}$(个/千米),后轮 $\frac{1}{3000}$(个/千米),设前、后轮各有 n 个,设符合题意的路程为 S,则 $\left(\frac{n}{5000}+\frac{n}{3000}\right)\cdot\frac{S}{2}=n$.
17. 1200;3,0.
18. (1) $-9<2m+3n\leqslant13$,$-15<2m-3n<7$.

(2) 设 $m+n=x$，$m-n=y$，则 $-3\leqslant x\leqslant 2$，$-1\leqslant y\leqslant 3$，且 $m=\frac{x+y}{2}$，$n=\frac{x-y}{2}$，则 $2m-3n=\frac{-x+5y}{2}\geqslant\frac{-2+5\cdot(-1)}{2}=-\frac{7}{2}$，$2m-3n\leqslant\frac{-(-3)+5\cdot 3}{2}=-9$. 当 $m=\frac{1}{2}$，$n=\frac{3}{2}$时，$2m-3n$ 取得最小值 $-\frac{7}{2}$；当 $m=0$，$n=-3$ 时，$2m-3n$ 取得最小值 9.

19. (1) 乙单位有 45 人去游览旅游区.

(2) 若两个单位联合购票，共节省 1190 元.

20. 提示：(1) 解二元一次方程组，求得 y 关于 x 的函数解析式是 $y=-5x+600$，解得 $m=100$，$n=115$.

(2) 如表 6.3 所示. 设这款商品的每件进价（成本）为 c 元，则日利润为 $z=(x-c)y$，代入解得 $c=80$.

表 6.3

日销售单价 x（元）	85	95	100	115
日销售量 y（件）	175	125	100	25
日销售利润 z（元）	875	1875	2000	875

21. (1) $P_2(-2,1)$，$P_3(-2,-2)$，$P_4(4,-2)$，$P_5(4,4)$，$P_6(-8,4)$，$P_7(-8,-8)$.

(2) 提示：记点 P_n 的坐标为 (x_n, y_n)，则发现规律 $x_{2n-1}=y_{2n-1}=(-2)^{n-1}$，其中 n 是正整数. 由此推测 $x_{99}=y_{99}=(-2)^{50-1}=-2^{49}$，即 $P_{99}(-2^{49},-2^{49})$，则进一步推测点 $P_{100}(2^{50},-2^{49})$.

[其他求解方法：观察三点 $P_{4\times1}(2^2,-2^1)$，$P_{4\times2}(2^4,-2^3)$，$P_{4\times3}(2^6,-2^5)$，由此容易推测 $P_{4\times25}(2^{50},-2^{49})$.]

《 滚动复习 》

22. E，F，C，G，A，H.　提示：H 的确切答案是 $x\geqslant -3$ 且 $x\neq -2$.

23. 73，74，76，77；-31.

24. (1) $\frac{3}{2}$；(2) $\frac{19}{2}$.　提示：配对求和 $\frac{n^2}{1+n^2}+\frac{\frac{1}{n^2}}{1+\frac{1}{n^2}}=\frac{n^2}{1+n^2}+\frac{1}{n^2+1}=1$（常数）.

25. (2) $\sqrt{1.618}\approx 1.272$.

解法 1 提示：运用(1)的竖式开平方法.

解法 2 提示：运用七年级（初一）教材介绍的平方运算的剩、亏调整法.

解法 3 提示：运用繁分式巧算.

解法 4 提示：运用不动点巧算.

第 7 课

基础自测

1. E,A,B.

2. $-2\left(x-\frac{1}{2}\right)^2+\frac{49}{2}$;$\left(\frac{1}{2},\frac{49}{2}\right)$.

3. $y=-\frac{1}{2}(x+1)^2+2$,$y=-\frac{1}{2}(x+3)(x-1)$;$-3<x<1$,$x\leqslant-3$ 或 $x\geqslant1$.

4. $\frac{7}{6}$. 提示:a,$\frac{1}{b}$是一元二次方程 $6x^2-100x+7=0$ 的两根.

5. (1) 分解式为 $y=-\frac{1}{2}(x+2)(x-4)$,一般式为 $y=-\frac{1}{2}x^2+x+4$,配方式为 $y=-\frac{1}{2}(x-1)^2+\frac{9}{2}$.

(2) 所求线段的长度等于 $2\sqrt{55}$.

达标训练

6. A,D.
7. C,A.
8. D,A,C.
9. $y=-2x^2$.
10. $-\frac{1}{8}$,15.
11. $y=2(x+1)^2-8$,$y=2x^2+4x-6$,$y=2(x+3)(x-1)$;$x<-3$ 或 $x>1$,$-1-\sqrt{6}\leqslant x\leqslant-1+\sqrt{6}$.
12. $x=\frac{-2\pm\sqrt{10}}{3}$;$\frac{-2-\sqrt{10}}{3}<x<\frac{-2+\sqrt{10}}{3}$;$x\leqslant\frac{-2-\sqrt{10}}{3}$或 $x\geqslant\frac{-2+\sqrt{10}}{3}$.
13. $\left(3-\frac{3}{2}\sqrt{2}\right)$米;$(9\sqrt{2}-9)$平方米.
14. 56.25%,25%,31.25 万元.
15. (1) $\frac{1}{4}$;(2) B.
16. (1) 7;(2) -4.

17. (1) 提示:点 C 在三点 B,D,A 所确定的抛物线 $y=-2x^2+4x+6$ 上.(请画图)

(2) $S_{\triangle MEF}=16$.

18. (1) 设出售单价为$(120-x)$元,则每天的销售额为

$$\begin{aligned} y_1 &= (120-x)(400+16x) \\ &= -16x^2+1520x+48000(\text{元}). \end{aligned}$$

其中 $-\dfrac{1520}{2\times(-16)}=\dfrac{95}{2}$,$120-\dfrac{95}{2}=72.5$.所以当出售单价定为 72 元或 73 元时,每天的销售额最大,且每天的最大销售额为 84096 元.

(2) 设出售单价为$(120-x)$元,则每天的利润为

$y_2=(120-x-80)(400+16x)=(40-x)(400+16x)=-16x^2+240x+16000(\text{元})$,

依题意,令 $y_2\geqslant 8000$ 可得 $x^2-15x-500\leqslant 0$,解得$\dfrac{15-5\sqrt{89}}{2}\leqslant x\leqslant\dfrac{15+5\sqrt{89}}{2}$.取整数 $x=-16,-15,-14,\cdots,30,31$,所以该商品的出售单价为 89 元,90 元,91 元,…,135 元,136 元.

19. (1) $y=x^2+6x+5$.

(2) 解方程组求得 $C(0,5)$,$D(-8,21)$,作 $PE\perp x$ 轴交线段 CD 于点 E,不妨设 $x_P=x_E=t$,则由分割法代入得 $S_{\triangle PCD}=\dfrac{1}{2}\cdot|PE|\cdot(x_C-x_D)$,化简得 $S_{\triangle PCD}=-4t^2-32t=-4(t+4)^2+64\leqslant 64$.所以,当点 P 位于$(-4,-3)$时,$\triangle PCD$ 面积达到最大值 64.

20. 设整系数二次方程 $x^2+px+q=0$ 的两个整数根为 x_1,x_2,且 $x_1\leqslant x_2$,则由韦达定理得

$$\begin{aligned} 218 &= p+q \\ &= -(x_1+x_2)+x_1x_2 \\ &= -1+(x_1-1)(x_2-1), \end{aligned}$$

则

$$(x_1-1)(x_2-1)=219,$$

即

$$\begin{aligned} (x_1-1)(x_2-1) &= 1\times 219 = 3\times 73 \\ &= -219\times(-1) = -73\times(-3), \end{aligned}$$

于是有序整数对$(x_1,x_2)=(2,220),(4,74),(-218,0),(-72,-2)$.所以整数对$(p,q)=(-222,440),(-78,296),(218,0),(74,144)$.

《 滚动复习 》

21. C,B.

22. $(x-y)(x^3+x^2y+xy^2+y^3)$;$(x-y)(x^4+x^3y+x^2y^2+xy^3+y^4)$;$(x-y)(x^5+x^4y+x^3y^2+x^2y^3+xy^4+y^5)$.

23. (1) $\frac{2}{1-x}$;(2) 1.

24. (1) 移项整理得 $x^3-4x^2-4x+16=0$,则分解因式$(x+4)(x^2-4)=0$,所以原方程的解为 $x_1=4,x_{2,3}=\pm2$.

(2) 试根算得 $3^3-4\times3^2-4\times3+21=0$,作竖式除法$(x^3-4x^2-4x+21)\div(x-3)=x^2-x-7$,则原方程等价于$(x-3)(x^2-x-7)=0$. 所以,原方程的解为 $x_1=3,x_{2,3}=\frac{1\pm\sqrt{29}}{2}$.

第 8 课

基础自测

1. D;A.
2. B;D.
3. 5.　提示:$-\frac{-3a}{2\times3}=\frac{3}{4}a\geqslant3$.
4. $a\leqslant-\frac{\sqrt{2}}{2}$;$a>\frac{\sqrt{2}}{2}$.
5. (1) 解析式为 $y=3x^2-3x-6$.

(2) 实数 m 的取值范围表示为$m<-\frac{27}{4}$.

(3) 截得的弦长等于$\frac{10}{3}\sqrt{2}$.

达标训练

6. D;A.

7. B.　提示:$\Delta=a^2-4(b-3)\geqslant0$,则 $a^2\geqslant4(b-3)$,则 $a^2+(b-4)^2\geqslant4(b-3)+(b-4)^2=(b-2)^2$.检验知取 $a=0,b=3$ 时,目标式取得最小值.

8. (1) A;(2) $a<0,6a+b=0,c$ 是任意实数;大,$9a^2+3b+c$.

9. $-2-2\sqrt{3}\leqslant m\leqslant-2+2\sqrt{3}$;$m>2$.

10. $-4\leqslant m\leqslant-\frac{4}{3}$;18,$\frac{50}{9}\leqslant\alpha^2+\beta^2\leqslant18$.

11. $m<-1$;$m=\pm\frac{5}{2}$;$m<-\frac{5}{2}$;$\frac{3}{5}<m<1$.

12. (1) $\frac{3-\sqrt{57}}{4} \leqslant x \leqslant \frac{3+\sqrt{57}}{4}$.　提示：$m=-\frac{3}{2}$.

(2) $-\frac{\sqrt{2}}{2}<m<0$.　提示：由数形结合的思想得

$$\begin{cases} f(m)=2m^2-1=2\left(m+\frac{\sqrt{2}}{2}\right)\left(m-\frac{\sqrt{2}}{2}\right)<0, \\ f(m+1)=2m^2+3m=m(2m+3)<0. \end{cases}$$

13. 该健身房的最大占地面积为 500 平方米.

14. (1) 由 $u^2-2u-8=0$ 得，$u=-2$ 或 $u=4$，则 $x^2+4x=-2$ 或 $x^2+4x=4$. 所以当 $x=-2\pm\sqrt{2}$，$-2\pm2\sqrt{2}$时，$y=-7$.

(2) $x_{1,2}=-2\pm\sqrt{2}$，$x_{3,4}=-2\pm2\sqrt{2}$.

(3)

$$\begin{aligned} y&=(x-1)(x+5)\cdot(x+1)(x+3) \\ &=(x^2+4x-5)(x^2+4x+3) \\ &=(x^2+4x)^2-2(x^2+4x)-15 \\ &=[(x^2+4x)-1]^2-16 \geqslant -16, \end{aligned}$$

则函数的最小值为 -16，且此时对应的 $x=-2\pm\sqrt{5}$.

(4) 所求取值范围为 $-16 \leqslant y<105$.

15. 当 $t \leqslant -3$ 时，y_{max} 不存在，$y_{min}=1-2t+t^2$；当 $-3<t \leqslant -2$ 时，$y_{max}=2$，$y_{min}=1-2t+t^2$；当 $-2<t \leqslant -1$ 时，$y_{max}=2$，y_{min} 不存在；当 $t>-1$ 时，$y_{max}=1-2t+t^2$，y_{min} 不存在.

16. (1) $-\frac{2}{3}<a<0$；(2) $0<a<3-2\sqrt{2}$.

17. 依题意，设二次方程 $x^2+bx+c=0$ 的两根 $x_{1,2}$ 满足 $0<x_{1,2}<1$，则 $x_1+x_2=-b$ 且 $x_1x_2=c$，故

$$\begin{aligned} c^2+(1+b)c&=(x_1x_2)^2+(1-x_1-x_2)x_1x_2 \\ &=x_1x_2(x_1x_2+1-x_1-x_2) \\ &=x_1x_2(x_1-1)(x_2-1)=(x_1^2-x_1)(x_2^2-x_2). \end{aligned}$$

其中 $0<x_{1,2}<1$，则

$$-\frac{1}{4}<x_{1,2}^2-x_{1,2}<0,$$

即 $0<(x_1^2-x_1)(x_2^2-x_2)<\frac{1}{16}$，故 $0<c^2+(1+b)c<\frac{1}{16}$.

滚动复习

18. A；C.

19. $\frac{11}{4}$. 提示:$a=2,b=3$.

20. (1) $\frac{11}{20}$;(2) $\frac{n+1}{2n}$.

21. $\sqrt{2}$.

22. 每个支杆长出 6 个小分支. 提示:$1+n+n^2=43$.

23. (1) $D(-8,-4)$;(2) 60.

24. 4 个. 提示:图示六种情形,最后求得 $x=-2,-1,\frac{1}{2},4$.

第 9 课

基础自测

1. F,C. 提示:$k=-12$.

2. B,C.

3. 无解;$x=-\frac{1}{2}$.

4. $x<0$ 或 $x\geqslant\frac{3}{8}$;$x\leqslant-\frac{\sqrt{6}}{4}$或 $x\geqslant\frac{\sqrt{6}}{4}$.

5. $\frac{8(3-\sqrt{3})}{3}$. 提示:$A\left(4-\frac{4}{\sqrt{3}},0\right)$.

6. (1) $y=2x-4\sqrt{3}$;

(2) $-\sqrt{3}\leqslant x<0$ 或 $x\geqslant\sqrt{3}$.

达标训练

7. B;A. 提示:考虑双曲线顶点.

8. A;F.

9. B;A.

10. B;C;F. 提示:可化为$(x-a)[(a-1)x-a]=0$.

11. 8. 提示:设 $y_A=y_B=h$.

12. $-3\leqslant x<-\frac{5}{2}$或 $x>2$;$x\leqslant-3$ 或 $-\frac{5}{2}<x<2$.

13. $x_{1,2}=3\pm2\sqrt{3},x_3=-\frac{3}{2},x_4=2$;$x=-\frac{13}{2}$. 提示:解第(1)个方程宜先换元.

14. 1,2,4. 提示:去分母求得的 x 可能是原方程的增根.

15. (1) $x<-\sqrt{2}$或$\frac{3}{2}\leqslant x<2$ 或 $x>2$;

(2) $x<-\sqrt{2}$或 $x\geqslant\frac{3}{2}$;

(3) $x<-\sqrt{2}$或 $x=\frac{1}{2}$或 $x\geqslant\frac{3}{2}$.

16. (1) $x_1=-3,x_2=-\frac{1}{2},x_3=2$. 提示:代入试根后作竖式除法.

(2) $-3<x<-\frac{1}{2}$或 $x>2$.

(3) $x\leqslant-3$ 或 $-\frac{1}{2}\leqslant x\leqslant 2$.

(4) $x\leqslant-3$ 或 $-2<x\leqslant-\frac{1}{2}$或$\frac{1}{2}<x\leqslant 2$ 或 $x>3$.

17. (1) $x=\frac{\sqrt{19}+\sqrt{383}}{2}$. 提示:自身代换.

(2) 提示:整体代换.

18. (1) 设两车相遇时甲、乙车分别跑 $x+108$,x(千米),则甲、乙两车的速度分别为$\frac{x}{9}$、$\frac{x+108}{16}$(千米/小时),则$\frac{x+108}{\frac{1}{9}x}=\frac{x}{\frac{1}{16}(x+108)}$,解得 $x=324$(舍去负数). 所以 A、B 两站距离为 $2x+108=756$(千米).

(2) 甲车的速度为 36 千米/小时,乙车的速度为 27 千米/小时.

19. 设满水池的水量为 V,开单个进水阀需要 x 分钟流满,开单个排水阀需要 y 分钟排完满水池的水,则

$$\begin{cases}\left(\frac{V}{y}-\frac{V}{x}\right)30=V,\\ \left(2\frac{V}{y}-\frac{V}{x}\right)10=V,\end{cases}$$

即$\begin{cases}\frac{1}{y}-\frac{1}{x}=\frac{1}{30},\\ \frac{2}{y}-\frac{1}{x}=\frac{1}{10}.\end{cases}$解得$\frac{1}{y}=\frac{1}{15},\frac{1}{x}=\frac{1}{30}$,故 $x=30$(分钟),$y=15$(分钟).

(1) 由于开单个排水阀需要 15 分钟排完满水池的水,则不进水而同时开三个排水阀需要 5 分钟排完满水.

(2) 如果同时打开进水阀和三个排水阀,则需要$\frac{V}{3\frac{V}{15}-\frac{V}{30}}=\frac{30}{6-1}=6$(分钟)排完满水池的水.

滚动复习

20. A.

21. A.

22. (1) 75.　提示：$\frac{100}{1\frac{1}{3}}=\frac{300}{4}=75$.

(2) 69.　提示：$\left(1+\frac{1}{3}\right)x+8=100$.

(3) 84.　提示：$\left(1+\frac{1}{4}\right)x-5=100$.

23. (1) $\alpha^3+\beta^3=-72$.

(2) 提示：已求 $\alpha^3+\beta^3=-72$，可求 $\alpha^3\beta^3=-125$，则所求最简二次方程为 $x^2+72x-125=0$.

(3) 提示：可求$\frac{1}{\alpha^2}+\frac{1}{\beta^2}=\frac{19}{25}$，$\frac{1}{\alpha^2}\cdot\frac{1}{\beta^2}=\frac{1}{25}$，则所求最简二次方程为 $25x^2-19x+1=0$.

第 10 课

基础自测

1. 100，10000，0.01.
2. $8-2\pi$.　提示：其余三块拼成半圆.
3. 略.
4. 略.
5. 略.

达标训练

6. A，B
7. B，C.
8. $20\sqrt{2}$.
9. 9.
10. 由于 $BC\parallel PE$，则 $\angle C=\angle PED$（同位角相等）. 又已知 $\angle A=\angle C$，则 $\angle A=$

$\angle PED$.又$\angle DPE = \angle EPA$(公共角),所以$\triangle PDE \backsim \triangle PEA$,则$\frac{PE}{PA} = \frac{PD}{PE}$,故$PE = \sqrt{PA \cdot PD} = \sqrt{3 \cdot 2} = \sqrt{6}$.

11. $\sqrt{10}$. 提示:$\angle BAC = 90°$,作$AD \perp BC$于点D,则$\angle B = \angle DAC$,$\angle C = \angle DAB$.

12. 2. 提示:运用梅涅劳斯定理.

13. (1) (1,0);(2) $4\sqrt{5}$,2.

14. 3∶2或3∶8;9∶25. 提示:注意交点E是否夹在平行线之内.

15. 1∶2. 提示:$CD /\!/ AE$,则$S_{\triangle ACD} = S_{\triangle OCD} = \frac{1}{2}S_{\triangle BCD} = S_{\triangle BED} = \frac{1}{2}S_{BAD}$.

16. (1) (3,4),(−1,6)或(−1,−4),(−5,−2);(2) (0,3)或(−2,−1). 提示:构造两个全等的直角三角形.

17. $\frac{4}{7}$. 提示:三角形两边之和大于第三边.

18. 相对于直线CD与$\triangle ABE$,运用梅涅劳斯定理得$\frac{AD}{DB} \cdot \frac{BC}{CE} \cdot \frac{EF}{FA} = 1$,即$\frac{4}{6} \cdot \frac{8}{4} \cdot \frac{EF}{FA} = 1$,则$\frac{EF}{FA} = \frac{3}{4}$,故$S_{\triangle ADF} = \frac{AF}{AE}S_{\triangle ADE} = \frac{32}{7}$(平方厘米),$S_{\triangle CEF} = \frac{EF}{EA}S_{\triangle CEA} = \frac{3}{7} \cdot \frac{40}{2} = \frac{60}{7}$(平方厘米).

19. 作$CM \perp AC$交AF延长线于点M,$\angle FCM = 45°$.

由$AB = CA$,$\angle BAD = 90° = \angle ACM$,$\angle ABD = \angle ABE = 90° - \angle BAE = \angle DAE = \angle CAM$,得$Rt\triangle BAD \cong Rt\triangle ACM$(角边角),则$AD = CM$,$\angle ADB = \angle CMA$.由$CM = AD = CD$,$CF$公共,$\angle FCM = 45° = \angle FCD$,得$\triangle FCM \cong \triangle FCD$(边角边),则$\angle CMA = \angle CDF$(全等三角形对应角相等).

又$\angle ADB = \angle CMA$(已证),所以$\angle ADB = \angle CDF$(等量代换).

20. 对于直线BQF与$\triangle AEC$运用梅涅劳斯定理得

$$1 = \frac{AQ}{QE} \cdot \frac{EB}{BC} \cdot \frac{CF}{FA} = \frac{AQ}{QE} \cdot \frac{1}{3} \cdot \frac{1}{2},$$

则$AQ = 6QE$,故$S_{\triangle AQB} = \frac{6}{7}S_{\triangle AEB} = \frac{6}{7} \cdot \frac{1}{3}S_{\triangle ACB} = \frac{2}{7}$.

同理可求,$S_{\triangle BRC} = S_{\triangle CPA} = \frac{2}{7}$.

所以$S_{\triangle PQR} = S_{\triangle ABC} - 3S_{\triangle AQB} = 1 - 3 \times \frac{2}{7} = \frac{1}{7}$.

21. 提示:过点A作$MN /\!/ BC$与直线BO交于点M,与直线CF交于点N.

《 滚动复习 》

22. (1) $S = -3x^2 + 48x(0 < x < 16)$.

(2) 当 $x=8$ 时，S 有最大值 192 平方米.

23. -13.　提示：作竖式除法(如下)得

$$
\begin{array}{r}
x^2\quad +3x+(a+10) \\
x^2-3x-1\overline{\big)\, x^4+0x^3\quad +ax^2\quad +bx\quad +c} \\
\underline{x^4-3x^3\quad -x^2\qquad\qquad\qquad} \\
3x^3+(a+1)x^2\quad +bx\quad +c \\
\underline{3x^3\quad -9x^2\quad -3x\quad +c} \\
(a+10)x^2+(b+3)x\quad +c \\
\underline{(a+10)x^2-(3a+30)x-(a+10)} \\
(3a+b+33)x+(a+c+10)
\end{array}
$$

则 $\begin{cases}3a+b+33=0,\\ a+c+10=0;\end{cases}$ 即 $\begin{cases}3a+b=-33,\\ 2a+2c=-20.\end{cases}$ 相减得 $a+b-2c=-13$.

24. (1) 提示：记 $y=f(x)=ax^2-2x+c$，分 4 类：

$\begin{cases}\dfrac{1}{a}<-2,\\ f(-2)=-3,\\ f(3)=6;\end{cases}$ 或 $\begin{cases}\dfrac{1}{a}\geqslant 3,\\ f(-2)=6,\\ f(3)=-3;\end{cases}$ 或 $\begin{cases}-2\leqslant\dfrac{1}{a}<\dfrac{1}{2},\\ f(3)=6,\\ f\left(\dfrac{1}{a}\right)=-3;\end{cases}$ 或 $\begin{cases}\dfrac{1}{2}\leqslant\dfrac{1}{a}<3,\\ f(-2)=6,\\ f\left(\dfrac{1}{a}\right)=-3.\end{cases}$

解混合组，求得数对 $(a,c)=\left(\dfrac{1}{5},\dfrac{6}{5}\right)$ 或 $(1,-2)$.

(2) 最大值为 13，最小值为 -2.

第 11 课

基础自测

1. D.　提示：该点是三角形的外心.

2. 提示：设 $\triangle ABC$ 的内切圆 O 与三边 BC，CA，AB 分别相切于点 H_1，H_2，H_3，可证 $\angle DOE=120^\circ=\angle H_1OH_2$，故可证 $DH_1=EH_2$.

达标训练

3. D.　提示：圆周角等于圆心角之半.

4. D，A.　提示：该三角形的顶点坐标分别为 $(6,2)$，$(6,-10)$，$(-3,2)$；三角形的面积等于三角形周长与内切圆半径之积的一半.

5. A,E.　提示:两旁心连线是原三角形对应顶点的外角平分线.

6. 斜边中点;直角顶点.

7. $\sqrt{5+2\sqrt{3}}$.

8. $\frac{1}{3}(x_1+x_2+x_3),\frac{1}{3}(y_1+y_2+y_3)$.

9. 1∶4.　提示:运用欧拉线定理.

10. $121^\circ,174^\circ$.

11. 180°.　提示:$\angle O_1BI=90^\circ=\angle O_1CI$.

12. $25,6,\frac{50}{3},5\sqrt{13}$.　提示:直角三角形的外心位于斜边中点,内心到三边等距(这里特殊宜用切线长定理),取外心坐标$(7,24)$和内心坐标(r,r)求第2个距离.

13. 60°.　提示:取 BC 中点 D,作直径 BE.

14. 厂 O 的位置由 $OP=10-\frac{10}{3}\sqrt{3}$(千米)且 $OP\perp CD$ 所确定.　提示:宜用费马点定理.

15. 当 $b\geqslant\sqrt{3}a$ 时,中心医院的位置是 $A(0,a)$;当 $b<\sqrt{3}a$ 时,中心医院的位置是 $M\left(0,\frac{\sqrt{3}}{3}b\right)$.　提示:宜用费马点定理.

16. 由于$\angle EBC=\angle EBA=\angle ECB$,所以 $EB=EC$.由于 $DB\perp BE$,所以 DE 是圆的直径,则$\angle DCE=90^\circ=\angle DBE$,故 $DC=DB$,所以 DE 是弦BC 的中垂线.设 BC 与DE 交于点N,则 N 是弦BC 的中点.

另取 DE 的中点O 为圆心,由于 $\sin\angle BON=\frac{BN}{OB}=\frac{\sqrt{3}}{2}$,则 $60^\circ=\angle BON=2\angle BDE=2\angle EBA=\angle CBF$,$\angle FCB=\angle EBA=30^\circ$,$\angle CFB=180^\circ-60^\circ-30^\circ=90^\circ$,故 BC 是$\triangle BCF$ 的外接圆直径,所以$\triangle BCF$ 的外接圆半径$NB=\frac{\sqrt{3}}{2}$.

17. (1) 如图11.13所示,以直线 BC 为x 轴,边 BC 的中点 D 为坐标原点,建立直角坐标系 xDy,则设点 $B(-p,0)$,点 $C(p,0)$.由于$\triangle ABC$ 的外心O 在边BC 的中垂线y 轴上,则设点 $O(0,k)$.由于 A,G,D 共线,且$|DA|=3|DG|$,则用相似比设两点$G(m,n)$,$A(3m,3n)$.因为

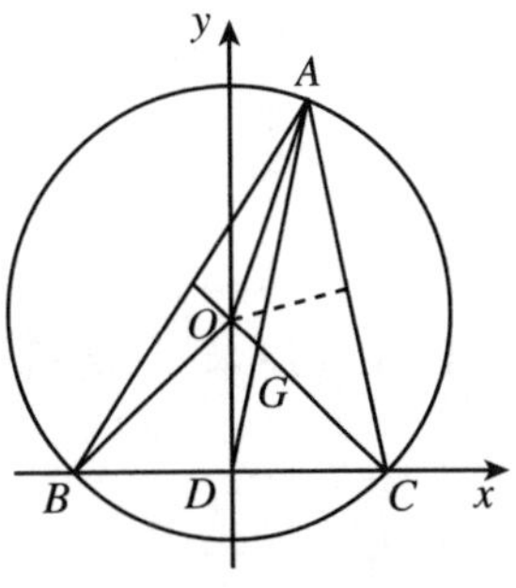

图11.13

$$\begin{aligned}9R^2-9d^2&=3(|OA|^2+|OB|^2+|OC|^2)-9|OG|^2\\&=3[(3m)^2+(3n-k)^2+2p^2+2k^2]\\&\quad-9[m^2+(n-k)^2]\\&=18(m^2+n^2)+6p^2,\end{aligned}$$

又因为

$$a^2+b^2+c^2=(2p)^2+[(3m-p)^2+(3n)^2]+[(3m+p)^2+(3n)^2]$$

$= 4p^2 + 2(9m^2 + p^2 + 9n^2) = 18(m^2 + n^2) + 6p^2$,

所以 $a^2 + b^2 + c^2 = 9R^2 - 9d^2$.

(2) 提示:运用(1)的结论和欧拉线定理.

《 滚动复习 》

18. $\frac{\sqrt{2}}{2},\frac{\sqrt{2}}{2},1;\frac{1}{2},\frac{\sqrt{3}}{2},\frac{\sqrt{3}}{3}$.

19. 16,1.

20. $-6,15;1.25$.

21. (1) 出发后 3 小时两船与港口等距.

(2) 提示:设出发 t_2 小时后乙船在甲船的正东方,则

$$(81 - 9t_2) \cdot \cos 45^\circ = 18t_2 \cdot \cos 60^\circ,$$

解得 $t_2 = 9(\sqrt{2}-1) \approx 3.7$,所以两船同时出发约 3.7 小时后乙船在甲船的正东方.

22. 根据对称性画出局部放大图,如图 11.14 所示.设两圆 O_1、O_2 外切于点 A,连 OA,作 $O_1B \perp OO_2$ 于点 B,点 D 为线段 O_2O 与圆 O_2 的交点,取 $DE = h$,则 $O_2B = r - BD = h$.由于 $\mathrm{Rt}\triangle O_1BO_2 \backsim \mathrm{Rt}\triangle OAO_2$,则 $\frac{O_2B}{O_2A} = \frac{O_1O_2}{OO_2}$,即 $\frac{h}{r} = \frac{2r}{R-r}$.所以 $R = \frac{2r^2}{h} + r$,且当 $r = 10$(毫米),$h = 4$(毫米)时,$R = \frac{2\times 10^2}{4} + 10 = 60$(毫米).

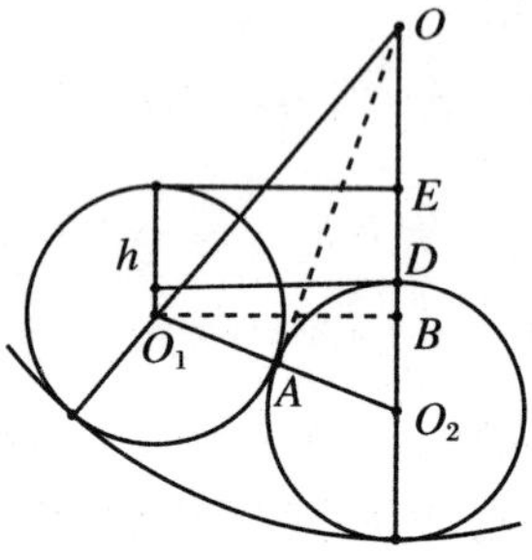

图 11.14

第 12 课

《 基础自测 》

1. 12π 厘米. 提示:$2\pi(6+10+8)\frac{1}{4} = 12\pi$.

2.略.

3.略.

4.略.

5.略.

《 达标训练 》

6. D,C.　提示:正$\triangle O_1O_2O_3$的外接圆半径等于$2\sqrt{3}$.

7. C,D.　提示:设直线 AP 与 MN 交于点 K,则$\angle PMK=\angle MPQ+\angle MQP=\angle KAB+\angle MQB=\angle KAB+\angle MQB=\angle PKM$,又知$\angle APB=90^\circ$,则$\angle PMK=\angle PKM=45^\circ$.

8. A.　提示:考虑面积比.

9. $\frac{12}{5}$.　提示:可知 $BE=3$,$OD/\!/BC$.

10. 6;$\frac{6}{5}\sqrt{5}$.　提示:由切割线定理得 $AB=6$,则半径 $OA=OB=3$.可证$\triangle CBD\backsim\triangle CDA$,则$\frac{BD}{DA}=\frac{CD}{CA}=\frac{4}{8}$,则 $2BD=\sqrt{6^2-BD^2}$.

11. $\frac{3}{5}$.　提示:设 $AB=a$,$EC=r$,则 $a^2+(a-r)^2=(a+r)^2$.

12. $3\sqrt{3}$,$9\sqrt{3}-3\pi$.

13. 10,32.　提示:运用垂径定理和轴对称.

14. $2-\sqrt{3}$.　提示:作 $NH\perp BC$ 于点 H,则 $NH/\!/DC$,则$\frac{NH}{DC}=\frac{BN}{BD}$.设 $NH=r$,则列方程$\frac{r}{2}=\frac{\sqrt{3}-1-r}{2\sqrt{3}}$.

15. (1) 可求 $OC=\frac{3}{2}\sqrt{13}$,$OD=\sqrt{13}$,$CD=\frac{169}{4}$,则 $OC^2+OD^2=CD^2$,故 $OC\perp OD$,即$\angle DOC=90^\circ=\angle OBC$,$\frac{OD}{OB}=\frac{\sqrt{13}}{3}=\frac{OC}{BC}$,所以$\triangle DOC\backsim\triangle OBC$.

(2) 已知 BC 是该圆的一条切线,又由(1)得$\angle BCO=\angle DCO$,则 CD 是圆 O 的一条切线.

16. 提示:(1) AD 平分$\angle CAB$,$AD\perp EF$.

(2) AD 是 EF 的中垂线,$OE\perp AE$,$AO=2OE$,$\angle OAE=30^\circ$,$\triangle ABC$ 和$\triangle AEF$ 都是正三角形.$AE=2\sqrt{3}$,$AO=4$,$OM=OE=2$,$DM=\frac{1}{2}MN=\sqrt{3}$,$OD=1$,$AD=5$,$AB=\frac{10\sqrt{3}}{3}$,所以四边形 $EBCF$ 的面积为$\frac{16}{3}\sqrt{3}$.

17. (1) 连接 OD,BC,由于 D 为$\overset{\frown}{BC}$的中点,则 $OD\perp BC$.又因为 $BC\perp AE$,所以 $AE/\!/OD$.由于 $DE\perp AE$,$BC\perp AE$,故 $DE/\!/BC$.又已证 $OD\perp BC$,故 $DE\perp OD$,所以 DE 为圆 O 的切线.

(2) 由于 D 为$\overset{\frown}{BC}$的中点,且 $AD=DF$,则$\angle CAD=\angle DAB=\angle DFA=\angle CBA$,所以$\angle CAD=\angle DAB=\angle CBA=\frac{1}{3}(180^\circ-90^\circ)=30^\circ$,故 $AD=\frac{DE}{\sin30^\circ}=4\sqrt{3}$,由此可得,$OA=$

$OD=\frac{1}{2}\cdot\frac{AD}{\cos30^\circ}=4$.所以圆 O 的半径等于 4.

18.(1) 提示:可证$\angle BOC=2\angle BEC+\angle AOD$.

(2) 当 E,A,D 三点重合时,(1)的退化结论是:同弧所对圆心角等于圆周角的两倍.

滚动复习

19. A. 提示:过 B 作直线 $n/\!/m$.

20. $4\sqrt{13}$. 提示:延长 CD 与 BA 交于点 E,则 $DE=8$,故 $BC=6\sqrt{3}$.

21.(1) $x=\frac{5+\sqrt{21}}{2}$. 提示:检验 $x+3\geqslant0$,且 $x-2\geqslant0$.

(2) $x_{1,2}=-9\pm\sqrt{61}$. 提示:可求$\sqrt{x^2+18-45}=-3$(舍去)或 5.

22. 由于 $y=x-2+\frac{1}{x}(x\geqslant1)$,所以 $y+2=x+\frac{1}{x}$,则 $y^2+4y=(y+2)^2-4=\left(x+\frac{1}{x}\right)^2-4=\left(x-\frac{1}{x}\right)^2$,故$\frac{y+2-\sqrt{y^2+4y}}{y+2+\sqrt{y^2+4y}}=\frac{x+\frac{1}{x}-\left(x-\frac{1}{x}\right)}{x+\frac{1}{x}+\left(x-\frac{1}{x}\right)}=\frac{1}{x^2}$.

23. “$AE\perp BF$”的判断是正确的.可以构造全等三角形.推广结论是:如果点 E,F 分别是正方形 $ABCD$ 的两边 BC,CD 上的点,且 $BE=CF$,则必有 $AE\perp BF$.

24.(1) 所求长度之比等于 2∶1,为定值.

(2) 所求面积之比等于 1∶3,为定值.

第 13 课

基础自测

1. C.

2. 29,31,37;18.

3. $3^2\times7\times11\times13$;$3\times13^2$;39;117117.

4. 4;840.

5. 289;67;27;266.

6. 79362;31801,44415,82250;44415,79362;31801,81356.

7.(1) 由 $2000=2^4\times5^3$ 得,2000 的所有正约数之和为$(1+2+2^2+2^3+2^4)\times(1+5+5^2+5^3)=4836$.

(2) $(p_1^0+p_1^1+\cdots+p_1^{k_1})\cdot(p_2^0+p_2^1+\cdots+p_2^{k_2})\cdot\cdots\cdot(p_m^0+p_m^1+\cdots+p_m^{k_m})$.

达标训练

8. C,E.　提示:$600=2^3\times3\times5^2$.

9. E,C.　提示:(221,377)=13.

10. B,D.　提示:100−25−20+5=60.

11. 4.　提示:在前20个正整数中,末尾共出现2个0,2个5.

12. 37,147,2775.

13. 5.　提示:五位同学围成一圈依序循环报数,构成了一系列斐波那契数:1,1,2,3,5,8,13,21,34,55,89,144,233,377,610,987,1597,2584,4181,6765,…此数列各项除以3的余数构成新的一列余数:1,1,2,0,2,2,1,0,1,1,2,0,2,2,1,0,…

于是,该余数数列是以8为周期的周期数列,且余数0的出现周期为4.

依题意,令 $n=5k_1+1$ 且 $n=4k_2$(其中 $n,k_1,k_2\in\mathbf{N}_+,n\leqslant100$),则 $n=16,36,56,76,96$.所以甲同学拍手的总次数为5.

评注:一般地,若 $a\equiv b(\mathrm{mod}\,m)$(意即 a 与 b 关于模 m 同余,即整数 a 与 b 除以整数 m 的余数相同),且 $c\equiv d(\mathrm{mod}\,m)$,则 $a+c\equiv b+d(\mathrm{mod}\,m)$.

14. 4.　提示:发现和运用双重周期性.

15. 1024,9801;0,66.

16. 4.　提示:$3x+y=19,1\leqslant x+y\leqslant14$.

17.

$$\begin{aligned}646&=228\times7-190\times5\\&=228\times7-(646-228\times2)\times5=228\times17-646\times5\\&=(874-646\times1)\times17-646\times5,\end{aligned}$$

则 $23\times646=17\times874$,所以可得23整除874,且17整除646.进而 $874=23\times38,646=17\times38$,于是最大公因数(874,646)=38.

所以每块试验田的最大面积等于 $38^2=1444$(平方米),共有 $874\times646\div38^2=391$(块)这样试验田.

18. m 的最大值为 $8+7+7+1=23$.

19. 变形得 $x+\dfrac{2017y^2}{x}=2018$,其中2017是质数,则 $x=1$ 或 $x=2017$,分类解得原方程的正整数解为 $\begin{cases}x=1,\\y=1;\end{cases}$或$\begin{cases}x=2017,\\y=1.\end{cases}$

20. $\begin{cases}x=6-5t,\\y=-1-2t\end{cases}$($t$ 是整数);$\begin{cases}x=6-5t,\\y=-1-2t\end{cases}$(整数 $t\leqslant-1$);$\begin{cases}x=6-5t,\\y=-1-2t\end{cases}$(整数 $t\geqslant2$).

21. 鸡翁、鸡母、鸡雏分别有0,25,75只;或4,18,78只;或8,11,81只;或12,4,84只.

22. (1) $m=\dfrac{(n-17)^2+38n-591}{n-17}=n-17+\dfrac{38(n-17)+55}{n-17}=n+21+\dfrac{55}{n-17}$,注意

$55=1\times55=5\times11$,故求得 $n=6,12,18,22,28,72$.

(2) $n=-38,16$.

23. 884.　提示:$z=0,1,2,\cdots,33$.

滚动复习

24. (1) 3 厘米;(2) 24π 平方厘米.　提示:扇形与所在圆的面积之比等于其圆心角(弧长)与周角(周长)之比.

25. (1) 6,20　提示:俯视图有两种极端情形如图 13.4 所示,正方体最少有 $2\times2+2\times1=6$ 个,最多有 $4\times2+12\times1=20$ 个.

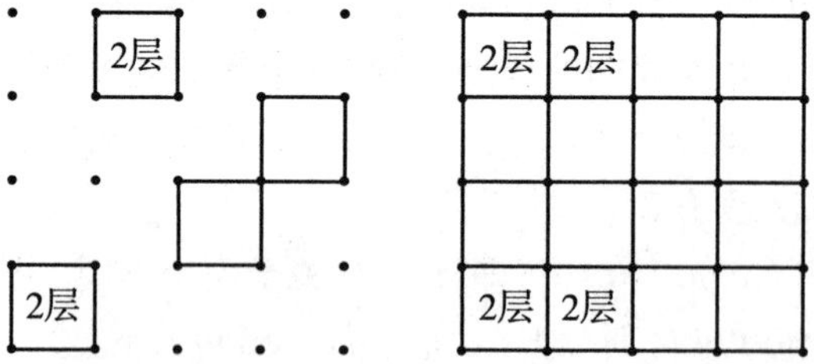

(俯视图是正方体最少、最多的两种极端情形)

图 13.4

(2) 9,20.　提示:(请画俯视图)正方体最少有 9 个,最多有 $4\times2+12\times1=20$ 个.

26. 提示:(1) $(2+3)\div10\%=50$.

(2) $(8+4)\div50=24\%$.

(3) $50\times36\%-10=8$.

第 14 课

基础自测

1. ①②③④⑤⑨.

2. 1,4,2.

3. ①③④⑥.

4. (1) 8,720;7,147;(2) 若 m,n 是两个正整数,则 $(m,n)\cdot[m,n]=m\cdot n$.

5. 提示:
$$a^3-b^3=(a-b)(a^2+ab+b^2)=(a-b)\left[\left(a+\frac{1}{2}b\right)^2+\frac{3}{4}b^2\right]>0.$$

达标训练

6. 若三角形的一边中线等于该边的一半，则此三角形是以该边为斜边的直角三角形；真.

7. ④⑤. 提示：经过第一、第二次称重，初步筛选③⑤都轻；或③⑥都轻，④⑤都轻，④⑥都轻. 再根据第三次称重，判断只有④⑤都轻.

8. 孙或李.

9. ③；12，4. 提示：满足①②的函数 $y=(x-1)^2+3$ 不满足③而满足④；满足③④的函数 $y=x^2+\frac{1}{3}x-\frac{2}{3}$ 不满足①②.

10. (1) 9；(2) 8. 提示：运用抽屉原理.

11. ①④. 提示：对于命题④，由于 $|a^3-b^3|=1$，且 $a>0,b>0$，则 a 与 b 至少有一个大于1，则 $1=|a^3-b^3|=|(a-b)(a^2+ab+b^2)|=|a-b|(a^2+ab+b^2)>|a-b|$，故 $|a-b|<1$.

12. (1) $\frac{\pi}{4}$. 提示：运用勾股定理.

(2) 边长为 a 的任意正多边形的内切圆与外接圆所围圆环的面积等于 $\frac{1}{4}a^2\pi$.

13. (1) $\frac{7}{9}$；$\frac{73}{99}$；$\frac{736}{999}$.

(2) $0.\dot{a}_1a_2\cdots\dot{a}_n=\overline{a_1a_2\cdots a_n}\div\overline{99\cdots9}$（其中除数有 n 个 9，这里 n 是正整数）.

(3) 0. 提示：运用(2)的结论得到 $0.\dot{2}4\dot{3}\times0.\dot{3}252\dot{3}=\cdots=\frac{7911}{99999}=0.\dot{0}791\dot{1}$，而 $136=5\times27+1$，则小数点后第 136 位的数字是 0.

14. (1) 略.

(2) 假设原结论不正确，则实数 a,b,c 不全大于 0. 又因为 $abc>0$，则三个实数 a,b,c 中必然两负一正，于是不妨设 $a\leqslant b<0<c$. 又由于 $a+b+c>0$，则 $c>-a-b>0$，故有

$$ab+ac+bc=ab+(a+b)c<ab+(a+b)(-a-c)=-(a^2+ab+b^2)<0,$$

上式与已知条件 $ab+ac+bc>0$ 相矛盾，则假设不成立. 所以 $a>0,b>0,c>0$.

15. 任意给一个整数，它被 3 除，余数可能为 0，1，2，我们把被 3 除余数为 0，1，2 的整数各归入类 r_0,r_1,r_2. 根据抽屉原理，至少有一类包含五个整数中的至少两个. 再分两种情况讨论：

① 当一类至少包含三个整数时，取出其中 3 个被 3 除的同余整数，其和一定能被 3 整除；

② 当某两类各含两个整数时，第三类包含一个数，则在三类中各取一个数，其和也能被 3 整除.

综上，原命题正确.

16. (1) 略.

(2) 提示:延长 CM 至 K 使 $\angle CNK=60^\circ$.

17. 提示:用反证法.

18. (1) ① 非负有理数 a,b,c 不全为 $0,m_1-2p\sqrt{c},\dfrac{m_1^2+4p^2c-4ab}{4m_1p}$;② $a=b=c=0,0,0,0$.

(2) 略.

19. (1) 提示:运用分析法或综合法.

(2) 证法 1 提示:运用分析法.

证法 2:假设原结论不正确,则 $a+b>2,\cdots$所以 $b^3>(2-a)^3=8-12a+6a^2-a^3$.又因为 $a^3+b^3=2$,所以 $2>8-12a+6a^2=2+6(1-a)^2$,即 $(1-a)^2<0$,这自相矛盾.所以假设不成立,故 $a+b\leqslant 2$.

滚动复习

20. 7;9;1. 提示:运用循环周期性.

21. 45°. 提示:先证 $\angle ABE=\angle BAE=45^\circ$,则 $\angle CAF=\dfrac{1}{2}\angle BAC=22.5^\circ$.

22. 11,1;9,3;8,4. 提示:数形结合.

23. 提示:把正整数表示为 10 的乘方的和.

24. (1) 略.

(2)

$$\begin{aligned}\text{原式}&=5x^2+6xy+3y^2-28x-18y+46\\&=\cdots=5\left(x+\frac{3y-15}{5}\right)^2+\frac{6}{5}\left(y-\frac{1}{2}\right)^2+\frac{3}{2}\geqslant\frac{3}{2},\end{aligned}$$

其中,取等号的条件是 $y-\dfrac{1}{2}=0$ 且 $x+\dfrac{3y-14}{5}=0$,依次解得 $y=\dfrac{1}{2},x=\dfrac{5}{2}$.所以当 $x=\dfrac{5}{2}$,$y=\dfrac{1}{2}$时,原式取得最小值,且最小值等于$\dfrac{3}{2}$.

第 15 课

基础自测

1. C;D.
2. B;D.
3. B;A.
4. 2.

5. 2, $B \subsetneqq A \subsetneqq C$.

6. (1) $\left\{-12,-\frac{1}{2}\right\}$; (2) $\left\{\frac{21}{2}\right\}$.

《 达标训练 》

7. D.　提示: $a<0$.

8. A, C.

9. C, B, A.

10. $A=D, B=C$.

11. (1) $\left\{-\frac{3}{5}, \frac{7}{2}\right\}$; (2) $\left\{y \mid y \geqslant-\frac{1681}{40}\right\}$; (3) $\{x \mid x \leqslant 1\}$; (4) $\{y \mid y \geqslant 0\}$.

12. $\{a \mid a \leqslant-1\}$; $\{b \mid b<-6\}$.　提示:用数轴图.

13. $\{4\}$; $\{a \mid 0 \leqslant a<4\}$.

14. $\{a \mid-17-12 \sqrt{2}<a<-17+12 \sqrt{2}\}$; $\left\{a \mid a=5 \text{ 或 } \frac{2}{5}-\frac{2}{5} \sqrt{71}<a<-17+12 \sqrt{2}\right\}$.

15. $\{m \mid m>1\}$.　提示: $\Delta<0$.

16. (1) 2,4,8; (2) 2^n; (3) $M=\{(0,0),(0,1),(0,2),(1,0),(1,1),(2,0)\}$, 集合 M 共有 64 个子集.

17. (1) 由于 $-1+0=-1$, $-1+2=1$, $1+0=1$, $1+2=3$, 则 $C=\{-1,1,3\}$.

(2) 由 $x-y \in A$ 知 $x>y$, 则 $B=\{(2,1),(3,1)(3,2),(4,1),(4,2),(4,3),(5,1),(5,2),(5,3),(5,4)\}$.

18. (1) 满足题设条件的集合 M 共有 8 个, 这些集合是 $\{a, b\}$, $\{a, b, c\}$, $\{a, b, d\}$, $\{a, b, e\}$, $\{a, b, c, d\}$, $\{a, b, c, e\}$, $\{a, b, d, e\}$, $\{a, b, c, d, e\}$.

(2) 由于 2 可能单独属于 M, 1 与 3 可能配对同时属于 M, 故 $M=\{2\}$, $\{1,3\}$, $\{1,2,3\}$.

(3) 由于 1 与 6 可能配对同时属于 M, 2 与 5 可能配对同时属于 M, 3 与 4 可能配对同时属于 M, 故非空子集共有 $2^3-1=7$ 个.

19. 提示: (1) 依题意得, $m^2=4$, 或 $m^2=2m+3$, 解得 $m=\pm 2$, 或 $m=-1$, 或 $m=3$. 经检验, 实数 m 所构成的集合是 $\{-1,2,3\}$.

(2) A 中各元素之和的集合为 $\{4,10,12\}$.

20. (1) $\{-3,0,2\}$;

(2) $\left\{\frac{1-\sqrt{41}}{2}, \frac{1+\sqrt{41}}{2}\right\}$.　提示: $\begin{cases}b=-1, \\ c=-6.\end{cases}$

《 滚动复习 》

21. 160; 90.

22. ①②③⑤.

23. (1) $\frac{2\sqrt{13}}{13}$, $\frac{3\sqrt{13}}{13}$; (2) $\frac{\sqrt{5}}{3}$, $\frac{2\sqrt{5}}{5}$.

24. $\frac{2n-1}{n^2+3}$. 提示：第 $n(\geqslant 2)$ 项是 $\frac{2n-1}{4+3+5+7+\cdots+(2n-1)}$.

25. (1) $\frac{1}{2}$; (2) $(-\infty,-4]\cup(2,4)\cup(4,+\infty)$. 提示：$m\leqslant -1$ 或 $m\geqslant 2$, $\alpha^2+\beta^2=m^2-\frac{1}{2}m-1$, $\frac{1}{\alpha}+\frac{1}{\beta}=\frac{-8}{m+2}+4$.

26. (1) 由于点 D 与 F 关于 AE 对称，则 $\triangle AFE\cong\triangle ADE$，故 $\angle AFE=\angle ADE=90^\circ$，所以 $\angle EFG=90^\circ=\angle ECG$，所以四点 E,F,G,C 共圆.

(2) 已证 $\triangle AFE\cong\triangle ADE$，所以 $EF=ED=EG$. 连接 EG，则 $\mathrm{Rt}\triangle EFG\cong\mathrm{Rt}\triangle ECG$，所以 $\angle FEG=\angle CEG$，故 $2\angle AED+2\angle CEG=180^\circ$，即 $\angle AED+\angle CEG=90^\circ$，所以 $\angle CEG=\angle DAE$，从而可得 $\mathrm{Rt}\triangle ADE\backsim\mathrm{Rt}\triangle ECG$，所以 $\frac{CG}{DE}=\frac{CE}{AD}$，$CG=\frac{2\times 2}{3}=\frac{4}{3}$，故得四边形 $EFGC$ 的面积为 $2S_{\mathrm{Rt}\triangle ECG}=\frac{8}{3}$.

(3) 可证 $DF\perp CF$，故求得 $DF=2\cdot\frac{AD\cdot ED}{AE}=2\times\frac{3\times 2}{\sqrt{3^2+2^2}}=\frac{12\sqrt{13}}{13}$，$CF=\sqrt{CD^2-DF^2}=\sqrt{16-\frac{12^2}{13}}=\frac{8\sqrt{13}}{13}$.

第 16 课

基础自测

1. A,D.
2. E,C.
3. A,B.
4. $\{1,2,4\}$; $\{1,2\}$.
5. $\{0,1\}$, $\{x\mid -2<x\leqslant -1\}$.
6. $\left\{x\,\middle|\, -\pi\leqslant x\leqslant -\frac{1}{2}\right\}$, $\left\{x\,\middle|\, x<\frac{4}{3}\text{ 或 }x>2\right\}$.
7. $\{x\mid x\leqslant 2\}$(请画数轴图示).

达标训练

8. A,C.

9. D;E;A. 提示："$M\cap\{x\mid x>2\}$ 恰有一个元素"意味着二次方程 $x^2-2ax+3-a=0$ 有且仅有一个实根 x_1 满足 $x_1>2$.

10. $\{a \mid a \geqslant 3\}$.

11. $\{x \mid 0<x \leqslant 1\}$, $\{x \mid -1 \leqslant x \leqslant 2\}$.

12. $\{x \mid 2 \leqslant x \leqslant 5\}$, $\mathbf{R}$, $\left\{x \mid -\frac{5}{2}<x \leqslant 5\right\}$.

13. $\{a \mid a>-3\}$; $\{a \mid a>5\}$.

14. $\{m \mid 1 \leqslant m<5\}$; $\{m \mid 7 \leqslant m<8\}$. 提示:$P=\left\{x \mid -3 \leqslant x<\frac{3}{2} \text{或 } x \geqslant 5\right\}$.

15. (1) $a=2$. 提示:舍去 $a=1$.

(2) $\{0,1,3,4,5\}$.

16. (1) $m=3$;(2) $A \cup B=\{1,2,3,4\}$.

17. (1) $\{a \mid -4 \leqslant a \leqslant 2\}$. 提示:先求出 $P=\{x \mid -2 \leqslant x \leqslant 4\}$, $Q=\{x \mid (x+a)(x-5) \geqslant 0\}$, $P \cup Q=\{x \mid x \leqslant 4 \text{ 或 } x \geqslant 5\}$,再用数轴法.

(2) 当 $a=2$ 时,$P \cap B=\{-2\}$;当 $-4<a \leqslant 2$ 时,$P \cap Q=\{x \mid -2 \leqslant x \leqslant -a\}$.

18. (1) 由于 $A \cup B=\varnothing$,则 $A=B=\varnothing$,所以

$$\begin{cases}\Delta_1=4a^2-4(4a-3)<0, \\ \Delta_2=8a^2-4(a^2+a+2)<0.\end{cases}$$

即 $\begin{cases}a^2-4a+3<0, \\ a^2-a-2<0.\end{cases}$ 故 $\begin{cases}1<x<3, \\ -1<x<2.\end{cases}$ 借用数轴图,解得 $1<a<2$. 所以实数 a 的取值范围是 $\{a \mid 1<a<2\}$.

(2) 由 $A \neq \varnothing$ 或 $B \neq \varnothing$,得 $\Delta_1 \geqslant 0$ 或 $\Delta_2 \geqslant 0$,故可用并集求得 a 的取值范围是 $\{a \mid a \leqslant 1$ 或 $a \geqslant 2\}$.

19. (1) $A=\{x \mid -2<x<-1 \text{ 或 } x>1\}$,借用数轴法可求 $B=\{x \mid -1 \leqslant x \leqslant 3\}$,所以 $\{x \mid x^2+ax+b \leqslant 0\}=B=\{x \mid (x+1)(x-3) \leqslant 0\}=\{x \mid x^2-2x-3) \leqslant 0\}$,比较得,$a=-2$, $b=-3$.

(2) $\{x \mid -3 \leqslant x \leqslant 1\}$.

《 滚动复习 》

20. 33. 提示:设三角形的三边长为 a, b, c,不妨取 $0<a \leqslant b \leqslant c$,则 $3a \leqslant 40=a+b+c \leqslant 3c$, $40=a+b+c>2c$,故 $14 \leqslant c<20$,所以 $c=14,15,16,17,18,19$.

21. (1) $\left\{-\frac{1}{2}, 0, \frac{1}{2}\right\}$;(2) $\left\{\frac{1}{2}\right\}$.

22. (1) $\underbrace{55\cdots5}_{148\text{个}5}6003$;(2) $\underbrace{11\cdots1}_{148\text{个}1}0369$.

23. 提示:过圆心 C 作 $CH \perp l$ 于点 H,可证当动点 P 位于点 H 时 $\angle MPN$ 最大.

24. (1) $2\sqrt{13}$. 提示:作点 A 关于 x 轴的对称点 A',连 $A'B$ 与 x 轴交于点 M_0.

(2) $6\sqrt{2}$. 提示:作点 A 关于 x 轴的对称点 A',作点 B 关于 x 轴的对称点 B',连接 $A'B'$.

25. 原方程组等价于

$$\begin{cases}(x-1)(y-2)=1,\\(y-2)(z-3)=-2,\\(z-3)(x-4)=4.\end{cases}$$

消去 y,z,得$(x-1)(x-4)=-2$,即 $x^2-5x+6=0$,解得 $x=2$ 或 $x=3$.

代入得

$$\begin{cases}x=2,\\(y-2)(z-3)=-2,\\(z-3)(2-4)=4;\end{cases}\quad 或 \quad\begin{cases}x=3,\\(y-2)(z-3)=-2,\\(z-3)(3-4)=4.\end{cases}$$

所以原方程组的解是$\begin{cases}x=2,\\y=3,\\z=1;\end{cases}$或$\begin{cases}x=3,\\y=\dfrac{5}{2},\\z=-1.\end{cases}$

第 17 课

基础自测

1. C.
2. $\{1,2\}$;$\{3,4,5,6\}$.
3. 36. 提示:解方程.
4. $\{x|x\leqslant 2\sqrt{3}\}$,$\{x|0<x\leqslant 2\sqrt{3}\}$.
5. $\{x|-3<x<1\}$,$\{x|-2\leqslant x\leqslant 0\}$,$\{x|-3<x<-2$ 或 $0<x<1\}$.
6. $\{x|2\leqslant x<5\}$,$\{x|0<x<2$ 或 $x\geqslant 5\}$,$\{x|2\leqslant x<5\}$;$\complement_U(\complement_U A)=A$.
7. 17 个;33 个.

达标训练

8. C.
9. $\{1,2\}$,$\{3,4\}$.
10. $\{x|x<-1$或 $x>1\}$,$\{y|y<0$ 或 $y>1\}$.
11. 17,11,7,4.
12. $\{x|x\leqslant -1\}$,$\{x|x<0$ 或 $0<x\leqslant 1$ 或 $x\geqslant 2\}$.
13. 0. 提示:考虑分式和根式.
14. 共有 5 人同时选报这三种选修课;共有 4 人选报机械课和种植课而没有选报护理课.
15. 由于$3\notin \complement_S A=\{0\}$,故$3\in A=\{1,|2x-1|\}$,所以$3=|2x-1|$且 $x^3-x^2-2x=0$,解得 $x=-1$ 或 2.所以,存在实数 x 符合题意,且 $x=-1$ 或 2.

16. (1) $\{7,9\}$,$\{0,1,2,3,4,6,7,9\}$,$\{7,9\}$,$\{0,1,2,3,4,6,7,9\}$.

(2) $(\complement_U A)\cap(\complement_U B)=\complement_U(A\cup B)$,$(\complement_U A)\cup(\complement_U B)=\complement_U(A\cap B)$.

17. (1) D. 提示:依题意知,$|S|$,$|T|$分别表示方程 $f(x)=0$,$g(x)=0$ 的不相异实根个数.注意,当 $x_0\neq 0$ 满足 $f(x_0)=0$ 时,必有 $g\left(\frac{1}{x_0}\right)=0$.

验证选项 A,取 $a=b=c=0$,则 $f(x)=x^3$,$g(x)=1$,则此时有$|S|=1$且$|T|=0$;

验证选项 B,取 $a=c=1$,$b=2$,则 $f(x)=(x+1)^3=g(x)$,则此时有$|S|=1$且$|T|=1$;

验证选项 C,取 $a=1$,$b=-1$,$c=-2$,则 $f(x)=(x+1)^2(x-2)$,$g(x)=-2(x+1)^2\left(x-\frac{1}{2}\right)$,则此时有$|S|=2$且$|T|=2$.

(2) 依题意可分两小类,$b^2-4c<0$ 或者 $b^2-4c=0$,$-\frac{b}{2}=-2$,$-\frac{b}{2c}=-\frac{1}{2}$.所以 b 与 c 的取值情况是 $b^2<4c$ 或 $b=c=4$.

18. 提示:(1) $A=\{-2,4\}$,$A\supseteq B_1$,则 $B_1=\Phi$,$\{-2\}$,$\{4\}$,$\{-2,4\}$,…分类求得实数 a 的取值范围是$\{a\mid a<-4$ 或 $a=-2$ 或 $a\geqslant 4\}$.

(2) 用图像法求得 a 的取值范围是$\{-2\}$.

19. 命题 P 真$\Leftrightarrow\Delta>0\Leftrightarrow a<\frac{1}{2}$或 $a>\frac{5}{2}$;

命题 Q 真$\Leftrightarrow[-2,-1)\subseteq\{x\mid x^2>a\}\Leftrightarrow a\leqslant 1$.

(1) 运用交集思想,联立$\begin{cases}a<\frac{1}{2}\text{或 }a>\frac{5}{2},\\a\leqslant 1,\end{cases}$解得 a 的取值范围是$\left\{a\,\middle|\,a<\frac{1}{2}\right\}$.

(2) 运用交集与补集思想,联立$\begin{cases}\frac{1}{2}\leqslant a\leqslant\frac{5}{2},\\a>1,\end{cases}$解得 a 的取值范围是$\left\{a\,\middle|\,1<a\leqslant\frac{5}{2}\right\}$.

(3) 运用并集与补集思想联立,借用数轴,求得 a 的取值范围是$\left\{a\,\middle|\,\frac{1}{2}\leqslant a\leqslant 1\text{ 或 }a>\frac{5}{2}\right\}$.

《 滚动复习 》

20. $4\sqrt{15}$,$\sqrt{31}$,$\frac{1}{4}\sqrt{15}$.

21. 提示:依题意得 $8x+6x-x^2=8\times 6\times\frac{1}{2}$,解得 $x=2$(舍去 $x=12$),所以 $x=2$.

22. 提示:(1) 任意奇数 $a=2k-1=k^2-(k-1)^2$(其中 $k\in\mathbf{Z}$)属于 A.

(2) 解法 1:运用(1)的结论.

解法 2:$a_1a_2=(p_1^2-q_1^2)(p_2^2-q_2^2)=(p_1p_2+q_1q_2)^2-(p_1q_2+p_2q_1)^2$.

23. (1) $(744,527)=31$;(2) $[744,527]=12648$.

24. (1) -2;(2) $x^3-4x+11x+\frac{5}{2}$.

第 18 课

基础自测

1. C,B.

2. A;D. 提示:后面的新运算 $M-N=\{0,1,2,3,-4,-3,-2,-1\}$.

3. 96. 提示:运用韦恩图分步搭配.

4. $\frac{144}{35}$. 提示:先解方程组求常数 X,Y.

5. 共有 49 个元素. 提示:平移点.

达标训练

6. A, E. $\left\{x \middle| a\leqslant\frac{2-2\sqrt{71}}{5}\text{或 }a\geqslant -17+12\sqrt{2}\right\}$. 提示:$P=\varnothing\Leftrightarrow\frac{2-2\sqrt{71}}{5}<a<\frac{2+2\sqrt{71}}{5}$.

7. C,C. 提示:P 中的"边元"是 1,4,7,10;Q 中不含"边元"的 3 元子集分别是 $\{0,1,2\},\{0,1,9\},\{0,2,9\},\{1,2,9\}$.

8. ②④. 提示:取 $A=\{x|x=2k,k\in\mathbf{Z}\}$,$B=\{x|x=5k,k\in\mathbf{Z}\}$都是闭集,取 $5,2\in A\cup B$,但 $5-2=3\notin A\cup B$,则 $A\cup B$ 不是闭集.

9. (1) $\left\{\left(-\sqrt{2},\frac{4}{3}\right),\left(\sqrt{2},\frac{4}{3}\right)\right\}$;(2) $\{(2,1)\}$. 提示:$a+\sqrt{3}b=\sqrt{11+4(\sqrt{3}-1)}=\sqrt{7+4\sqrt{3}}=2-\sqrt{3}$.

10. (1) $\{3,5,6,7,8,9\}$;(2) $\{(1,2),(1,4),(1,5),(3,2),(3,4),(3,5),(4,2),(4,4),(4,5)\}$. 提示:注意代表元素的区别.

11. (1) 10;(2) $\sqrt{5}$. 提示:分 3 类.

12. $\{0,1\}$或$\{-1,1\}$. 提示:这是自我循环描述的阅读性、构造性的集合.

13. (1) 255;(2) 21.

14. (1) $a=-1$;(2) $a=\sqrt{3}$;(3) 实数 a 的取值范围是$\{x|2-\sqrt{7}<x<1\}$.

15. (1) $a=2,b=1$. 提示:解方程组.

(2) $\{p|-15\leqslant p<-10\}$. 提示:解不等式组得$\frac{p}{5}<m\leqslant\frac{3}{4}$.

16. (1) 集合 $\{1,2,3,4\}$ 的奇子集有:$\{1\}$,$\{3\}$,$\{1,2\}$,$\{1,4\}$,$\{2,3\}$,$\{3,4\}$,$\{1,2,4\}$,$\{2,3,4\}$.

(2) 集合$\{1,2,3,4,5\}$共有 16 个奇子集.

17. (1) $\frac{1}{4}$;(2) $\frac{15}{4}$;(3) $\frac{17}{4}$.

滚动复习

18. C;B.

19. $\frac{80}{9}$. 提示:在$\triangle ABC$中,$a=2$,$b+c=6>2$,则$\angle A$最小,不妨设$\angle C=90^\circ$,则$a^2+b^2=c^2$,即$4+(6-c)^2=c^2$,解得$c=\frac{10}{3}$,所以$b=\frac{8}{3}$.

20. (1) $\left\{a \mid a<\frac{7}{2}\right\}$. 提示:这里的子集 N 可能是空集.

(2) $\{a \mid -2\leqslant a\leqslant 3\}$. 提示:由 $B\supseteq A$ 得到$-1\leqslant a+1\leqslant 4$.

21. 提示:如图 18.3 所示,过点 B 作 AB 的垂线,与以点 C 为圆心经过点 B 的圆弧交于另外一点 D,则$\triangle BCD$是等腰三角形,所以$\angle CBD=\angle CDB$.可证三点 A、C、D 共线,再取 BD 的中点 E,可证 $CE\parallel AB$.

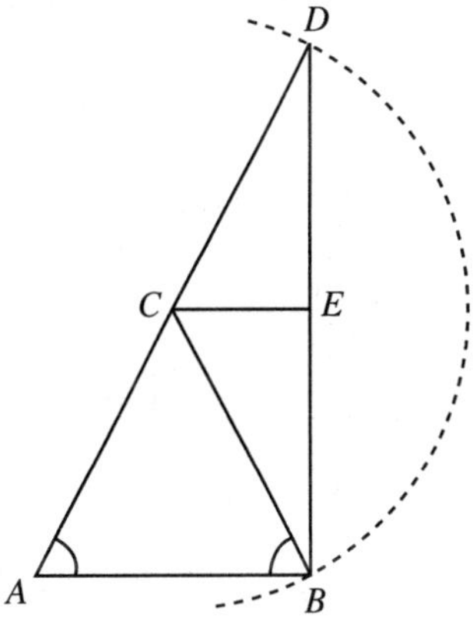

图 18.3

22. (1) $|AM|+|MB|$的最小值等于 5,$||AM|-|MB||$的最大值等于$\sqrt{17}$.

(2) $|AN|+|NB|$的最小值等于 5,$||AN|-|NB||$的最大值等于$\sqrt{13}$.

第 19 课

基础自测

1. C. 提示:M 为值域,N 为定义域.
2. C;B.
3. 分开作图像.
4. $[-1,7]$,$[0,4]$.
5. (1) $\left\{x\in \mathbf{R} \,\middle|\, x\neq -\frac{1}{2}\text{且} x\neq 3\right\}$;(2) $\left(-\infty,\frac{-9-4\sqrt{2}}{49}\right]\cup\left[\frac{-9+4\sqrt{2}}{49},+\infty\right)$.

《 达标训练 》

6. B;A.

7. B.　提示:取 $x=\frac{2}{3}, y=\frac{1}{3}$,则 $f(1)-f\left(\frac{1}{3}\right)=2f^2\left(\frac{1}{3}\right)$.

8. $\frac{73}{10}, \frac{5}{4}$.

9. $[-2,2)$;$[-2,-\sqrt{2})\cup(-\sqrt{2},\sqrt{2})\cup(\sqrt{2},2]$;$\left[\frac{3}{4},+\infty\right)$;$(-\infty,-2)\cup\left[\frac{3}{4},+\infty\right)$.

10. 4,3.

11. $[-5,3]$,$[2\sqrt{2},4]$.

12. ①②③.　提示:设点 $P(x_0,y_0)$满足$\frac{y_0}{x_0}=\frac{800}{125}=\frac{32}{5}$且$\frac{y_0-200}{x_0-40}=\frac{800-200}{120-40}=\frac{15}{2}$,解得 $y_0=\frac{6400}{11}\neq 500$.

13. (1) B.

(2) $y=\begin{cases}\frac{1}{4}\sqrt{2}x, & 0<x\leqslant 4,\\ \sqrt{2}, & 4\leqslant x\leqslant 8,\\ -\frac{1}{4}\sqrt{2}x+3\sqrt{2}, & 8\leqslant x<12.\end{cases}$

14. (1) $f(x)=-3x-\frac{4}{3}$;

(2) $f(x)=-x+\frac{2}{x}-\frac{4}{3}$.

15. (1) $(-\infty,1)\cup\left(1,\frac{3}{2}\right]$;$\sqrt{5-2x}+\frac{4}{x-2}$,$(-\infty,2)\cup\left(1,\frac{5}{2}\right]$;$\sqrt{3-\frac{2}{x}}+\frac{4x}{1-x}$,$(-\infty,0)\cup\left[\frac{2}{3},1\right)\cup(1,+\infty)$.

(2) ①②③.

(3) 提示:由于 $f(x+1)$的定义域是$[-2,3)$,即 $-2\leqslant x<3$,则 $-1\leqslant x+1<4$,所以函数 $f(x)$的定义域是$[-1,4)$.令 $-1\leqslant\frac{2x+1}{x}<4$,则 $-3\leqslant\frac{1}{x}<2$,解得函数 $f\left(\frac{2x+1}{x}\right)$的定义域是$\left(-\infty,-\frac{1}{3}\right]\cup\left(\frac{1}{2},+\infty\right)$.

16. (1) $\{-2-\sqrt{6},-2-\sqrt{2},-2+\sqrt{2},\sqrt{2}\}$;(2) $(-\infty,\sqrt{5}]$.

滚动复习

17. 2. 提示：$x^2-3x-1=0$.

18. (1) 对于子集$\{a_2,a_3,a_5\}$，$k_1=2,k_2=3,k_3=5$，则$k=2^{2-1}+2^{3-1}+2^{5-1}=22$. 所以$\{a_2,a_3,a_5\}$是$E$的第22个子集.

(2) 设E的第618个子集是$\{a_{k_1},a_{k_2},\ldots,a_{k_n}\}$，则

$$\begin{aligned}2^{k_1-1}+2^{k_2-1}+\cdots+2^{k_n-1}&=618=512+106\\&=512+64+32+8+2\\&=2^{10-1}+2^{7-1}+2^{6-1}+2^{4-1}+2^{2-1}.\end{aligned}$$

所以E的第618个子集是$\{a_2,a_4,a_6,a_7,a_{10}\}$.

19. (1) 可知$\begin{cases}\dfrac{a\cdot 2-1}{2-a}<0,\\ \dfrac{a\cdot 3-1}{3-a}\geqslant 0,\end{cases}$则$\begin{cases}a<\dfrac{1}{2}\text{或}a>2,\\ \dfrac{1}{3}\leqslant a<3,\end{cases}$解得$\dfrac{1}{3}\leqslant a<\dfrac{1}{2}$或$2<a<3$.

经检验，当$a=3$时，$A=\left\{x\,\middle|\,\dfrac{1}{3}<x<3\right\}$，此时$2\in A$且$3\notin A$，符合题意. 故实数$a$的取值范围是$\left[\dfrac{1}{3},\dfrac{1}{2}\right)\cup(2,3]$.

(2) 提示：可求$4\notin A$，所以4不属于A.

20. (1) 点$P_4(1,1)$，$P_9(3,0)$，$P_{16}(1,3)$，$P_{25}(5,0)$，$P_{36}(1,5)$，$P_{49}(7,0)$.

(2) 提示：第$(2k)^2$个点的坐标是$(1,2k-1)$，第$(2k+1)^2$个点的坐标是$(2k+1,0)$. 进而求得$P_{200}(5,3)$，$P_{300}(17,11)$，所以$|P_{200}P_{300}|=3\sqrt{17}$.

第 20 课

基础自测

1. A.
2. ①②④⑤.
3. $\left[-\dfrac{3}{4},+\infty\right)$，$\left(-\infty,-\dfrac{3}{4}\right]$；等于8，不存在；等于1，等于$-\dfrac{17}{8}$.
4. $[-1,1]$；$(-\infty,-1]$，$[1,+\infty)$.
5. $(1,4]$.
6. 提示：要规范，不跳步.

达标训练

7. D,C.

8. A;D.

9. $[3,+\infty)$,$(0,1]\cup(a-2,+\infty)$.

10. -4,$[-2,+\infty)$.

11. $[36,+\infty)$. 提示:$y=\dfrac{2x+6}{x-1}>0$,令 $k=2xy$,则 $k=\dfrac{4x^2+12x}{x-1}(x>1)$.(到此甚至开头都有多种解法,可进 QQ 读者群 213046945 研讨,如判别式法,双钩函数,……,曲线系.)

12. 最大值等于$\dfrac{1}{4}$;最小值等于$-\dfrac{1}{8}$;值域为$\left[-\dfrac{1}{8},\dfrac{1}{4}\right]$.

13. (1)最大值不存在,最小值等于$\sqrt{7}$;

(2) 最大值等于$\sqrt{14}$,最小值等于$-\sqrt{7}$;

(3) 最大值等于$\sqrt{7}$,最小值等于-1.

14. 最大值 $y_{\max}=\begin{cases}t^2-4t+3, & t\leqslant 1;\\ t^2-1, & t\geqslant 1.\end{cases}$最小值 $y_{\min}=\begin{cases}t^2-1, & t\leqslant 0;\\ -1, & 0\leqslant t\leqslant 2;\\ t^2-4t+3, & t\geqslant 2.\end{cases}$

15. (1) 任取 $x_1,x_2\in\mathbf{R}$,且 $x_1<x_2$,则

$$\begin{aligned}&f(x_1)-f(x_2)\\&=(x_1^3+2x_1)-(x_2^3+2x_2)\\&=(x_1-x_2)(x_1^2+x_1x_2+x_2^2+2)\\&=(x_1-x_2)\left[\left(x_1+\frac{1}{2}x_1\right)^2+\frac{3}{4}x_2^2+2\right]<0,\end{aligned}$$

所以 $f(x_1)<f(x_2)$,故 $f(x)$在 $\mathbf{R}$ 上是增函数.

(2) 略.

16. (1) 略.

(2) $\dfrac{17}{2}$,4.

(3) 5,$\dfrac{7}{3}\sqrt{3}$.

(4) 当 x 为 2 时,一年的总运费与总存储费之和最小,最小值为 24 万元. 提示:总费用为$\dfrac{8}{x}\cdot 3+6x=6\left(x+\dfrac{4}{x}\right)$万元.

(5) $\dfrac{4}{3}\sqrt{3}$,$2\sqrt{3}$.

(6) $g(x)$的最小值等于$2\sqrt{ab}$,此时对应的 $x=\dfrac{\sqrt{ab}}{a}$.猜想函数 $g(x)$在$\left(0,\dfrac{\sqrt{ab}}{a}\right]$上是

减函数,在$\left[\frac{\sqrt{ab}}{a},+\infty\right)$上是增函数.

≪ 滚动复习 ≫

17. $\pm4\sqrt{3}, 2\sqrt[3]{6}, \pm2\sqrt[4]{3}$.

18. $(-\infty,-4)$. 提示:$x<a-1$且$x\leqslant-5$.

19. $4\sqrt{7}$.

20. $\frac{1}{3},\frac{2}{3},\frac{1}{3},\frac{5}{6}$.

21. 3,2,−10. 提示:两次配方得到$M=5\left(x-\frac{6y+3}{5}\right)^2+\frac{14}{5}(y-2)^2$.

22. 48平方米. 提示:设$MP=x$(米),$PN=y$(米).作$PH\perp AF$于点H,则$PH=8-y$,$EH=x-4$.在$\triangle EDF$中,$\frac{x-4}{4}=\frac{EH}{EF}=\frac{PH}{DF}=\frac{8-y}{2}$,则$y=-\frac{1}{2}x+10(4\leqslant x\leqslant 8)$.

23. (1) $B(0,-4)$,$D(-2,0)$.

(2) $y=-2x-4$.

24. 当$a=1$时,$x+2>0$,则$x>-2$.

当$a\neq1$时,判别式$\Delta=(2a-3)^2\geqslant0$,此时用十字交叉法分解因式得$(x+2)[(a-1)x+1]>0$,即$(a-1)\cdot(x+2)\left(x+\frac{1}{a-1}\right)>0$,其中$-2<\frac{-1}{a-1}\Leftrightarrow a<1$或$a>\frac{3}{2}$.(请在草稿纸上分类画出示意图)

所以当$a<1$时,原不等式解集是$\left(-2,\frac{-1}{a-1}\right)$;当$a=1$时,原不等式解集是$(-2,+\infty)$;当$1<a<\frac{3}{2}$,原不等式解集是$\left(-\infty,\frac{-1}{a-1}\right)\cup(-2,+\infty)$;当$a=\frac{3}{2}$时,原不等式解集是$\{x\in\mathbf{R}\mid x\neq-2\}$;当$a>\frac{3}{2}$时,原不等式解集是$(-\infty,-2)\cup\left(\frac{-1}{a-1},+\infty\right)$.

第21课

≪ 基础自测 ≫

1. A. 提示:对于偶函数$f(x)=x^2+\frac{4}{x^2}$,$f(-2)>f(-\sqrt{2})$,也不合题意.

2. B,C,A. 提示:$f_1(x)$的定义域只是$[0,+\infty)$,$f_2(x)$是偶函数,$f_3(x)$是奇函数,$f_4(x)$是偶函数,$f_5(x)$既是奇函数又是偶函数.

3. $-x^2+4x-3$. 提示:作图.

4. $-x^2+2x-1$;0. 提示:作图.

5. (1) 既是奇函数又是偶函数;

(2) 非奇非偶函数;

(3) 奇函数.

≪ 达标训练 ≫

6. C;B.

7. D.

8. ①③④⑤.

9. (1) $f(2)<f(-\sqrt{5})<f(3)<f(-\sqrt{10})$;(2) $|n|>|m|$;(3) $|n|<|m|$.

10. $f(2)<f(\sqrt{2})<f(3)$.

11. (1) $x=-4$;(2) $(-4,0)$.

12. $\left(1,\frac{7}{4}\right]$.

13. 当 $k=0$ 时,函数 $y=x-2$ 符合题意;当 $k\neq0$ 时,依题意得 $k>0$ 且 $\frac{k-1}{2k}\leqslant\frac{1}{3}$,求交集解得 $0<k\leqslant3$.所以,实数 k 的取值范围是 $[0,3]$.

14. (1) $(-\infty,-2]\cup[2,+\infty)$;(2) $\left[\frac{1}{2},\frac{5}{2}\right]$.

15. (1) -6;(2) $\frac{1}{2}$. 提示:先猜后证.

16. (1) $g(x)$是奇函数;(2) 2.

17. 由于 $f(x)$是定义在 $\mathbf{R}$ 上的奇函数,所以 $f(0)=0$.

如图 21.3 所示,由于当 $x=0$ 时,奇函数 $f(x)=x^2-4x$,所以当 $x<0$ 时,$f(x)=-f(-x)=-[(-x)^2-4(-x)]=-x^2-4x$.

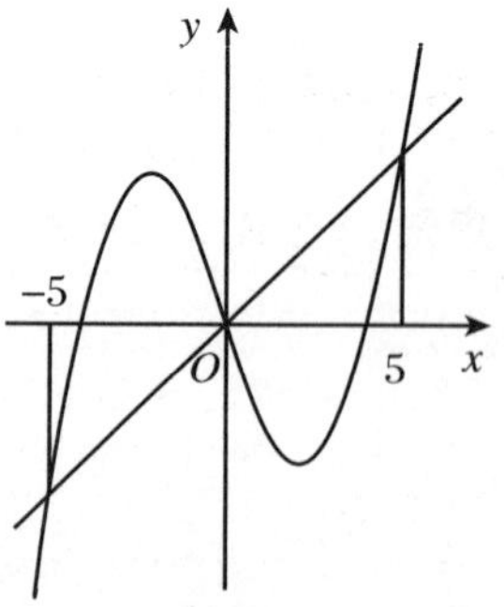

图 21.3

(1) $\{x\,|\,f(x)\geqslant0\}=[-4,0]\cup[4,+\infty)$.

(2) $f(x)>x\Leftrightarrow\begin{cases}x\geqslant0,\\x^2-4x>x;\end{cases}$ 或 $\begin{cases}x<0,\\-x^2-4x>x.\end{cases}$

解得 $\{x\,|\,f(x)>x\}=(-5,0)\cup(5,+\infty)$.

18. (1) 当 $-1\leqslant x\leqslant0$ 时,$2-x\in[2,3]$.设 $f(x)$图像上的任意点为 $P(x,y)$,且点 P 关于直线 $x=1$ 的对称点 $P'(2-x,y)$在函数 $g(x)$的图像上,则

$$f(x)=g(2-x)=2x^3-6x\ (-1\leqslant x\leqslant0).$$

又因为 $f(x)$是偶函数,则当 $0\leqslant x\leqslant1$ 即 $-1\leqslant-x\leqslant0$ 时,$f(x)=f(-x)=6x-2x^3$.所以,

解析式 $f(x)=\begin{cases}2x^3-6x, & -1\leqslant x\leqslant 0,\\ 6x-2x^3, & 0<x\leqslant 1.\end{cases}$

(2) $g\left(\frac{3}{2}\right)=f\left(\frac{1}{2}\right)=6\times\frac{1}{2}-2\times\left(\frac{1}{2}\right)^3=\frac{11}{4}$.

《 滚动复习 》

19. 5或6或7. 提示:由于是“搭”成的,故几何体不能悬空.

20. (1) $\frac{1}{3}\pi$. 提示:正三角形四心合一.

(2) $\frac{169}{24}$. 提示:直接运用方程,或者巧妙运用欧拉线定理.

21. (1) 提示:目前可用解析法.

(2) $\sqrt{3}$.

(3) 提示:用(1)的结论.

22. 根据两个题设等式消去 c,得

$$(a+2)^3+15(a+2)=(6-b)^3+15(6-b).$$

由此构造函数 $f(x)=x^3+15x$,则 $f(a+2)=f(6-b)$.由于两个函数 $y=x^3$ 和 $y=15x$ 在 $\mathbf{R}$ 上分别递增,所以 $f(x)=x^3+15x$ 在 $\mathbf{R}$ 上递增.又已得 $f(a+2)=f(6-b)$,则 $a+2=6-b$,所以 $a+b=4$(定值).

23. 提示:如图 21.4 所示,运用梅涅劳斯定理可求 $\frac{EO}{OB}=\frac{1}{5}$,则

$$S_{\triangle ABO}=\frac{5}{5+1}S_{\triangle ABE}$$
$$=\frac{5}{6}\cdot\frac{2}{5}S_{\triangle ABC}=\frac{1}{3}S_{\triangle ABC},$$

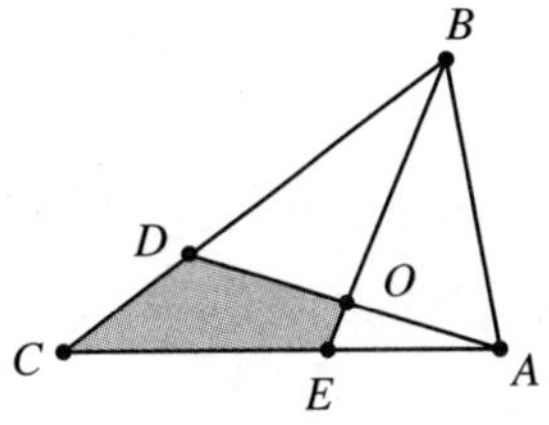

图 21.4

故 $S_{四边形CEOD}=S_{\triangle ABC}\cdot\left(1-\frac{2}{3}-\frac{2}{5}+\frac{1}{3}\right)=\frac{4}{15}S_{\triangle ABC}$,所以 $\frac{S_{四边形CEOD}}{S_{\triangle ABC}}=\frac{4}{15}$(定值).

第 22 课

《 基础自测 》

1. -1. 提示:题设函数是偶函数.

2. 略.

3. C,A;E,A;F,B.

4. $x_1=-\frac{1}{2},x_2=\frac{7}{2}$;$\left[-\frac{1}{2},\frac{7}{2}\right]$;$\left(-\infty,-\frac{1}{2}\right)\cup\left(\frac{7}{2},+\infty\right)$.

5. $(-\infty,-2]$;$\left\{\frac{1}{2}\right\}$;$\left(-\infty,\frac{1}{2}\right)$.

《 达标训练 》

6. B;D;C.

7. A;B.　提示:图像对称性.

8. $x=-2$;$\{x\in\mathbf{R}\mid x\neq-2\}$.

9. $\left[\frac{1}{2},+\infty\right)$,$\left(-\infty,\frac{1}{2}\right]$;$\frac{9}{2}$.

10. $(0,3)$;$\{0\}\cup(3,+\infty)$;$[-2,-\sqrt{2}]\cup[\sqrt{2},2]$.

11. $y=\frac{1}{2}|x-1|$;$y=\begin{cases}-x+1, & x<1;\\ \frac{1}{2}x-\frac{1}{2}, & x\geqslant 1.\end{cases}$

12. (1) 函数 $f(x)$在$(-\infty,1]$上单调递减,在$[1,+\infty)$上单调递增.

(2) 不等式 $f(x)$的解集是$(-\infty,-1]\cup\left[\frac{5}{3},+\infty\right)$.

13. 运用韦达定理得,$x_1x_2=-\frac{1}{4}m^2\leqslant 0$.

当 $x_1x_2=0$ 时,$m=0$,则 $x_1=0,x_2=-2$;

当 $x_1<0<x_2$ 时,$x_2=-x_1+2$,则 $2=x_1+x_2=m-2$,即 $m=4$,所以 $x_{1,2}=1\mp\sqrt{5}$;

当 $x_1>0>x_2$ 时,$-x_2=x_1+2$,则 $-2=x_1+x_2=m-2$,即 $m=0$,舍去.

综上所述,$m=0$ 或 $m=4$.当 $m=0$ 时,$x_1=0,x_2=-2$;当 $m=4$ 时,$x_1=1-\sqrt{5},x_2=1+\sqrt{5}$.

14. (1) 函数 $y=x^2-2|x|-3$ 是偶函数,在$(-\infty,-1]$,$[0,1]$上是减函数;在$[-1,0]$,$[1,\infty]$上是增函数.

(2) 函数 $y=|x^2-2x-3|$既不是奇函数又不是偶函数,在$(-\infty,-1]$,$[1,3]$上是减函数;在$[-1,1]$,$[3,\infty]$上是增函数.

15. (1) $\left(-1,\frac{1}{2}\right)$;(2) $\left(\frac{1}{2},+\infty\right)$.

16. (1) 略.

(2) 函数 $f(x)$的单调增区间是$\left(-\infty,\frac{3}{2}\right]$,单调减区间是$\left[\frac{3}{2},+\infty\right)$,最大值等于$\frac{5}{2}$.

(3) 解集是$[1,3]$.

(4) 解集是$\left(-\infty,\frac{1}{3}\right)\cup(1,3)\cup(5,+\infty)$.

17. (1) 偶函数;(2) 略;(3) $(-\sqrt{2},-1)\cup(1,\sqrt{2})$.

《 滚动复习 》

18. (a)(b)(c);$y=2x(0\leqslant x\leqslant 1)$,$y=2|x-1|(0\leqslant x\leqslant 2)$,$y=\begin{cases}2x, & 0\leqslant x\leqslant \frac{1}{3};\\ 1, & \frac{1}{3}\leqslant x\leqslant \frac{5}{4};\\ \frac{4}{3}x-\frac{2}{3}, & \frac{5}{4}\leqslant x\leqslant 2.\end{cases}$

19. (1) $\mathbf{R}$,$[3,+\infty)$;$\mathbf{R}$,$[0,+\infty)$;$(-\infty,-3]\cup[3,+\infty)$,$[0,+\infty)$;$[-3,3]$,$[0,3]$.

(2) $[0,4]$;$(-\infty,0]\cup[4,+\infty)$;$\varnothing$.

(3) $\left[\frac{1}{2},+\infty\right)$;$\left\{2-\frac{1}{2}\sqrt{17}\right\}$.

20. 如图 22.7 所示,在 BD 上取点 E 使 $AE=AD$,连接 AE.由于$\angle ABC+\angle ADB=180^\circ$,则四点 A,B,C,D 共圆,因此$\angle ADE=\angle ADB=\angle ACB=60^\circ$,故等腰$\triangle ADE$ 是正三角形,所以 $AD=DE$.因此可证$\triangle ADC\cong\triangle AEB$(角角边),所以 $DC=EB$,故原结论正确.

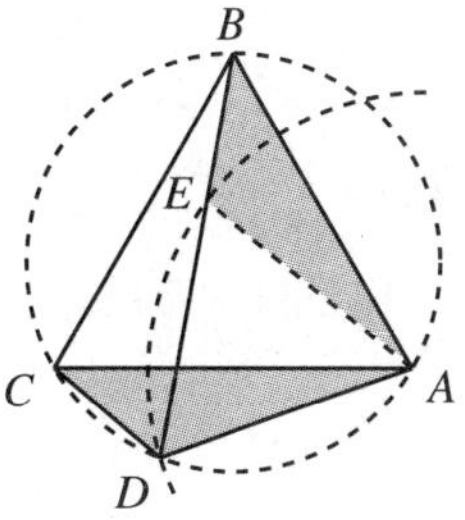

图 22.7

21. (1) $f(-6)=520$. 提示:配对相加.

(2) (答案不唯一)若 $f(x)=f_1(x)+f_2(x)$,其中 $f_1(x)$是奇函数,$f_2(x)$是偶函数;且 $f(x_0)=p$(常数),则 $f(-x_0)=p-2f_1(x_0)$.

22. (1) $\frac{3}{2}$. 提示:两次用中位线定理.

(2) 提示:运用相似比得 $OF=\frac{1}{6}OC=\frac{1}{6}\cdot\frac{3}{5}AC=\frac{1}{10}AC$,可求面积之比等于$\frac{1}{100}$.

(3) 一般地,梯形 $ABCD$ 的对角线交于点 O,两条对角线 BD,AC 的中点依次为点 E,F,若上底 $AB=m$,下底 $CD=n$,则线段 $EF=\frac{n-m}{2}$,$\frac{S_{\triangle OEF}}{S_{梯形ABCD}}=\frac{1}{4}\left(\frac{n-m}{n+m}\right)^2$.

第 23 课

《 基础自测 》

1. A.

2. C;C;D.

3. $\frac{32}{3}$,$\frac{4}{3}\sqrt{5}$.

4. $\left(1,\frac{5}{4}\right)$;$(-\infty,1)\cup\left\{\frac{5}{4}\right\}$.

5. $(-\infty,2)$,$(2,+\infty)$.

6. 作图略,函数在$(-\infty,-1)$,$(-1,+\infty)$上是减函数.

达标训练

7. B.

8. B.

9. C;D;B.

10. $y=-2x^2-15x-20$;$(-2,2)$.

11. 9;$[-2,+\infty)$,$(-\infty,-2]$.

12. $\left[-1,\frac{5}{3}\right]$;$[-1,3)$.

13. (1) $2x+1$,$2x-5$;(2) $f(x+a-b)$;(3) $4x^2-8x$,$4x^2-40x+96$;(4) $f(kx-kb+a)$.

14. (1) $(-\infty,-2]$,$\left[-\frac{1}{2},1\right]$;(2) $(-3,-1)\cup(0,2)$.

15. (1)略.

(2) 函数在区间$(-\infty,-2]$,$\left[-\frac{3}{2},-1\right]$,$[0,1]$,$\left[\frac{3}{2},2\right]$上是减函数;函数在区间$\left[-2,-\frac{3}{2}\right]$,$[-1,0]$,$\left[1,\frac{3}{2}\right]$,$[2,+\infty)$上是增函数.

(3) 当$a<0$时,原方程的实根个数为0;当$a=0$时,原方程的实根个数为4;当$0<a<\frac{1}{4}$时,原方程的实根个数为8;当$a=\frac{1}{4}$时,原方程的实根个数为6;当$\frac{1}{4}<a<2$时,原方程的实根个数为4;当$a=2$时,原方程的实根个数为3;当$a>2$时,原方程的实根个数为2.

16. $(-\infty,5)$. 提示:用到三种图像变换.

17. 作图略.函数的单调减区间是$(-\infty,-2]$,$[0,2]$;单调增区间是$[-2,0]$,$[2,+\infty)$.

18. (1) $[3,4)$;(2) $\left(-\infty,\frac{5}{2}\right]$.

19. (1) $(-\infty,-4+2\sqrt{3})\cup(4-2\sqrt{3},+\infty)$;

(2) $(-4+2\sqrt{3},4-2\sqrt{3})$.

滚动复习

20. $\sqrt{3}$. 提示:作点B关于AC的对称点B'.

21. (1) $\sqrt{729}=\sqrt{9\times81}=\sqrt{3^2\times9^2}=27$.

(2) 将分母化为

$$1+3\sqrt{2}-2\sqrt{3}=(\sqrt{3}+\sqrt{2})(\sqrt{3}-\sqrt{2})+\sqrt{6}(\sqrt{3}-\sqrt{2})$$
$$=(\sqrt{3}-\sqrt{2})(\sqrt{2}+\sqrt{3}+\sqrt{6}),$$

则

$$\text{原式}=\frac{1}{\sqrt{3}-\sqrt{2}}=\sqrt{2}+\sqrt{3}.$$

22. (1) $(-b,a),(b,-a)$;

(2) Rt$\triangle DB'E$ 的周长等于 8.

提示 1:如图 23.8 所示,设 $A'(m,n)$,则 $C'(-n,m)$.作点 A' 关于直线 $y=x$ 的对称点 $F(n,m)$,则点 F 也是点 C' 关于 y 轴的对称点.连 DF,EF,可证

$$\angle OFD=\angle OA'D=90^\circ,$$
$$\angle OFE=\angle OC'E=90^\circ,$$

所以点 F 在线段 DE 上.

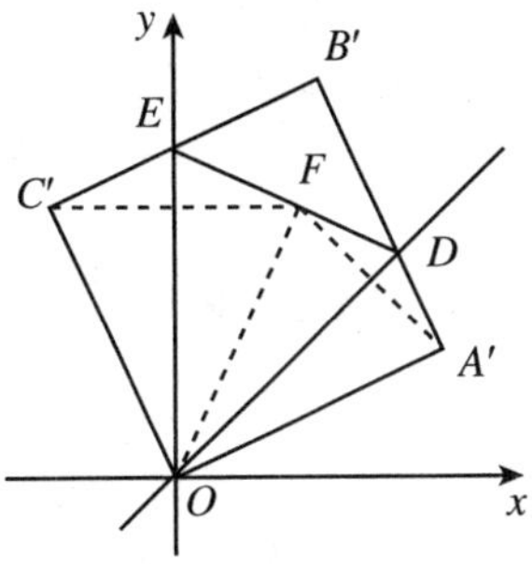

图 23.8

提示 2:不用坐标,运用两组全等直角三角形.

23. (1) $\{5\}$;(2) $(1,5]$.

24. (1) 提示:如图 23.9 所示,可证$\triangle BO_1A\cong\triangle BOC$,所以 $O_1A=OC=5$.

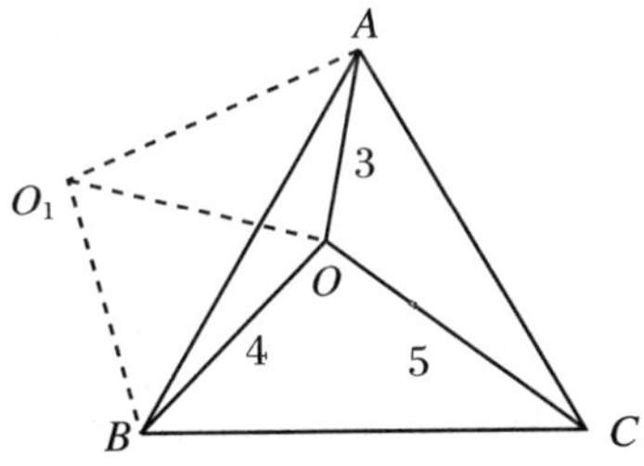

图 23.9

(2) 由(1)可知,$\angle AOO_1=90^\circ$(勾股定理逆定理),则

$$S_{\triangle AOB}+S_{\triangle BOC}=S_{\text{四边形}AO_1BO}$$
$$=S_{\triangle BO_1O}+S_{\triangle AO_1O}$$
$$=6+4\sqrt{3}. \quad ①$$

将 CO 绕点 C 逆向旋转 60° 到 CO_2,同理可求得

$$S_{\triangle BOC}+S_{\triangle COA}=6+\frac{25}{4}\sqrt{3}. \quad ②$$

将 AO 绕点 A 逆向旋转 60° 到 CO_3,同理可求得

$$S_{\triangle COA}+S_{\triangle AOB}=6+\frac{9}{4}\sqrt{3}. \quad ③$$

由② + ③ − ①,其差再除以 2,得到$\triangle AOC$ 的面积为

$$S_{\triangle COA}=3+\frac{9}{4}\sqrt{3}.$$

(3) 提示:可求正$\triangle ABC$ 的面积$S_{\triangle ABC}=9+\dfrac{25}{4}\sqrt{3}$,则正$\triangle ABC$ 的边长为$\sqrt{25+12\sqrt{3}}$.

第 24 课

基础自测

1. B;C;B.

2. D,A,F.

3. $6-\pi$.

4. $-2+\sqrt{2}$.

5. $32;\frac{1}{4};1000;\frac{1}{10};\frac{8}{27};\frac{243}{32}$.

6. (1) $a\sqrt{a}$;(2) $4a\sqrt[3]{b}$.

7. (1) 原式 $=\sqrt{(x^{\frac{1}{2}}+x^{-\frac{1}{2}})^2}=\sqrt{x+x^{-1}+2}=\sqrt{6}$.

(2) 原式 $=\pm\sqrt{(x^{\frac{1}{2}}-x^{-\frac{1}{2}})^2}=\pm\sqrt{(x^{\frac{1}{2}}+x^{-\frac{1}{2}})^2-4}=\pm\sqrt{(x+x^{-1}+2)-4}=\pm\sqrt{2}$.

(3) 原式 $=(x^{\frac{1}{2}}+x^{-\frac{1}{2}})(x-1+x^{-1})=\sqrt{6}(4-1)=3\sqrt{6}$.

达标训练

8. C;D.

9. $\frac{1}{16}$;0 或 $\frac{1}{81}$.

10. A. 提示:共分三类情形,分别是 $2-x=1$;或 $\begin{cases}2-x\neq0,\\x^2-x-2=0;\end{cases}$ 或 $\begin{cases}2-x=-1,\\x^2-x-2\text{ 为偶数}.\end{cases}$ 解得 $x=1,-1,3$.

11. (1) $\left(2^{\frac{1}{8}}-1\right)^{-1}$;(2) $\frac{1}{2}\left(1-2^{-\frac{1}{32}}\right)^{-1}$.

12. (1) $\sqrt[12]{5}-5\sqrt[4]{5}$;(2) 0;(3) $-14-10\sqrt{3}$.

13. (1) $\frac{1}{b}\sqrt[8]{a^7b^7}$;(2) 1.

14. (1) $x=\frac{1}{2}$;(2) $x_1=0,x_2=\frac{126}{65}$.

15. (1) $x^3+x^{-3}=(x+x^{-1})(x^2-1+x^{-2})$

$$=4[(x+x^{-1})^2-3]$$

$$=4\times(4^2-3)=52.$$

(2) 由 $x+x^{-1}=4$,得 $x^2-4x+1=0$,解得 $x=2\pm\sqrt{3}$.作竖式带余除法,得

$$\begin{aligned}x^4+2x^3-3x^2+4x-5&=(x^2-4x+1)(x^2+6x+20)+(78x-25)\\&=0+78\times(2\pm\sqrt{3})-25\\&=131\pm78\sqrt{3}.\end{aligned}$$

16. $m+n=-3$,$mn=1$,则 $m<0$ 且 $n<0$,故

$$\begin{aligned}\left(\sqrt{\frac{m^3}{n}}+\sqrt{\frac{n^3}{m}}\right)^2&=\frac{m^3}{n}+\frac{n^3}{m}+2\sqrt{m^2n^2}\\&=\frac{m^4+n^4}{mn}+2\\&=(m^2+n^2)^2-2m^2n^2+2\\&=[(m+n)^2-2mn]^2-2+2\\&=(3^2-2)^2\\&=49,\end{aligned}$$

所以$\sqrt{\frac{m^3}{n}}+\sqrt{\frac{n^3}{m}}=7$.

17. (1) 提示:由已知得 $2^{a-1}\cdot3^{b-1}=1=2^{c-1}\cdot3^{d-1}$,…则$(2^{a-1}\cdot3^{b-1})^{d-1}=1=(2^{c-1}\cdot3^{d-1})^{b-1}$,…

(2) $(a-3)(d-2)=(b-2)(c-3)$.

18. (1) 提示:当 $x=7$ 时,$y=\sqrt[3]{7+5\sqrt{2}}+\sqrt[3]{7-5\sqrt{2}}$,则运用公式$(a+b)^3=a^3+b^3+3ab(a+b)$,得

$$y^3=14+3\sqrt[3]{7^2-5^2\cdot2}(\sqrt[3]{7+5\sqrt{2}}+\sqrt[3]{7+5\sqrt{2}}),$$

即 $y^3=14-3y$,亦即 $y^3+3y=14$(※).

观察知 $y=2$ 适合上式(※),而 $g(y)=y^3+y$ 在 $\mathbf{R}$ 上是增函数,则唯一存在 $y=2$ 适合式(※).所以当 $x=7$ 时,$y=2$.

(2) 提示:用公式$(a+b)^3=a^3+b^3+3ab(a+b)$.

19. (1) 5,17,17,25,4,5,4,1,6.

(2) 与(1)同理,令 $u=\sqrt[4]{10+x}$,$v=\sqrt[4]{7-x}$,则

$$u+v=3,\quad u^4+v^4=17,$$

化简得

$$(uv)^2-18uv+32=0.$$

解得 $uv=16$ 或 $uv=2$.与 $u+v=3$ 联立,解得

$$\begin{cases}u=\sqrt[4]{10+x}=1,\\v=\sqrt[4]{7-x}=2;\end{cases}\quad\text{或}\quad\begin{cases}u=\sqrt[4]{10+x}=2,\\v=\sqrt[4]{7-x}=1.\end{cases}$$

所以原方程的解是 $x=-9$ 或 $x=6$.

《 滚动复习 》

20. A.　提示：$a^2=\dfrac{\sqrt{13}-1}{3}$，$b^2=\dfrac{\sqrt{13}-1}{2}$.

21. (1) ②；(2) 同弦所对圆周角相等或互补.

22. 1；$(4,+\infty)$.

23. $(-1,3)$.

24. (1) 略.

(2) $\dfrac{3}{5}$.　提示：设 $EF=BP=x$，则 $DF=4-x$，$FB=EP=CP=3-x$，故 $AF=4-FB=1+x$，所以在 Rt$\triangle DAF$ 中有 $(4-x)^2=3^2+(1+x)^2$.

25. (1) 提示：$\angle FBC=\angle BCB=36^\circ$.

(2) 两个比值都等于黄金分割比.　提示：运用相似比列方程.

26. (1) 运用电阻公式变形，得

$$R_{甲}=\frac{R_1R_2}{R_1+R_2}+R_3=\frac{2\times 3}{2+3}+4=\frac{26}{5}(\Omega),$$

$$R_{乙}=\frac{(R_1+R_2)R_3}{(R_1+R_2)+R_3}=\frac{(2+3)\times 4}{(2+3)+4}=\frac{20}{9}(\Omega).$$

(2) 因为 $R_{甲}-R_{乙}=\left(\dfrac{R_0^2}{2R_0}+R_0\right)-\dfrac{2R_0\cdot R_0}{3R_0}=\dfrac{5R_0}{6}>0$，所以 $R_{甲}>R_{乙}$.

安徽师大附中
2014 年高一科技特长班选拔测试数学试卷

一、填空题

1. 7.

2. $40^\circ,40^\circ,100^\circ$ 或 $70^\circ,70^\circ,40^\circ$.　提示：数学上“一个外角”不同于“只有一个外角”，意指“至少一个外角”，要分两类(不能遗漏)，如图 F1.6 所示.

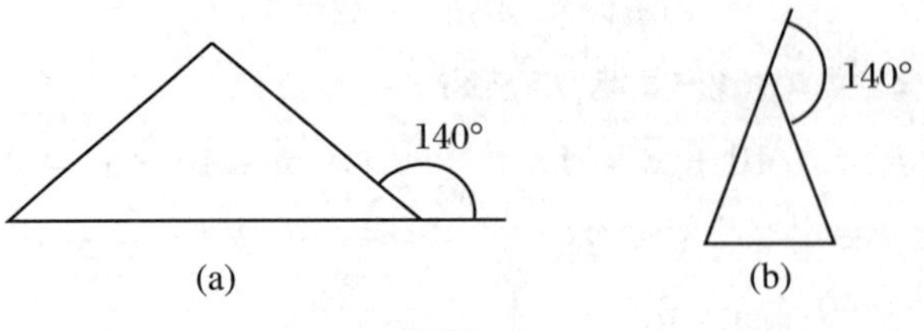

图 F1.6

3. $5<b<7$.

4. 3.

5. $\frac{1}{2}$. 提示:根据取值范围限定左边的 $2-a\geqslant 0$,且右边的 $3a-6\geqslant 0$,则运用两边夹法则得 $a=2$,再代入得 $0+0+|b+1|=0$,则 $b=-1$.

6. 59.

7. $1-\frac{\sqrt{3}}{3}$. 提示:在图 F1.2 中,设 CD 与 $B'C'$ 交于点 E,连 AE,则 $\angle AEB'=\angle AED=\frac{1}{2}(90^\circ-30^\circ)=30^\circ$,且有 $\mathrm{Rt}\triangle AEB'\cong\mathrm{Rt}\triangle AED$.

8. $0<S<2$. 提示:可得 $c=1,a-b+1=0,a<0,b>0$,则 $S=a+b+c=2(a+1)<2$,且 $S=2b>0$.

9. $\frac{\sqrt{6}-\sqrt{2}}{2}$.

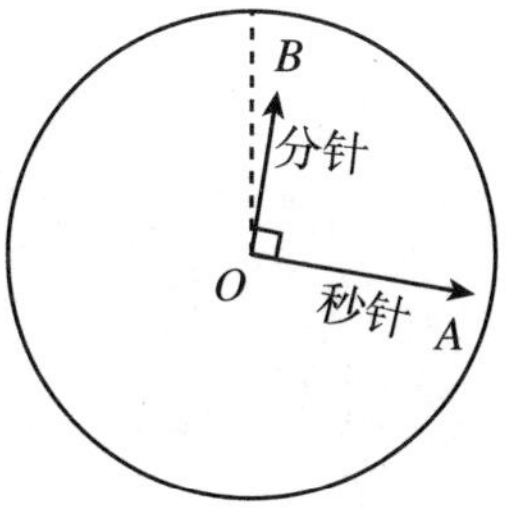

图 F1.7

10. $\frac{900}{59}\left(\text{也可填 }15\frac{15}{59}\right)$. 提示:如图 F1.7 所示,当 $\angle AOB=90^\circ$ 时,$\triangle OAB$ 的面积第一次达到最大.设所求时间为 t 秒,由于秒针的角速度是 6(度/秒),分针的角速度是 $\frac{30}{5}$(度/分) $=\frac{1}{10}$(度/秒),所以 $6t-\frac{1}{10}t=90$.

二、解答题

11. (1) 可求 $A(3,0),B(0,\sqrt{3})$.连 EC 交 x 轴于点 N,连 AC.由于 $\angle COD=\angle CBO=\angle CAO$,则 $OC=AC,EC\perp OA$,则 $x_C=x_N=\frac{1}{2}x_A=\frac{3}{2}$,$y_C=y_E-|OE|=\frac{\sqrt{3}}{2}-\frac{1}{2}\sqrt{3^2+(\sqrt{3})^2}=-\frac{\sqrt{3}}{2}$,所以点 C 的坐标是 $\left(\frac{3}{2},-\frac{\sqrt{3}}{2}\right)$.

(2) 可设经过 O,C,A 三点的抛物线的解析式是 $y=ax(x-3)$,代入点 C 的坐标 $\left(\frac{3}{2},-\frac{\sqrt{3}}{2}\right)$ 得 $-\frac{\sqrt{3}}{2}=a\cdot\frac{3}{2}\cdot\left(\frac{3}{2}-3\right)$,解得 $a=\frac{2\sqrt{3}}{9}$,故所求抛物线的解析式是 $y=\frac{2\sqrt{3}}{9}x^2-\frac{2\sqrt{3}}{3}x$.

(3) 由于 $\tan\angle OAB=\frac{\sqrt{3}}{3}$,则 $\angle OAB=30^\circ$.所以 $|OD|=|OB|\tan\angle OBD=\sqrt{3}\tan\angle NOC=\sqrt{3}\cdot\frac{|CN|}{|ON|}=1$,故 $|AD|=3-1=2=|PD|$,$\angle ADP=\angle ODB=60^\circ$,因此可得 $\triangle ADP$ 是正三角形,意即 $\angle PAD=60^\circ$,故 $\angle PAB=60^\circ+30^\circ=90^\circ$,所以直线 PA 与圆 E 相切.

12. (1) 由于 $CE\,/\!/\,GH$,则 $\angle BHF=\angle BHG=\angle BEC=\angle BAF$,故四点 A,B,F,H 共圆.

(2) 由于 AD 是外接圆直径,所以 $CA\perp CD$,故 $\angle GCF=90^\circ$;由于 $BE\perp AD$ 于点 H,所

以$\angle AFB=\angle AHB=90^\circ$；又由于圆内接四边形的外角等于其内对角，故$\angle BFC=\angle BAH=\angle BAD=\angle BCG$，意即 B,F,C,G 四点共圆.综合上述三方面知，四边形 $BFCG$ 是矩形.

13. 代入得 $y=x^3-x(ax+b)=x^3-xy$，移项得$(x+1)y=x^3$，其中 x 与 y 是整数，且 $x\neq-1$，故可得

$$y=\frac{x^3}{x+1}=\frac{(x+1-1)^3}{x+1}=(x+1)^2-3(x+1)+3-\frac{1}{x+1},$$

所以 1 被 $x+1$ 整除，意即 $x+1=\pm1$，因此 $x=0$ 或 -2.

当 $x=0$ 时，$y=0$，代入得 $b=0$；当 $x=-2$ 时，$y=8$，代入得 $-8=-2a+b$. 所以实数 a,b 满足的关系式是 $b=0$(a 任意)或 $2a-b+8=0$.

湖南省长沙市南雅中学 2017 年新高一分班测试数学试卷

一、选择题

1. A.
2. C.
3. D.
4. B.
5. A.
6. C.
7. D.
8. B.

二、填空题

9. 1.

10. ②.

11. $\dfrac{(n+2)^2}{n(n+4)}$.

12. 3.75 尺.

13. 0.

14. $y=2x^2$.

15. 36.

16. 4.

三、解答题

17. 当 $ab>0$ 时，原式$=\dfrac{\sqrt{a}}{\sqrt{b}}+\dfrac{\sqrt{b}}{\sqrt{a}}=\dfrac{(a+b)\sqrt{ab}}{ab}$；当 $ab<0$ 时，原式$=-\sqrt{\dfrac{a}{b}}-\sqrt{\dfrac{b}{a}}=\dfrac{(a+b)\sqrt{ab}}{ab}$. 综上，原式$=\dfrac{(a+b)\sqrt{ab}}{ab}$. 代入 $a=2+\sqrt{3}$，$b=2-\sqrt{3}$，得原式$=4$.

18. 当 $a+b=a-b$ 时，$b=0$，与分母 $b\neq0$ 相矛盾，舍去；

当 $a+b=ab=\frac{a}{b}\neq a-b$ 时，$b=-1$，$a=\frac{1}{2}$；

当 $a-b=ab=\frac{a}{b}\neq a+b$ 时，$b=-1$，$a=-\frac{1}{2}$.

综上，$(2a)^b=(\pm1)^{-1}=\pm1$.

19. (1) 因为 $\frac{1}{4}\times2\pi\times3=1.5\times3.14\approx4.7$(米)，所以电线杆落在广告牌上的影长约为 4.7 米.

(2) 连 OF，则 $OF\perp EF$，所以 $\cos\angle EOF=\frac{3}{3+2}=\frac{3}{5}$. 又因为 $AG\,/\!/\,EF$，所以 $\cos\angle BAG=\cos\angle EOF=\frac{3}{5}$，意即 $\tan\angle BAG=\frac{4}{3}$. 作 $GH\perp AB$ 于点 H，则 $AB=AH+HB=\frac{HF}{\tan\angle HAG}+OG=\frac{(5+3)\cdot3}{4}+3=9$(米)，所以电线杆的高度为 9 米.

20. (1) 设每辆运油车的满载量为 a 吨，由于 $AC=\frac{1}{3}s$，则往返于 A、C 两地的油车每车次卸油 $\frac{2}{3}a$ 吨，往返于 A、C 两地的油车每 3 车次卸油累积到 $\frac{2}{3}a\times3=2a$ 吨，再由往返于 C、B 两地的油车 2 车次运输，共可卸油 $\frac{1}{3}a\times2=\frac{2}{3}a$ 吨. 所以，当 $AC=\frac{1}{3}s$ 时，运油率 $k=\frac{\frac{2}{3}a}{3a}=\frac{2}{9}$.

(2) 设 $AC=x$，则往返于 A、C 两地的油车每车次卸油率为 $\frac{2s-2x}{2s}=1-\frac{x}{s}$，往返于 A、C 两地的油车每车次卸油率为 $\frac{2x}{2s}=\frac{x}{s}$，则运油率为 $k=\left(1-\frac{x}{s}\right)\frac{x}{s}=-\frac{1}{s^2}x^2+\frac{x}{s}=-\frac{1}{s^2}\left(x-\frac{s}{2}\right)^2+\frac{1}{4}\leqslant\frac{1}{4}$，所以当 $AC=\frac{s}{2}$ 时，运油率 k 最大，且此时的 $k=\frac{1}{4}$.

四、综合题

21. (1) $S=24$.

(2)

$$S=\begin{cases}\frac{3}{2}t^2, & 0\leqslant t\leqslant10;\\ 30t-150, & 10\leqslant t\leqslant20;\\ -t^2+70t-550, & 20\leqslant t\leqslant35.\end{cases}$$

(3) 由于 $S(20)=450$，$S(35)=675$，所以 $S(20)<650<S(35)$. 令 $-t^2+70t-550>650$，则 $t^2-70t+1200<0$(其中 $20\leqslant t\leqslant35$)，解得 $30<t\leqslant35$，所以沙尘暴在发生 30 小时后将侵袭 N 城.

22. (1) $b=1$.

(2) 代入得 $y=2x^2+bx-b-2$，再代入点 $(p,-2)$ 的坐标并整理得 $2p^2+bp-b=0$，

则判别式 $\Delta=b^2+8b\geqslant0$，解得 $b\leqslant-8$ 或 $b\geqslant0$. 又因为 $-2=b+c<2b$，即 $b>-1$，所以 $b\geqslant0$.

(3) 代入点 $(q,-a)$ 的坐标并整理得二次方程：

$$aq^2+bq+(a+c)=0, \qquad (※)$$

则判别式 $b^2-4a(a+c)\geqslant0$. 因为 $a+c=-b$，所以 $b(b+4a)=b(3a-c)\geqslant0$. 又因为 $a+b+c=0$ 且 $a>b>c\Rightarrow a>0>c$，所以 $b\geqslant0$. 解方程(※)得

$$q=\frac{-b\pm\sqrt{b^2+4ab}}{2a},$$

其中 $a>b\geqslant0$. 把 $x=q+4$ 代入 $y=ax^2+bx+c$，并结合(※)整理得 $y=8aq+15a+4b=15a\pm4\sqrt{b^2+4ab}$，其中 $0<\sqrt{b^2+4ab}<\sqrt{a^2+4a^2}=\sqrt5 a$，所以 $y>0$.

浙江省杭州市学军中学
2018 年分班测试题(数学)

一、选择题

1. A.

2. C. 提示：设每把伞应提高收费 x 元，每天获利 y 元，则

$$\begin{aligned}y&=(10+x)(100-5x)\\&=-5(x+10)(x-20)=-5(x^2-10x-200)\\&=-5(x-5)^2+9\leqslant9.\end{aligned}$$

3. B.

4. B.

5. D. 解法 1：从个位开始运用生长树分类法.

解法 2：如果两个偶数 2,4 的任意一个在万、千、百的数位上，则其后的连续两个数位的数都必须是奇数(否则这三个数之和就不能被该偶数整除)，即这两个偶数 2,4 至少间隔两个数位.

二、填空题

6. 5. 提示：运用韦达定理得 $a+b=1,ab=-1$，则 $3a^2+2b^2-3a-2b=3a(a-1)+2b(b-1)=-3ab-2ba=-5ab=5$.

7. BA. 提示：设经过 t 分钟，乙第一次追上甲，则列出方程 $72t-65t=90\times3$，解得 $t=\frac{270}{7}$(分)，所以 $\frac{72t}{90}=\frac45t=\frac45\times\frac{270}{7}=30+\frac67=28+2+\frac67$.

8. $\frac12$.

9. $24<x<38$. 提示：设线段 OD 与线段 AB 交于点 $M(4m,m)$，与线段 CD 交于点 $N(4n,n)$，解一次方程组(也可运用三点共线所引伸的相似比)，求得 $M(24,6)$，$N\left(38,\frac{19}{2}\right)$.

三、解答题

10. (1) 设建 A、B 两种户型的住房分别 x 套，y 套，则 $x+y=90$ 且 $2090\leqslant 25x+28y\leqslant 2096$，所以 $2090\leqslant 25x+28(80-x)\leqslant 2096$，解得 $48\leqslant x\leqslant 50$，则非负整数 $x=48,49,50$. 所以共有三种建房方案：A 型 48 套，B 型 32 套；A 型 49 套，B 型 31 套；A 型 50 套，B 型 30 套.

(2) 设该公司建房获得利润 L(万元)，则 $L=(30-25)x+(34-28)y=5x+6(80-x)=480-x$，所以该公司选择"$A$ 型 48 套，B 型 32 套"的方案可获得最大利润.

(3) 根据附加条件，该公司建房获得利润为 $L=(30+a-25)x+(34-28)y=480+(a-1)x$(万元)，则当 $0<a<1$ 时，选择"A 型 48 套，B 型 32 套"的方案建房可获得最大利润；当 $a=1$ 时，三种建房方案获得相等的利润；当 $a>1$ 时，选择"A 型 50 套，B 型 30 套"的方案建房可获得最大利润.

11. 连 BD，由于弦 $CD\perp$ 直径 AB，则 $BC=BD$. 连 AC，由于 $\angle OCA=\angle OAC=\angle BAC$，$\angle BDC=\angle BCD$，所以 $\triangle OCA\backsim\triangle BCD$(角角)，则 $\dfrac{CO}{CB}=\dfrac{CA}{CD}$，$\angle OCA=\angle BCD$.

于是 $\angle MCA=\angle NCD$. 又因为 $\angle CAM=\angle CAE=\angle CDE$，所以 $\triangle MCA\backsim\triangle NCD$(角角)，所以 $\dfrac{CA}{CD}=\dfrac{CM}{CN}$.

又已证 $\dfrac{CO}{CB}=\dfrac{CA}{CD}$，意即 $\dfrac{CO}{CB}=\dfrac{CM}{CN}$. 又因为点 M 是 OC 的中点，所以 $\dfrac{CN}{CB}=\dfrac{CM}{CO}=\dfrac{1}{2}$，故 N 是 BC 的中点，所以 $BN=CN$.

12. (1) 连 OC，则 $\angle COK=\alpha=\angle BOH$，$\angle OCK=45^\circ=\angle OBH$，$OC=OB$，故 $\triangle OCK\cong\triangle OBH$，所以 $CK=BH$，意即 $BH=CK$.

由分割法得 $S_{\text{四边形}CHOK}=S_{\triangle COK}+S_{\triangle COH}=S_{\triangle BOH}+S_{\triangle COH}=S_{\triangle BOC}=4$(定值)，故不发生变化.

(2) ① 由于 $\dfrac{3}{2}=\dfrac{1}{2}\cdot CH\cdot CK=\dfrac{1}{2}\cdot x\cdot(4-x)$，所以 $x^2-4x+3=0$，解得 $x=1$ 或 $x=3$.

② 因为 $S_{\triangle OKH}=4-S_{\triangle CKH}=4-\dfrac{1}{2}\cdot x\cdot(4-x)=\dfrac{1}{2}x^2-2x+4=\dfrac{1}{2}(x-2)^2+2\geqslant 2$，所以 $\triangle OKC$ 的面积存在最小值 2，此时 $x=2$.

福建省漳州一中 2015 年自主招生考试数学试卷

一、选择题

1. D.
2. A.
3. A.
4. C.

5. C.　提示：圆锥的高为 $h=3$，底面圆半径为 $R=4$，则母线长为 $l=5$，代入 $S_{侧}=\frac{1}{2}\cdot 2\pi R\cdot l$.

6. C.

7. A.

8. B.

9. D.

10. D.　提示：设∠B 的平分线与对边 AC 交于点 E，则运用三角形内角平分线定理和等腰三角形的特征得 $\frac{CE}{CB}=\frac{AE}{AB}=\frac{BE}{AB}$，所以 $\frac{CE}{2}=\frac{3}{4}$.

二、填空题

11. $-\pi$.

12. $m>-4$ 且 $m\neq-3$.

13. 1008.

14. 5 或 45.　提示：设两圆相切时圆 O_2 的半径为 r_2，如图 F4.8 所示可分两类，则用勾股定理得到方程式 $r_2^2+[\pm(17-r_2)]^2=(r_2+8)^2$.

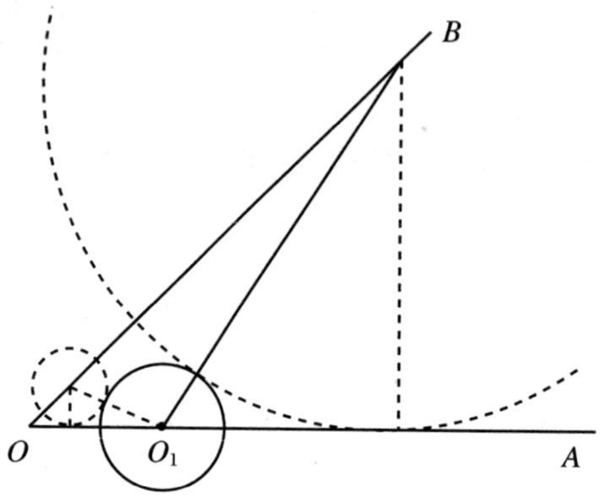

图 F4.8

15. 2016.

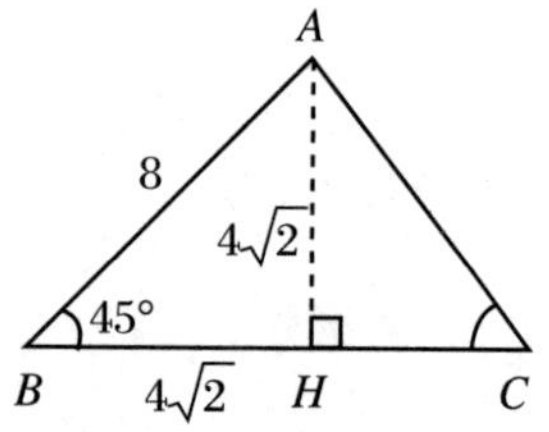

图 F4.9

16. $-2+3\sqrt{2}$.　提示：如图 F4.9 所示，作 $AH\perp BC$ 于点 H，由于∠$AHB=45°$，则 $AH=BH=4\sqrt{2}$. 又因为 $\tan B=\frac{4}{3}$，所以 $CH=3\sqrt{2}$，$AC=5\sqrt{2}$. 设△ABC 的内切圆半径为 r，则有 $\frac{1}{2}\cdot BC\cdot AH=S_{\triangle ABC}=\frac{1}{2}\cdot(AB+BC+CA)\cdot r$.

17. $\frac{27}{2}<t\leqslant 17$.　提示：原不等式可化为 $\begin{cases}\frac{7m-3}{6}\geqslant 3,\\ \frac{-7m+1}{-2}<t,\end{cases}$ 则关于 m 的不等式组 $\begin{cases}m\geqslant 3,\\ m<\frac{1}{7}(2t+1)\end{cases}$ 恰有两个整数解 3 与 4，所以 $4<\frac{2t+1}{7}\leqslant 5$.

18. 7.

三、解答题

19. (1) 原式 $=\frac{a-2}{a-1}\cdot\frac{a(a-1)}{(a-2)^2}=\frac{a}{a-2}$.

当 $a=\frac{1}{2-\sqrt{3}}=2+\sqrt{3}$ 时，原式 $=\frac{2+\sqrt{3}}{\sqrt{3}}=1+\frac{2}{3}\sqrt{3}\left(\text{也可写成}\frac{3+2\sqrt{3}}{3}\right)$.

20. (1) 从袋中四张卡片中任取两张，共有 $a_1a_2,a_1b_1,a_1b_2,a_2b_1,a_2b_2,b_1b_2$ 等六种情形，其中颜色不同且编号之和小于 4 的情形有 a_1b_1,a_1b_2,a_2b_1 三种，故所求概率为 $\frac{3}{6}=\frac{1}{2}$.

(2) 同理求得，概率为 $\frac{7}{10}$.

21. (1) 在直线 $y=2x+1$ 上取一点 $P(0,1)$（取其他某点也可以），则点 $P(0,1)$ 到直线 $y=2x-5$ 的距离为 $d=\frac{|0-1-5|}{\sqrt{1+2^2}}=\frac{6}{5}\sqrt{5}$，所以两条平行线之间的距离等于 $\frac{6}{5}\sqrt{5}$.

(2) 对于直线 $y=-\frac{4}{3}x-4$，令 $y=0$，则 $x=-3$；令 $x=0$，则 $y=-4$，所以 $A(-3,0)$，$B(0,-4)$，故 $|AB|=5$.

由于圆心点 $C(2,2)$ 到直线 $y=-\frac{4}{3}x-4$ 的距离 $d=\frac{\left|\frac{4}{3}\cdot +2+4\right|}{\sqrt{1+\left(\frac{4}{3}\right)^2}}=\frac{26}{5}$，故△$APB$ 的定底 AB 的最长高度为 $d+2=\frac{36}{5}$. 所以△APB 面积的最大值为 $\frac{1}{2}\cdot|AB|\cdot(d+2)=\frac{1}{2}\times 5\times\frac{36}{5}=18$.

22. (1) 如图 F4.10 所示，由于 PM 平分 $\angle APC$，则 $\angle APC=2\angle APM$. 连 OC，则 $\angle OCP=90^\circ$，所以 $\angle COP+\angle OPC=90^\circ$. 又因为 $\angle COP=\angle OAC+\angle OCA=2\angle OAC$，所以 $2\angle OAC+2\angle APM=90^\circ$，所以 $\angle PAM+\angle APM=\angle OAC+\angle APM=45^\circ$，意即 $\angle CMP=\angle PAM+\angle APM=45^\circ$.

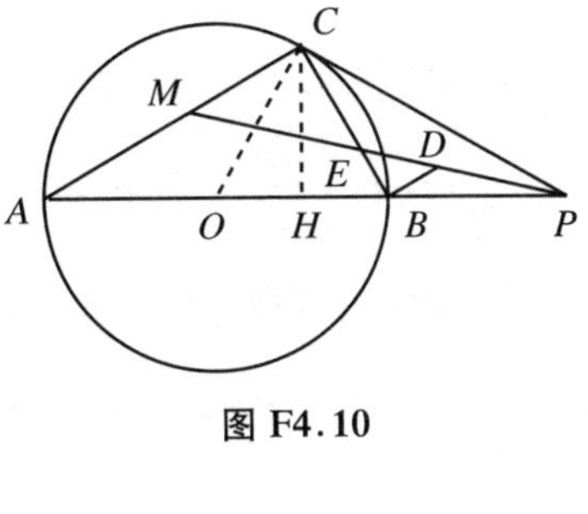

图 F4.10

(2) 过点 B 作 $BD\,/\!/\,AM$，交 PM 于点 D，$\triangle PAM\backsim$

$\triangle PBD$,$\triangle BED\backsim\triangle CEM$,所以$\frac{PB}{PA}=\frac{BD}{AM}$,$\frac{BE}{CE}=\frac{BD}{CM}$.又已知 $AM=CM$,所以$\frac{PB}{PA}=\frac{BE}{CE}$.

(3) 由于 $PB=OB$,$\angle OCP=90^\circ$,所以 $CB=\frac{1}{2}OP=OB=OC$,则$\angle OBC=\angle COB=60^\circ$,意即$\angle BAC=30^\circ$,由此可得 $BC=2$,$AC=2\sqrt{3}$,所以 $CM+CE=\frac{1}{2}(AB+BC+CA)=3+\sqrt{3}$.

又因为(2)已证$\frac{PB}{PA}=\frac{BD}{AM}$,$\frac{BE}{CE}=\frac{BD}{CM}$,所以$\frac{2}{6}=\frac{BD}{2\sqrt{3}-x}$,$\frac{2-(3+\sqrt{3}-x)}{3+\sqrt{3}-x}=\frac{BD}{x}$,相除消去 BD,可求得 $x^2=3+3\sqrt{3}$.

23. (1) 由于$|OB|=8\sqrt{3}$,$\angle xOB=60^\circ$,所以点 $B(4\sqrt{3},12)$.代入得,$12=a\cdot(4\sqrt{3})^2$,解得 $a=\frac{1}{4}$,所以抛物线的解析式为 $y=\frac{1}{4}x^2$.

(2) ① 联立 $y=\frac{1}{4}x^2$ 与 $y=\frac{1}{2}x$,解得 $C(2,1)$.同理解得,$D(-8,16)$.

设弦 CD 与 y 轴交于E 点,则$\frac{y_E-1}{2-0}=\cos\angle CEO=\cos\angle DEy=\frac{16-y_E}{0-(-8)}$,解得 $y_E=4$(也可以用相似比),则 $E(0,4)$.所以$\triangle COD$ 的面积为

$$S_{\triangle COD}=S_{\triangle COE}+S_{\triangle EOD}=\frac{1}{2}\cdot|OE|\cdot(|x_c|+|x_D|)=\frac{1}{2}\times4\times(2+8)=20.$$

② 联立 $y=\frac{1}{4}x^2$ 与 $y=kx$,解得点 $C(4k,4k^2)$.联立 $y=\frac{1}{4}x^2$ 与 $y=-\frac{1}{k}x$,解得点 $D\left(-\frac{4}{k},\frac{4}{k^2}\right)$.

设直线 CD 的解析式是$y=ax+b$,代入 C,D 两点的坐标,联立解得 $a=k-\frac{1}{k}$,$b=4$,则直线 CD 的解析式是$y=\left(k-\frac{1}{k}\right)x+4$.所以直线 CD 总经过一定点$(0,4)$.

24. (1) 由于$|PQ|=|AO|=|BA|$,$\angle PQD=90^\circ=\angle BAP$,$\angle QPD=90^\circ-\angle APB=\angle PBA$,所以 Rt$\triangle PQD\cong$Rt$\triangle BAP$,故$|QD|=|AP|=|OQ|$,意即$\angle QOD=45^\circ$,$\angle PDO=45^\circ-15^\circ=30^\circ$,所以 $\cos\angle PDO=\cos30^\circ=\frac{\sqrt{3}}{2}$.

(2) 由于点 P 是AO 的中点,所以$|AP|=|OP|=|OQ|=|QD|=2$,故求得$|PD|=2\sqrt{5}$,$|OD|=2\sqrt{2}$.

作 $OH\perp PD$ 于点H,则$|PD|\cdot|OH|=2\cdot S_{\triangle POD}=|OP|\cdot|QD|$,意即$2\sqrt{5}\cdot|OH|=2\cdot2$,故$|OH|=\frac{2}{5}\sqrt{5}$.所以 $\sin\angle PDO=\sin\angle HDO=\frac{|OH|}{|OD|}=\frac{\sqrt{10}}{10}$.

(3) 依题意设点 $P(-4+t,0)$,$Q(t,0)$,其中 $0<t<4$,可知 $B(-4,4)$,Rt$\triangle BAP\cong$Rt$\triangle PQD$,所以 $D(t,t)$.由于三点 B,E,D 共线,所以可列方程$\frac{4-y_E}{0-(-4)}=\frac{y_E-t}{t-0}$,解得 y_E

$=\dfrac{8t}{t+4}$.

假定存在 t 符合题意,则 $S_{\triangle POF}=S_{\triangle DEF}$,故 $S_{\triangle POF}+S_{\triangle ODF}=S_{\triangle DEF}+S_{\triangle ODF}$,意即 $S_{\triangle POD}=S_{\triangle DEO}$,所以$\dfrac{1}{2}\cdot|OP|\cdot|QD|=\dfrac{1}{2}\cdot|OE|\cdot|OQ|$,即$\dfrac{1}{2}\cdot(4-t)\cdot t=\dfrac{1}{2}\cdot\dfrac{8t}{t+4}\cdot t$(其中 $0<t<4$).整理并解得 $t=-4\pm4\sqrt{2}$(舍去负号).所以存在 $t=4\sqrt{2}-4$ 符合题意.

华中师大一附中 2018 年自主招生考试数学试卷

一、选择题

1. D.

2. A.

3. B.

4. C.　提示:直线 $l:k(x-2)-(y+1)=0$ 必过定点 $B(2,-1)$,符合题意的最短弦垂直于直线 AB.

5. A.　提示:由面积法求得 $BF=\sqrt{15}$,则 $CF=1$(勾股定理),$AE=3$.作 $DH\perp AC$ 于点 H,则 $DH=\dfrac{1}{2}BF=\dfrac{1}{2}\sqrt{15}$,$EH=\dfrac{3+4}{2}-3=\dfrac{1}{2}$.

二、填空题

6. 36.　提示:将题设等式配方为$(\sqrt{a-1}-1)^2+(\sqrt{b-2}-2)^2+\dfrac{1}{2}(\sqrt{c-1}-3)^2=0$.

7. $9<m\leqslant17$.

8. $\sqrt{3}$.　提示:连 AP,先证$\triangle BAP\backsim\triangle PAD$.

9. $\dfrac{1}{2}$.

10. -2018.　提示:为简便表述,记 $A=a^{2018}$,$B=b^{2018}$,$C=c^{2018}$,$D=d^{2018}$,则$(A-C)(A-D)=2018$ 且$(B-C)(B-D)=2018$,所以 A,B 是关于x 的二次方程$(x-C)(x-D)=2018$ 的两根.运用韦达定理得,$AB=CD-2018$.

三、解答题

11. (1) 提示:$\text{Rt}\triangle CBE\cong\text{Rt}\triangle CDF$.

(2) 提示:先证$\triangle CGE\cong\triangle CGF$,可求得 GE,BE,GD 满足数量关系 $GE=BE+GD$.

(3) 运用(2)的结论可知 $DE=BE+6-AD$,令 $DE=x$,则 $x=2+(6-\sqrt{x^2-4^2})$,解得 $x=5$,所以 $DE=5$.

12. (1) ②③.

(2) 符合题意的区域如图 F5.6 中的阴影部分.

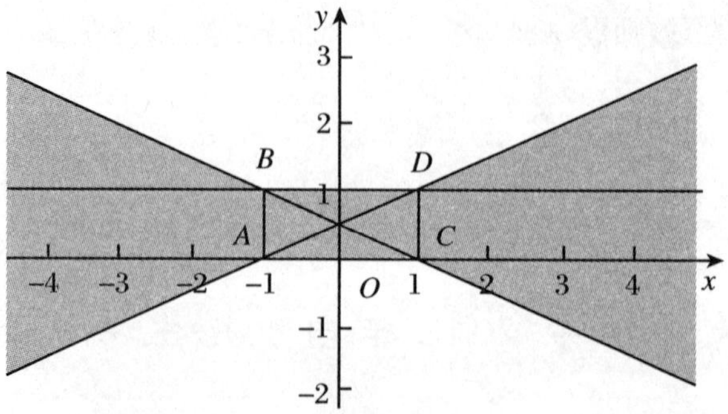

图 F5.6

(3)① 当 $r=1$ 时,以点 $M_1(0,2)$ 为圆心、1 为半径的圆与(2)中区域边界相切于一点(0,1),以点 $M_2(0,-1)$ 为圆心、1 为半径的圆与(2)中区域边界相切于另一点 O.所以当 $r=1$ 时,点 M 的纵坐标是 2 或 −1.

② 根据(2)中区域的对称性,不妨取点 M 在 x 轴的下方,作 $MH\perp AD$ 于点 H,则 $|OM|=r$,且 $|OM|<|HM|$. 设 AD 与 BC 相交于点 E,则 $r<|HE|\sin\angle MEH=\left(r+\frac{1}{2}\right)\sin\angle OEA=\left(r+\frac{1}{2}\right)\frac{2}{\sqrt{5}}$,即 $\sqrt{5}r<2r+1$,解得 $r<2+\sqrt{5}$.所以 r 的取值范围是 $(0,2+\sqrt{5})$.

13. (1) $[-3,1]$. 提示:直线 $y=2x+m$ 与线段 $y=x(-1\leqslant x\leqslant 3)$ 有公共点.

(2) 令 $3mx+n-1=x$,则 $(3m-1)x=1-n$.所以当 $m=\frac{1}{3}$,$n=1$ 时,直线 $y=3mx+n-1$ 上的所有点都是“平衡点”;当 $m=\frac{1}{3}$,$n\neq 1$ 时,直线 $y=3mx+n-1$ 不存在“平衡点”;当 $m\neq\frac{1}{3}$ 时,直线 $y=3mx+n-1$ 存在唯一的“平衡点”$\left(\frac{1-n}{3m-1},\frac{1-n}{3m-1}\right)$.

(3) 依题意,方程 $ax^2+bx+1=x$ 即 $ax^2+(b-1)x+1=0$ 存在两个实根 x_1,x_2,则 $\Delta=(b-1)^2-4a>0$,$x_1+x_2=\frac{1-b}{a}$,$x_1x_2=\frac{1}{a}>0$.由于 $0<x_1<2$,$|x_2-x_1|=2$,所以 $2<x_2<4$,故 $0<x_1x_2=\frac{1}{a}<8$,由此可得 $a>\frac{1}{8}$.

由于 $4=|x_2-x_1|^2=(x_1+x_2)^2-4x_1x_2=\left(\frac{1-b}{a}\right)^2-\frac{4}{a}$,则 $t=b^2-2b+\frac{117}{48}=(b-1)^2+\frac{69}{48}=4a^2+4a+\frac{69}{48}=4\left(a+\frac{1}{2}\right)^2+\frac{21}{48}>4\left(\frac{1}{8}+\frac{1}{2}\right)^2+\frac{21}{48}=2$.所以实数 t 的取值范围是 $(2,+\infty)$.